कथा विवेचना और गद्य शिल्प

रामविलास शर्मा

वाणी प्रकाशन

वाणी प्रकाशन

4695, 21-ए, दरियागंज, नयी दिल्ली 110 002

शाखा

अशोक राजपथ, पटना 800 004

फ़ोन: +91 11 23273167 फ़ैक्स: +91 11 23275710

www.vaniprakashan.in

vaniprakashan@gmail.com

KATHA VIVECHANA AUR GADYA SHILP

by Ramvilas Sharma

ISBN : 978-93-5072-037-0

Criticism

प्रथम संस्करण 1982

द्वितीय संस्करण 1999

आवृत्ति 2014

मूल्य : ₹350

हर्ष प्रिंटर्स, दिल्ली-110 093 में मुद्रित

वाणी प्रकाशन का लोगो मक़बूल फ़िदा हुसेन की कूची से

भूमिका

कथा विवेचना और गद्यशिल्प नाम के इस संकलन में कुछ निबन्ध कथाकारों पर हैं, कुछ विवेचकों पर तथा शेष ऐसे गद्यशिल्प पर जिसे कथा या विवेचना की परिधि में नहीं रखा जा सकता। चाहे कलात्मक गद्य हो चाहे विवेचनात्मक, अच्छा गद्य लिखना आसान काम नहीं है। गद्य की आलोचना लिखना और भी कठिन है। मैं इस कठिन कार्य से बचता रहा हूँ। प्रयोग रूप में कुछ छोटे बड़े निबन्ध यहाँ प्रस्तुत हैं। ये सब लगभग चालीस साल की अवधि में लिखे गये हैं, अधिकांश पुराने निबन्ध संग्रहों में छपे हैं पर वे संग्रह अब अप्राप्य हैं। कुछ ऐसे भी हैं जो यहाँ पहली बार संकलित हैं।

मेरी पुस्तकों के कुछ नये पाठक ऐसे हैं जो बात ही नहीं, बात की जड़ तक पहुँचना चाहते हैं। मुझे आशा है कि इस तरह के संकलन उनके लिए विशेष रोचक होंगे। क्या पाठक और क्या लेखक हिन्दी गद्य के विकास में दोनों के योगदान की बड़ी गुंजाइश है। विवेचनात्मक गद्य कलापूर्ण हो और कलात्मक गद्य विवेकपूर्ण हो, यह सम्भव है। ऐसे गद्य के विकास में लेखकों और पाठकों के योगदान के लिए उनका परस्पर सहयोग अपेक्षित है।

—रामविलास शर्मा

अनुक्रम

कथा

विवेचना

गद्यशिल्प

कथा

१

प्रेमचन्द और यथार्थवाद

प्रेमचन्द का साहित्य भारतीय समाज का दर्पण है। उस साहित्य से परिचित होने का मतलब है, भारत के सामन्ती अवशेषों और उसके उज्ज्वल भविष्य से परिचित होना।

प्रेमचन्द साहित्य में किसान, महाजन, हाकिम, वकील, जमींदार, राजे महाराजे, अछूत, बुद्धिजीवी, समाज के सभी वर्गों और स्तरों के लोग मिलते हैं। किसान भी एक ही तरह के नहीं हैं। मनोहर बहुत ठंढे दिमाग का है लेकिन जब जोश आता है तो नौजवानों से बहुत आगे बढ़ जाता है। बलराज ने रूस के नए जीवन के बारे में पढ़ा है और साधारण लोगों के अधिकारों के प्रति सचेत है। कादिर शोषकों और शोषितों के बीच शान्त चाहता है, फिर भी वह विद्रोही मनोहर का सबसे बड़ा समर्थक है। अंधा सूरदास जमीन के लिए प्राण रहते बराबर लड़ता है। अछूत गूदड़ अपने अनुभव से धर्म और पुरोहताई का रहस्य समझता है। होरी अपने जमींदार राय साहब की भलमन्सी का भरोसा करता है और सम्पत्ति विहीन होकर मजदूरी करते मरता है।

किसानों के अलावा नारी पात्रों की एक शानदार पंक्ति है। सुमन घरेलू गुलामी के बदले अपनी मेहनत के बल पर जिन्दगी बिताना ज्यादा पसन्द करती है। अपने पिता तुल्य पति के सन्देह के कारण निर्मला जीवनभर कष्ट उठाती है लेकिन अन्त में वह भी अत्याचारों के विरोध में उठ खड़ी होती है। अपनी जमीन के लिए बिलासी मर्दों से भी ज्यादा दृढ़ता से लड़ती है। सोफिया अपने से भिन्न धर्म वाले विनय को प्यार करती है और उसके लिए सदा आँसू बहाती रहती है। अपना सतीत्व नष्ट किए जाने पर मुन्नी अपने आततायियों से बदला लेती है। जालपा को गहने प्यारे हैं लेकिन पति के मुखबिर हो जाने पर वह बड़ी वीरता से संघर्ष करती है। धनिया अपने पति की निष्क्रियता की कटु आलोचना करती है लेकिन उसके हृदय में ममता का अपार सागर भी भरा है। जमींदारों में ज्ञानशङ्कर अंग्रेजी पढ़-लिखकर अपनी बिरादरी के सभी अत्याचारियों के कान काटता है।

गायत्री नारी भी है, जमींदार भी; अपने शोषण को धर्म की रामनामी से छिपाती है। विनयसिंह देशभक्त है लेकिन जागीरदारों का साथ देता है। जॉन सेवक उद्योगपति है, सामन्तों का दोस्त भी है। राजा महेन्द्रप्रताप सिंह समाजवाद के समर्थक हैं लेकिन जमीन के लिए लड़ने वाले किसान उन्हें पसन्द नहीं हैं। 'कर्मभूमि' के महन्त जी कृष्ण के अनन्य भक्त हैं और किसानों से हर तरह की वसूली भगवान के नाम पर करते हैं। 'गोदान' के रायसाहब जमींदारी और देशभक्ति के दोनों पेशों का मधुर समन्वय करते हैं। 'इस्तीफा' कहानी का क्लर्क गोली खाकर अपने साहब पर हमला कर बैठता है। 'शतरंज के खिलाड़ी' दीन-दुनिया से बेखबर अपनी एक निराली दुनिया में रहते हैं। 'कफन' के चमार चारों ओर की कामचोरी के कारण अपनी इन्सानियत खोकर औरत की लाश की चिन्ता न करके पीते, नाचते और बेहोश हो जाते हैं। ये और इस तरह के सैकड़ों जीते-जागते पात्र प्रेमचन्द के उपन्यासों और कहानियों में भरे पड़े हैं। जानवर भी प्रेमचन्द की लेखनी के स्पर्श से अमर हो गये हैं। गरीब किसान का साथी झबरा कुत्ता जो 'पूस की रात' में अपने मालिक के साथ जाड़ा काटता है और 'दो बैलों की कहानी' में वह शानदार वृषभ जो मध्यकालीन शूरता का प्रतीक बनकर औरत पर सींग उठाने से इन्कार करता है, इसके प्रमाण हैं।

प्रेमचन्द की यथार्थवादी कला की सबसे बड़ी विशेषता है—सजीव चरित्र-चित्रण। उनके पात्र एकदम जिन्दा हैं। वे अपनी सचाई से पाठक को प्रभावित करते हैं और उसकी स्मृति में हमेशा के लिए अंकित हो जाते हैं। इसका कारण यह है कि उन्होंने हवाई चित्र नहीं खींचे वरन् जीवन से ही अपने पात्र चुने हैं। लोग जानते हैं कि जिस सूरदास को उन्होंने रंगभूमि में अमर किया है, वह वास्तविक था। यह बात उनके और बहुत से पात्रों के बारे में भी सही है। उनके नाम बदल दिये गये हैं लेकिन उनकी नैतिक विशेषताएं वही हैं। 'मोटे राम शास्त्री' से एक पंडित जी नाराज हो गये थे; उन्होंने समझा था, कहानी उन्हीं पर है। प्रेमचन्द के पात्र व्यक्ति रूप में ही सजीव नहीं हैं, वे किसी वर्ग या सामाजिक स्तर के प्रतिनिधि भी हैं। होरी पिछड़े हुए किसानों का प्रतिनिधि है। मनोहर और बलराज उन किसानों के प्रतिनिधि हैं जो अपने अधिकार पहचान रहे हैं और उनकी रक्षा के लिए धीरे-धीरे संघर्ष के लिए तैयार हो रहे हैं। फिर भी उनकी व्यक्तिगत विशेषताएँ इतनी उभरकर सामने आती हैं कि वे केवल वर्ग या स्तर के प्रतिनिधि नहीं रह जाते। प्रेमचन्द ने अपने पात्रों में व्यक्ति और वर्ग दोनों की विशेषताओं का समन्वय किया है, इसीलिए वे पात्र इतने सजीव हैं।

प्रेमचन्द ने जो पात्र चुने हैं, वे भले-बुरे दोनों तरह के हैं। जमींदारों, महाजनों, नौकरशाहों, जमींदार-'देशभक्तों' आदि के प्रतिनिधि आमतौर से बुरे हैं। प्रेमचन्द ने उनकी धूर्तता, निर्दयता, लालच और खुशामदीपन का भण्डाफोड़

किया है। इन पात्रों में जनता अपने दुश्मन पहचान लेती है। वह प्रेमचन्द-साहित्य से अपने शत्रुओं की हकीकत पहचानती है। साथ ही साधारण लोग, खासतौर से किसान, प्रेमचन्द के नायक हैं। ये अपनी बुराइयों के कारण याद रहने वाले पात्र नहीं हैं; इनमें वे नैतिक गुण हैं जिन्हें जनता अपने भीतर और विकसित करना चाहती है। प्रेमचन्द ने इनका चित्रण बहुत ही सहानुभूति और विवेक से किया है। ये सभी वीर नहीं हैं। वे कभी-कभी निष्क्रिय भी होते हैं और अत्याचार का विरोध न करके चुपचाप आँसू बहाते हैं। इनमें ऐसे भी हैं जो निष्क्रियता छोड़कर सक्रिय विरोध की ओर बढ़ते हैं। मनोहर ऐसे ही लोगों में से है। उपन्यासों में वीर नायक की समस्या काल्पनिक ढंग से—हवाई चरित्र-चित्रण से—हल नहीं की जा सकती। प्रेमचन्द ने अपने चारों ओर जो पेचीदा हकीकत देखी, उसी को अपने पात्रों में झलकाया। भारत की जनता साम्राज्यवादी और सामन्ती जुल्म के खिलाफ धीरे-धीरे उठ रही थी। निष्क्रियता की जंजीरें टूट रही थीं, लेकिन धीरे-धीरे। प्रेमचन्द की महत्ता इसमें है कि उन्होंने यह क्रम देखा और उसे अपने साहित्य में प्रतिबिम्बत किया।

१९वीं सदी के पच्छिमी कथा-साहित्य में जो यथार्थवाद की धारा चली, उसकी एक विशेषता यह थी कि खल-पात्रों का चित्रण जितना सजीव और कलापूर्ण होता था, उतना भले पात्रों का नहीं। खल-पात्र प्रायः लेखक के न चाहते हुए भी पाठक की हमदर्दी अपनी ओर खींच लेते हैं और उपन्यास पर छाये रहते हैं। प्रेमचन्द के साथ यह बात नहीं है। इसके विपरीत उनके 'पॉजिटिव हीरो' हमारा ध्यान खासतौर से आकर्षित करते हैं। आत्मसम्मान के लिए लड़ती हुई सुमन, किसान अधिकारों के लिये सीना तानकर खड़ा होने वाला बलराज, पत्नी पर गौसखां के हमले का बदला लेता हुआ मनोहर, विदेशी सैनिकों के रक्त से सतीत्वनाश का कलंक धोती हुई मुन्नी, ब्रिटिश आतंक के विरुद्ध वीरता से लड़ते हुए कर्मभूमि के वीर अछूत किसान, मृत्यु-शय्या पर नये संघर्षों और विजय के स्वप्न देखता हुआ सूरदास—ये और ऐसे ही पचीसों अन्य पात्र उन लोगों के प्रतिनिधि हैं जो अपने जीवन में निष्क्रियता छोड़कर अन्याय के सक्रिय प्रतिरोध की ओर बढ़ रहे थे।

प्रेमचन्द का एक बहुत ही निष्क्रिय पात्र है—होरी। वह जिन्दा रहने के लिए लड़ता है लेकिन अन्याय के खिलाफ नहीं लड़ता। यह ध्यान रखना चाहिए कि होरी के मुँह से प्रेमचन्द ने अपनी बातें ही नहीं कहलाईं। उसकी पत्नी धनिया और उसका पुत्र गोबर उसकी आलोचना करके पाठक का असन्तोष व्यक्त करते हैं। फिर भी हिन्दुस्तान में लाखों होरी हैं और प्रेमचन्द ने बहुत सचाई से यह दिखलाया है कि होरी की तरह निष्क्रिय रहने से आखिरी नतीजा क्या होगा। इसीलिए होरी जैसे पिछड़े हुए किसान का चित्रण करना सही था।

प्रेमचन्द के यथार्थवाद का धीरे-धीरे विकास हुआ। अपनी शुरू की रचनाओं में उन्होंने समस्याओं के काल्पनिक समाधान दिये। सुमन को सेवासदन में आसरा मिलता है। प्रेमाश्रम के किसान एक भले जमींदार के भूदान से अपनी समस्या हल कर लेते हैं। १९२० के राष्ट्रीय आन्दोलन ने प्रेमचन्द को यह सिखा दिया कि जनता को अपने अधिकारों के लिये अन्त तक बिना समझौता किये लड़ना पड़ेगा। १९२० के बाद की रचनाओं में काल्पनिक समाधान प्रायः नहीं हैं। निर्मला एक दुःखान्त उपन्यास है और वैसे ही रंगभूमि है। फिर भी इन दुःखान्त उपन्यासों से पाठक में निराशा नहीं पैदा होती। उसे इस बात की झाँकी मिल जाती है कि जनता अपनी एकता और संघर्ष के बल पर कितनी सफलता पा सकती है।

प्रेमचन्द का यथार्थवाद जितना गहरा हुआ, उनकी कला भी उतनी ही निखरी। उनकी कहानियाँ और उपन्यास अधिक सजीव और कलापूर्ण बने। उनकी शुरू की कहानियाँ पढ़ने पर कभी-कभी ऐसा लगता है कि लेखक कहानी को खींच रहा है या उसने कथानक बहुत बड़ा चुना है। कभी-कभी लगता है कि कहानी का मनचाहा अन्त करने के लिए वह घटनाओं को तोड़ता-मरोड़ता है। ये कमजोरियाँ दूर हो गयीं और उनकी श्रेष्ठ कहानियों में आवश्यक सामग्री का उचित उपयोग और चरित्र-चित्रण में सुन्दर कौशल दिखाई देता है। वे उन लघु चित्रों की कारीगरी के नमूने हैं जिनमें जन-जीवन की सजीव तस्वीरें मिलती हैं।

कहा जाता है कि प्रेमचन्द के उपन्यासों के कथानक शिथिल होते हैं। निःसन्देह उनके कुछ उपन्यासों में एक खास तरह की शिथिलता है। सेवासदन, निर्मला, गबन आदि उपन्यास इस बात का प्रमाण हैं कि वे जब आवश्यक समझते थे, तब बहुत ही गठा हुआ कथानक दे सकते थे। फिर भी कथानक का रूप क्या हो, यह इस पर निर्भर था कि प्रेमचन्द किन सामाजिक समस्याओं पर लिख रहे हैं। उपर्युक्त उपन्यासों की समस्याएं बहुत कुछ सीमित दायरे की हैं; यहाँ वे वर्गों या सामाजिक गुटों का विराट संघर्ष चित्रित नहीं करते। उनके उपन्यासों का मुख्य और सबसे महत्त्वपूर्ण विषय जमीन और आजादी के लिए किसानों का संघर्ष है, जमींदारों और महाजनों की गुलामी से छुटकारा पाने के लिए उनका आन्दोलन है। इस संघर्ष की भरीपूरी तस्वीर देने के लिए उन्होंने विशाल चित्रपट चुना है। इस चित्रपट पर वह किसानों के ही नहीं, उनके शोषकों के चित्र भी आंकते हैं। इसके सिवा वे केवल सामाजिक संघर्ष चित्रित नहीं करते, वे उनकी विभिन्न संस्कृति और घरेलू जीवन के भी सच्ची तस्वीर खींचते हैं। कई छोटे कथानकों को मिलाने से उनके उपन्यासों की विषयवस्तु समृद्ध होती है, कथा का प्रवाह और भी घना और गहरा होता है, और यही वे उपन्यास हैं जहां प्रेमचन्द संसार के श्रेष्ठ उपन्यासकारों से टक्कर लेते हैं। इसलिए यह तथाकथित शिथिलता कलात्मक दृष्टि से उचित ठहरती है।

प्रेमचन्द के यथार्थवाद का स्रोत उनकी देशभक्ति, जनता के लिए उनकी गहरी सहानुभूति है। उनकी रचनाओं में विदेशी शासकों के लिए तीव्र घृणा है। उनका मूल सन्देश है—साम्राज्यवाद से बिना समझौता किये संघर्ष करो। साथ ही प्रेमचन्द ने साम्राज्यवाद के सबसे महत्त्वपूर्ण देशी सहायक, भारतीय सामन्त-वाद, की अस्लियत भी ज़ाहिर की है। उन्होंने दिखलाया है कि इस वर्ग ने जनता को अधिकारों से वंचित रखने में अंग्रेज़ों और देशी हाकिमों की मदद पाई है। उन्होंने तीक्ष्ण दृष्टि से इनके दांव-पेंच परखते हुए जनता को सावधान किया है कि उसके शत्रु उसे गुलाम बनाये रखने के लिए किन-किन उपायों से काम लेते हैं। उन्होंने भाग्यवाद, धार्मिक अन्धविश्वासों और जनता की खुशहाली के लिए ज़बानी जमा-खर्च करने वालों का तीव्र खंडन किया है। सामन्ती जोंकों की रक्षा के लिए जिस शान्ति और न्याय की व्यवस्था थी, उसकी भीतरी सच्चाई उन्होंने प्रकट कर दी। उन्होंने साम्प्रदायिकता और जातिप्रथा का लगातार विरोध किया क्योंकि इन्हीं दो हथियारों से देश के प्रतिक्रियावादी जनता में बराबर फूट डालने की कोशिश करते थे।

उन्होंने यह सब किया, यह प्रेमचन्द का ऐतिहासिक महत्त्व है। उनका यह दृष्टिकोण और उनका प्रचुर सामाजिक अनुभव उनके यथार्थवाद का दृढ़ आधार है। यही आधार आज के हिन्दी कथा-साहित्य का होना चाहिये।

२

शरच्चन्द्र चटर्जी

शरच्चन्द्र के उपन्यासों का नायक अनेक स्त्रियों से घिरा होता है; वे सभी उससे प्रेम करना चाहती हैं और उनमें से एक को भी प्रेम-प्रदान करने में वह असमर्थ होता है। इसी असमर्थता की भूमि पर नारी की उपासना, उसकी तपस्या, उसकी सेवा-परायणता आदि का आदर्शवाद निर्मित होता है। शरत् बाबू के नायक अधिकांशतः जमींदार घरानों के, बचपन से आवारा और स्त्रियों के प्रति एक विशेष प्रकार की भावुकता के वशीभूत होते हैं। रुपये-पैसे की उन्हें कभी कमी नहीं होती, इसलिए उन्हें अपनी भावुकता के प्रयोग करने की पूर्ण स्वतंत्रता तथा अवकाश रहता है। जिन नायकों के माता-पिता अथवा कोई सगे-सम्बन्धी सम्पत्ति को छोड़कर नहीं मरे, वे भी 'पथेर दावी' के अपूर्व की तरह भारी नौकरी पा जाते हैं या श्रीकांत की तरह उन्हें कभी कहीं से, कभी कहीं से, रुपये की कमी नहीं होती। इन नायकों में प्रेम करने की इच्छा है परन्तु वे नारी को अति निकट से नहीं प्यार करना चाहते। प्रेम की व्याख्या यह है—'बड़ा प्रेम केवल पास ही नहीं खींचता, दूर भी ठेल देता है' (श्रीकांत—१—१२)। शायद पास खींचने और दूर ठेलने की क्रिया जितने ही विशद परिमाण में होती है, प्रेम का बड़प्पन भी उतना बढ़ जाता है। शरत् बाबू के उपन्यासों में इस क्रिया के विस्तृत वर्णन हैं। नारी के निकट आने पर भय रहता है कि प्रेम निकटता की सीमा को पार न कर जाय। पुरुष अपना पुरुषार्थ अपने तक ही सीमित रखता है। इसलिये नारी का प्रेम सेवा रूप में प्रकट होकर अति निकटता के भय को दूर कर देता है और पुरुष के पुरुषार्थ पर भी आँच नहीं आने देता। ठेलने की क्रिया जब एक दीर्घ अवधि ले लेती है और प्रेम के खिचाव की आवश्यकता का अनुभव होता है, तब नायक किसी न किसी शारीरिक व्याधि से व्याकुल हो उठता है। अपने शीतल कर-स्पर्श से उसके ताप को दूर करने के लिये तब एक न एक नायिका अवश्य आ जाती है। कभी छाती में दर्द हो जाता है, कभी ज्वर, कभी प्लेग आदि भी। और नायिकाएँ—वे भी रोगमुक्त नहीं हैं। अधिकांश को मूर्च्छा हो आती है, किसी विशेष भाव प्रदर्शन के लिए नहीं, वरन्

भयानक हिस्टीरिया अथवा मिर्गी के रूप में ! पुरुष के प्रेम की खोज में तपस्या करते-करते निर्बल और क्षीण होकर वे सेवा के परम तत्व को पहचान पाती हैं। एक-आध पागल भी हो जाती हैं और तब उन्हें ईश्वर में भी विश्वास हो जाता है।

कहने को कह सकते हैं कि शरत् बाबू ने बंगाल के नष्टप्राय, जर्जर ज़मींदार वर्ग का चित्रण किया है; परन्तु यह ध्यान रखना चाहिये कि उनके नायकों की समस्या एक है और उनकी जर्जरता, उनका खोखलापन भी एक विशेष प्रकार का है। वह मध्यवर्ग को समाज का क्रान्तिकारी वर्ग, समाज को गति और प्राण देने वाला वर्ग मानते हैं। 'पथेर दावी' के सव्यसाची का यही आदर्श है। परन्तु उनके मध्यवर्ग के पात्र श्रीकांत जैसे लक्ष्यहीन आवारा हैं। श्रीकांत की राजलक्ष्मी वेश्या-जीवन छोड़कर ईश्वरोपासना में लीन एक साध्वी स्त्री बन जाती है; धर्म में उसे एक लक्ष्य मिल जाता है; केवल श्रीकांत को कोई लक्ष्य नहीं है। जमींदार वर्ग के नायकों की समस्याएँ मध्यवर्ग के नायकों के भी सामने आती हैं। समाज के विकास में वर्गों की पारस्परिक प्रतिक्रिया पर शरत् बाबू की दृष्टि प्रायः नहीं गई है। उनका प्रचंड व्यक्तिवाद उनसे बार-बार एक ही कहानी कहलाता है, यहाँ तक की घटनाएँ भी कभी-कभी एक-सी होती हैं—जैसे उनके नायक प्रायः बर्मा जाते हैं, श्रीकांत की कहानी में वह खुद, 'चरित्रहीन' में दिवाकर, 'पथेर दावी' में अपूर्व इत्यादि। कहा जाता है कि श्रीकांत की भ्रमण कहानी में शरत् बाबू ने आत्म-कथा लिखी है—बारह आने उसमें वास्तविक घटनाएँ हैं और चार आने कल्पना, उन घटनाओं को उपन्यास के रूप में सजाने के लिए है। श्रीकांत को यह महत्त्व देने का कोई विशेष कारण नहीं है, सिवाय इसके कि वह अकेले उनके साधारण चार उपन्यासों के बराबर है। श्रीकांत की कहानी अन्य उपन्यासों में भी मिलेगी, कहीं कम कहीं ज्यादा और श्रीकांत के चार पर्वों में वह कहानी पूरी-पूरी आ गई है, इसमें सन्देह है।

पहले श्रीकांत की ही कहानी लेते हैं। इसमें नायक की लक्ष्यहीनता, उसकी भ्रमणप्रियता, प्रेम का उसे खींचना और ठेलना आदि क्रियाएँ विशेष उभर कर आई हैं। श्रीकांत अपने साथी इन्द्र के कारण बचपन में ही सिगरेट, भाँग आदि का प्रेमी हो जाता है। एक राजा साहब के यहाँ प्यारी बाई से उसकी भेंट होती है। प्यारी का वास्तविक नाम राजलक्ष्मी है और वह श्रीकांत के ही गाँव की रहने वाली है। उसने बचपन में ही श्रीकांत को प्यार किया था और बचपन से ही श्रीकांत ने उसे निराश करना आरम्भ कर दिया था। जब उसने मकोइयों की जय-माला पहनाई तो श्रीकांत ने प्रेम से सब मकोइयाँ खा डालीं; माला टूट गई। राजलक्ष्मी अपना प्रेम प्रदर्शित करती है परन्तु प्रेम श्रीकांत को दूर ठेल ले जाता है। पहले पर्व के ११वें अध्याय में श्रीकांत को बुखार आ जाता है और राजलक्ष्मी उसकी सेवा के लिए उपस्थित हो जाती है, अपने साथ उसे पटना भी ले जाती है।

पटना में राजलक्ष्मी के 'पवित्र शयन मंदिर' में श्रीकांत को अपने उत्तप्त शरीर पर गुप्त कर स्पर्श का सुख मिलता है। सुख के साथ लज्जा और भय का उदय होता है; मनोभावों का सूक्ष्म विश्लेषण देखते ही बनता है। 'बहुत रात बीते एकाएक तन्द्रा टूट गई और मैंने आँख खोलकर देखा कि राजलक्ष्मी गुपचुप कमरे में आई और उसने टेबल के ऊपर का लैम्प बुझाकर उसे दरवाजे के कोने की आड़ में रख दिया।···एकान्त में आने वाली नारी के इस गुप्त कर-स्पर्श से पहले तो मैं कुण्ठित और लज्जित हो उठा।' लज्जा और कुण्ठा का अन्त राजलक्ष्मी के यहां से चल देने के निश्चय में हुआ। 'आँखें और मुंह जल रहे थे, सिर इतना भारी था कि शय्या त्याग करते क्लेश मालूम हुआ। फिर भी जाना ही होगा।' क्यों जाना होगा? इसलिए कि राजलक्ष्मी की चरित्र-धवलिमा पर धब्बा न लग जाय, मन कहीं धोखा न दे जाय। श्रीकांत का चलने का निश्चय अपने लिए किसी भय के कारण नहीं था, भय था राजलक्ष्मी के लिए; उसे तपस्या कराके योगिनी बनाना ही होगा। पाठक धोखे में न पड़ें इसलिए श्रीकांत ने स्पष्ट कह दिया है—'फिर भी यह डर मुझे अपने लिए उतना नहीं था। परन्तु राजलक्ष्मी के लिए ही मुझे राजलक्ष्मी को छोड़ जाना होगा, इसमें अब जरा-सी भी आना-कानी करने से काम न चलेगा।' यही प्रेम का वह सूक्ष्म विज्ञान है जो पुरुष को नारी के निकट लाता है और फिर नारीत्व को निखारने के लिए उसे दूर ढकेल देता है।

द्वितीय पर्व में श्रीकांत और राजलक्ष्मी फिर मिलते हैं और फिर श्रीकांत उसे छोड़कर चल देता है। यहीं उसकी बर्मा यात्रा का वर्णन है जिसकी मुख्य बातें अन्य उपन्यासों में मिलती हैं। जहाज़ की विशेष घटना से श्रीकांत के चरित्र पर प्रकाश पड़ता है। सब यात्रियों की डाक्टरी होती है। श्रीकांत को यह अत्यन्त अपमानजनक प्रतीत होता है। 'आगे खड़े हुए साथियों के प्रति किया गया परीक्षा-पद्धति का जितना प्रयोग दृष्टिगोचर हुआ, उससे मेरी चिन्ता की सीमा न रही। ऐसा कायर बंगालियों को छोड़कर वहाँ और कोई नहीं था जो देह के निम्न भाग के उघाड़े जाने पर भयभीत हो···यथासमय आँख मींचकर, सारा अंग संकुचित कर एक तरह से हताश ही होकर, डाक्टर के हाथ आत्म-समर्पण कर दिया।'

जहाज पर ही श्रीकांत की अभया से भेंट हो जाती है। बर्मा में प्लेग फैलने पर जब श्रीकांत बीमार पड़ जाता है तब यह अभया उसकी परिचर्या करती है। अभया के यहाँ से श्रीकांत फिर राजलक्ष्मी के पास आता है। स्टेशन पर राजलक्ष्मी के चोट लगने पर वह कहती है—'हाँ, बहुत चोट लगी है,—परन्तु लगी है ऐसी जगह कि तुम जैसे पत्थर न उसे देख सकते हैं और न समझ सकते हैं!' परन्तु श्रीकांत सोचता है—'नारी की चरम सार्थकता मातृत्व में है, यह बात शायद खूब गला फाड़ करके प्रचारित की जा सकती है।' और राजलक्ष्मी के लिए कहता है—'उसकी कामना-वासना आज उसी के मध्य में इस तरह गोता लगा गई है कि बाहर से एकाएक सन्देह

होता है कि वह है भी या नहीं।' राजलक्ष्मी उसे पत्थर कहे तो आश्चर्य क्या ! श्रीकांत के चौथे पर्व में बज्रानन्द राजलक्ष्मी से पूछते हैं, क्या वह श्रीकांत को निरा निकम्मा ('अकेजो') बनाकर ही छोड़ेगी, और राजलक्ष्मी उत्तर देती है, ईश्वर ने ही उसे ऐसा बना दिया है, कहीं भी कोर कसर नहीं छोड़ी। कदाचित् इसी कारण राजलक्ष्मी को श्रीकांत पर पूर्ण विश्वास है; उसके खोये जाने का उसे तनिक भी डर नहीं है। श्रीकांत के शब्दों में,—'केवल डर ही नहीं, राजलक्ष्मी जानती है कि मैं खोया जा ही नहीं सकता। इसकी सम्भावना ही नहीं है। पाने और खोने की सीमा से बाहर जो एक सम्बन्ध है, मुझे विश्वास है कि उसने उसे ही प्राप्त कर लिया है और इसीलिए मेरी भी इस समय उसे जरूरत नहीं है।' राजलक्ष्मी की दुःसह वेदना को देखते हुए यह विश्वास करना कठिन है कि उसे श्रीकांत की आवश्यकता नहीं है; परन्तु इतना तो स्पष्ट है कि दूर बर्मा में अथवा एक बिस्तर पर साथ सोने तक की सभी परिस्थितियों में श्रीकांत तथा राजलक्ष्मी का खोने और पाने से परे का सम्बन्ध स्थिर और अडिग रहता है ! श्रीकांत फिर भी राजलक्ष्मी के नारीत्व को महत्तर करने के लिए, उसमें क्षति की सम्भावना को दूर करने के लिए, उसे छोड़कर चला गया था ! वह सदा एक न एक बहाने से उसे छोड़कर चला जाता है— परन्तु वे सब बहाने ही हैं। नारीत्व की रक्षा भी एक बहाना है। सत्य यह है कि श्रीकांत का नारी से सम्बन्ध खोने और पाने से परे का है। अभया और कमललता से भी उसका सम्बन्ध क्या इसी कोटि का नहीं है ? 'चरित्रहीन' की 'चरित्रहीनता' भी क्या सच्चरित्रता और दुश्चरित्रता दोनों से परे नहीं है ? परंतु इस विडम्बना का कहीं अंत नहीं है !

इस बहाने कि राजलक्ष्मी अब भी गाने जाती है, श्रीकांत उसे छोड़कर काशी से कलकत्ता चला जाता है। अपने गाँव आकर भीतरी अवसाद उसे फिर सताता है और उसे ज्वर हो आता है। वह राजलक्ष्मी से रुपये मँगाता है और राजलक्ष्मी लक्ष्मी की ही भाँति स्वयं आकर उपस्थित हो जाती है। श्रीकांत का गाँव राजलक्ष्मी का भी गाँव है और यहाँ सभी दोनों के परिचित हैं। श्रीकांत अपनी पत्नी कहकर राजलक्ष्मी का परिचय देता है। ऐसी परिस्थिति जिसमें पुरुष एक बिना ब्याही स्त्री को अपनी पत्नी घोषित करता है, शरत् बाबू के उपन्यासों में अनेक बार आती है। गृहदाह में सुरेश अचला को, चरित्रहीन में दिवाकर किरण को इसी तरह अपनी पत्नी घोषित करते हैं। पति कहलाने की साध इतने से ही पूरी हो जाती है।

राजलक्ष्मी श्रीकांत को उसके गाँव से पटना ले जाती है। वहाँ उसे फिर ज्वर आता है। ठीक पहले जैसी परिस्थिति फिर उत्पन्न होती है; इतने खिंचाव के बाद प्रेम फिर उसे ठेलना शुरू करता है, यहाँ तक कि यह प्रेम भी है कि नहीं, उसे संदेह होने लगता है। उसे भान होता है कि उसने कभी राजलक्ष्मी से प्रेम किया ही

नहीं ! बलिपशु की भाँति शरत् का पुरुष अपने को निःसहाय पाता है। वह कातर होकर इधर-उधर भागने का रास्ता खोजता है। श्रीकांत ने अपनी दशा का मार्मिक वर्णन किया है। 'मुँह उठाकर देखा, तो राजलक्ष्मी चुपचाप बैठी खिड़की के बाहर देख रही है। सहसा मालूम हुआ कि मैंने कभी किसी दिन इससे प्रेम किया। फिर भी इसे ही मुझे प्रेम करना पड़ेगा,—कहीं किसी तरफ से भी निकल भागने का रास्ता नहीं। संसार में इतनी बड़ी विडम्बना क्या कभी किसी के भाग्य में घटित हुई ? और मज़ा यह कि एक ही दिन पहले इस दुविधा की चक्की से अपनी रक्षा करने के लिए अपने को सम्पूर्ण रूप से उसी के हाथों सौंप दिया था। तब मन ही मन जोर के साथ कहा था कि तुम्हारी सभी-भलाई बुराइयों के साथ ही तुम्हें अंगीकार करता हूँ लक्ष्मी ! और आज, मेरा मन ऐसा विक्षिप्त और ऐसा विद्रोही हो उठा, इसी से सोचता हूँ, संसार में 'करूँगा' कहने में और सचमुच करने में कितना बड़ा अन्तर है !' एक-एक शब्द सार्थक है, श्रीकांत की समस्या को इससे अच्छे शब्दों में व्यक्त करना कठिन है। इस मधुर कविता की सृष्टि के लिए ही एक विशेष परिस्थिति की पुनरावृत्ति होती है। प्रेम किया है, नहीं भी किया है—इसलिए कि वह बड़ा प्रेम है, खोने पाने के परे है। इसलिए प्रेम करना न करने के बराबर है। निकल भागने का रास्ता नहीं है—इस कातरता का अनुभव करना ही पड़ेगा। यद्यपि भागने का रास्ता सदा मिल जाता है, फिर भी इस कातरता के अनुभव में भी सुख है। इतनी बड़ी विडंबना क्या संसार में श्रीकांत के अतिरिक्त किसी अन्य पुरुष की भी हुई है ? कम से कम शरत् बाबू के पात्रों के लिए यह प्रेमी की विडंबना नई नहीं है। प्रेम की प्रवंचना, उसका भुलावा ही उनके लिए प्रेम है। शरत् बाबू के उपन्यासों में ऐसे नायक भी हैं जो ऐसी परिस्थितियों में पड़कर उपन्यास लेखक भी बन जाते हैं। 'दर्पचूर्ण' का नरेन्द्र, जिसके उपन्यास पर विमला आँसू बहाती है, ऐसा ही नायक है। श्रीकांत उपन्यास लेखक नहीं बनता—आत्मकथा में ऐसी दो-एक बातों की कमी रह गई।

श्रीकांत का मन विक्षिप्त और विद्रोही हो उठता है। इच्छाशक्ति की जड़ता का उसे अनुभव होता है। मन में कुछ करने की इच्छा होती है —प्रेम उसे खींच लेता है, परंतु इच्छा को कार्य रूप में परिणत करने का अवसर आने पर प्रेरक शक्ति हृदय के रसातल में कहीं छिप जाती है,—प्रेम उसे दूर ठेल देता है। परन्तु इस बार जल्दी प्रेम ने पीछा न छोड़ा। पटना से चलने पर राजलक्ष्मी भी साथ चली और उसे एक गाँव गंगामाटी ले गई। परन्तु राजलक्ष्मी ईश्वर के विधान को नहीं मेट सकती। एक बार चाहे ईश्वर मिल जाय, श्रीकांत का मिलना असंभव है। राजलक्ष्मी व्यथित होकर कहती है-—'तुम्हें पाने के लिए मैंने जितना श्रम किया है, उससे आधा भी अगर भगवान् के लिए करती तो अब तक शायद वे भी मिल जाते। मगर मैं तुम्हें न पा सकी।' श्रीकांत अकुंठित स्वर से उत्तर देता है—

'हो सकता है कि आदमी को पाना और भी कठिन हो।' आदमी को पाना सचमुच ही और कठिन है। चरित्रहीन की किरण पुरुष की खोज में कितना भटकती है—यहाँ तक कि अन्त में पागल हो जाती है—फिर भी उसे पुरुष नहीं मिलता। भगवान उसे मिल जाते हैं—पागलपन आस्तिकता में परिणत हो जाता है !

राजलक्ष्मी से दूर भागने के लिए श्रीकांत का हृदय व्याकुल हो उठता है। जब प्रेम का खिचाव था, तब राजलक्ष्मी का पैर सहलाना सुखद लगता था; 'मालूम होता था कि उसकी दसों उँगलियाँ मानों दसों इन्द्रियों की सम्पूर्ण व्याकुलता से नारी हृदय का जो कुछ है सबका सब मेरे इन पैरों पर ही ऊँड़ेल दे रही हैं।' परन्तु अब,—'मालूम होने लगा कि वह स्नेह-स्पर्श अब नहीं रहा।' नारी के भाग्य के साथ कैसा परिहास है, श्रीकांत यह अनुभव नहीं करता कि उसके पैरों का ताप ही पहले की अपेक्षा कम हो गया है, वह उँगलियों की वेदना को दोष देता है। वास्तव में नारी की वेदना उसकी उँगलियों से फूट निकलना चाहती है, व्यथा की ज्वाला उसे भस्म कर देती है परन्तु श्रीकांत नारी के ही माथे दोष मढ़कर अपने को निर्दोष सिद्ध कर लेता है। मन का वैरागी 'छि छि' करने लगता है। "मेरे मन का जो वैरागी तन्द्राच्छन्न पड़ा था, सहसा वह चौंककर उठ खड़ा हुआ, बोला, 'छि छि छि' !"

अन्त में राजलक्ष्मी ही तीर्थ यात्रा के लिए चल पड़ती है। श्रीकांत सोचता है कि अब की बार ऐसा भागूंगा कि फिर पकड़ ही में न आऊँ। छुटकारे की प्रसन्नता में दृढ़ निश्चय होकर कहता है—'मैं उसे छुट्टी दूंगा, उस बार की तरह नहीं,—अबकी बार, एकाग्रचित्त से, अंतःकरण के सम्पूर्ण आशीर्वाद के साथ, हमेशा के लिए उसे मुक्ति दूंगा।' वह देश छोड़कर चला जाएगा। पहले उसके अदृष्ट ने उसे अपने संकल्प पर दृढ़ न रहने दिया था; इस बार वह अपनी पराजय स्वीकार न करेगा। परन्तु अदृष्ट तो अदृष्ट ! स्वीकार न करने से पराजय विजय थोड़े ही हो जाएगी। श्रीकांत छुटकारा पाकर चल देता है। परन्तु बैलगाड़ी ऐसा रास्ता भूलती है कि वह भटकता हुआ फिर उसी गाँव में आ जाता है और राजलक्ष्मी फिर उसके सिर के बालों में उँगलियाँ फेरने लगती है। एक बार पुनः बर्मा-यात्रा की तैयारी होती है। श्रीकांत कलकत्ते चलता है, परन्तु बर्मा जाने के पहले फिर एक बार काशी आता है !

एक संकट हो तो टले। विपत्ति तो राह चलते मिल जाती है। काशी से चलने पर रेल में पुंटू से भेंट हो जाती है और उससे ब्याह की बात भी चल पड़ती है। पुंटू से छुटकारा पाया तो श्रीकांत के ही शब्दों में वह दूसरी पुंटू के जाल में पड़ गया। वैष्णवी कमललता से भेंट हुई। वज्रानन्द ने उससे कितनी सत्य बात कही थी। 'अजीब देश है यह बंगाल ! इसमें राह चलते मां-बहनें मिल जाती हैं, किसमें सामर्थ्य है कि इनसे बचकर निकल जाये ? परन्तु वज्रानन्द की रक्षा तो गेरुए वस्त्र

कर लेते हैं, श्रीकांत की रक्षा के लिए यह कवच भी नहीं है।

कमललता की यह दशा है कि श्रीकांत का नाम सुनकर ही उसे प्रेम हो गया है। जब हाड़-मांस के श्रीकांत आये, तब उसके मनोभावों का अनुमान किया जा सकता है। कमललता सत्रह वर्ष की अवस्था में विधवा हो गई थी। विधवावस्था में उसके गर्भ रह गया था; परन्तु उसका प्रेमी उसका नहीं हुआ। शरत् बाबू की नायिकायें बहुधा वेश्याएँ, विधवाएँ, युवावस्था की दुश्चरित्राएँ होती हैं, इसलिए कि तब उनका चरित्र सुधारने का अवसर मिलता है और नायक उनके पास आकर विपत्ति की आशंका होने पर फिर भाग सकता है। उनका चरित्र उज्ज्वल हो, उनका नारीत्व फिर कलुषित न हो,—यह बहाना सदा उसके पास रहता है। पुरुष की उदासीनता से वे विवश हैं। वास्तव में विवशता पुरुष की है; उसकी पुरुषत्व-हीनता नारी को निर्लज्ज बना देती है। इस निर्लज्जता का अति विकृत रूप 'चरित्रहीन' की किरण में देखने को मिलता है—जब वह उपेन्द्र से खुलकर अपना प्रेम निवेदन करती है और दिवाकर को—जब हाव-भाव, परिहास-विलास के एक अनन्त क्रम के बाद जहाज़ पर बरबस एक ही पलंग पर सुलाना चाहती है और वह घिघियाता हुआ भागता है और फिर भी भाग नहीं पाता।

किसी तरह कमललता से छुटकारा पाकर श्रीकांत कलकत्ते आता है; परन्तु वहाँ राजलक्ष्मी पहले से ही उसकी बाट जोह रही है। राजलक्ष्मी के साथ फिर एक बार कमललता के दर्शन होते हैं। वहाँ से कमललता को छोड़कर राजलक्ष्मी के साथ गंगामाटी की यात्रा होती है और अन्त में राजलक्ष्मी को छोड़कर एक बार फिर कमललता के यहाँ आना होता है। कमललता को वह वृन्दावन का टिकट कटा देता है और आप उसी रेल में बैठकर कुछ दूर साथ यात्रा करने के बाद सैंथिया स्टेशन पर उतर जाता है। कमललता को श्रीकृष्ण भगवान के चरणों में आश्रय मिलता है, श्रीकांत उसे अपनी कहकर अपमानित नहीं करना चाहता। और यहीं श्रीकांत की भ्रमण कहानी समाप्त हो जाती है। कथा को इस क्रम से सहस्र रजनी-चरित्र की सीमा तक—और उससे भी आगे पहुँचाया जा सकता है। अभया-कमललता-राजलक्ष्मी—ऐसी नारियों की कमी नहीं है और प्रेम का खींचने ठेलने वाला व्यापार भी अनन्त है!

२

नारी में मातृत्व की खोज बचपन से आरम्भ होती है और आजीवन वह जारी रहती है; प्राण रहते उसका अन्त नहीं होता। 'मँझली बहन' के किशन में जैसे हम श्रीकांत के बाल्यकाल का एक दृश्य देखते हैं। माँ की मृत्यु के पश्चात् किशन को सौतेली बहन के यहाँ आश्रय मिलता है। वहाँ उसे अनेक कष्ट सहने पड़ते हैं। माता का खोया हुआ स्नेह उसे मँझली बहन हेमांगिनी में मिलता है। हेमांगिनी

स्वयं रोगिनी है; हिस्टीरिया के से लक्षण भी उसमें हैं। वह कभी किशन को अत्यधिक प्यार करती है, कभी उसे पीटती है। किशन का आश्रय छिनने को होता है; परन्तु अन्त में हेमांगिनी पति को भी छोड़कर उसके साथ चलने को प्रस्तुत हो जाती है। पतिदेव को किशन को आश्रय देना ही पड़ता है और किशन को मँझली बहन के मातृ-स्नेह से वंचित नहीं होना पड़ता। 'सुमति' में रामलाल को ऐसा ही आश्रय भाभी नारायनी के यहाँ मिलता है। 'राम ने फिर भाभी की छाती में मुँह छिपा लिया। यहीं मुँह रखकर उसने लम्बे तेरह वर्ष बिताये हैं—इतना बड़ा हुआ है।' तब भला यह प्रवृत्ति कैसे छूट सकती है? विक्षिप्त की भाँति यही भाभी रामलाल को बेतों से पीटती है और अन्त में फिर उसे अपने अंचल में आश्रय देती है। मार और प्यार—दो विरोधी बातों का कारण स्पष्ट है। पति से असन्तुष्ट नारायनी मातृत्व का विकास चाहती है; रामलाल उस विकास में सहायक होता दिखाई देता है; परन्तु वह उसकी सहज आकांक्षा को पूर्ण नहीं कर सकता। दूसरे का लड़का अपनी कोख से लड़का जनने का सुख उसे नहीं दे सकता। इसी कारण रामलाल और किशन को मार भी मिलती है और फिर माता जैसा प्यार भी मिलता है।

जब 'श्रीकांत' और बड़ा हुआ, तब की एक झाँकी 'बड़ी बहन' में देखिये। सुरेन्द्र श्रीकांत जैसा ही परमुखापेक्षी है। खाने, पिलाने, सुलाने आदि के लिए भी उसे एक अभिभावक चाहिए। घर पर उसकी अभिभावक उसकी विमाता है; परन्तु अन्य पात्रों की भाँति वह भी घर छोड़कर कलकत्ते भागता है। यहाँ उसे चौदह वर्ष की अवस्था में विधवा होने वाली माधवी अभिभावक के रूप में मिल जाती है। माधवी की छोटी बहन को पढ़ाने के लिए वह अध्यापक रखा गया है परन्तु न पढ़ाने पर डाट-डपट होती है और आत्मसम्मान की रक्षा के लिए उसे घर छोड़ देना पड़ता है। रास्ते में गाड़ी के नीचे आ जाने से उसे चोट आ जाती है। पिता आकर ले जाते हैं। वहाँ उसका विवाह हो जाता है; परन्तु शायद विवाह का दुख दूर करने के लिए वह मित्रों के साथ शराब-कबाब में पड़ जाता है। शरीर उसका अस्वस्थ रहता है और अन्त में घटना-चक्र उसकी अस्वस्थता को बढ़ाकर उसे माधवी की गोद में ला पटकता है। उसी गोद में शान्ति से सिर रखकर वह अपने प्राण त्याग देता है। 'मानो सारे विश्व का सुख इसी गोद में छिपा हुआ था। इतने दिनों के बाद सुरेन्द्रनाथ ने आज वह सुख खोज निकाला है।'

देवदास की कथा से, बोलपट के कारण, सभी परिचित हैं। जमींदार का लड़का है, तम्बाकू पीने का अभ्यास भी बचपन से है। पार्वती देवदास से प्रेम करती है; परन्तु देवदास अनिश्चित है। पार्वती का ब्याह एक दूसरे लड़के से होने वाला है परन्तु वह स्वयं साहस करके रात को एकांत में देवदास के पास जाती है। देवदास चिन्तित हो उठता है—वह न जाने किसलिए आई है। पार्वती की लज्जा की

कल्पना करके देवदास स्वयं लज्जित हो उठता है। परन्तु प्रेम-निवेदन का कार्य तो पुरुष के बाँटे ही नहीं पड़ा; शरत् बाबू के उपन्यासों में विवश होकर उसे स्त्रियों को करना पड़ता है। पार्वती उसके चरणों में आश्रय चाहती है; परन्तु देवदास कातर होकर पूछता है—'क्या मेरे सिवा तुम्हारे लिये और कोई उपाय नहीं है ?' माता-पिता का आज्ञाकारी पुत्र देवदास कलकत्ते चला जाता है। वहाँ से वह पार्वती को पत्र लिखता है कि उसने पार्वती को कभी अधिक प्यार नहीं किया। पार्वती को ही क्या, और किसी को भी उसने कभी अधिक प्यार किया है ? वही श्रीकान्त वाली परिस्थिति है—प्रेम है भी और नहीं भी। पार्वती का विवाह हो जाता है और देवदास चन्द्रमुखी के यहाँ दारू पिया करता है। आधी सम्पत्ति वह यों ही उड़ा देता है। राजलक्ष्मी की भाँति चन्द्रमुखी भी वेश्यावृत्ति त्यागकर वैराग्य-सा ले लेती है; देवदास अपने को पार्वती और चन्द्रमुखी दोनों से दूर रखता है; परन्तु चन्द्रमुखी एक दिन सड़क पर औंधे पड़े देवदास को अपने यहाँ ले आती है। कलेजे में दर्द और ज्वर हो आता है और चन्द्रमुखी उसकी परिचर्या करती है। चन्द्रमुखी को छोड़कर देवदास देश के अनेक नगरों में घूमता है। और अन्त में अत्यन्त अस्वस्थ होकर वह पार्वती के गाँव की तरफ चलता है। गाँव पहुँचने के पहले ही उसकी मृत्यु हो जाती है।

'काशीनाथ' का जैसे विवाह होता है, वह सूखने लगता है। कोई स्त्री उसे पहचाने, यह कितना कठिन है—वह जानता है। उसकी स्त्री उसे छोड़कर चली जाती है और तब काशीनाथ के अस्वस्थ होने पर 'बहन' बिंदुदासिनी उसकी परिचर्या को आ उपस्थित होती है। 'अनुपमा का प्रेम' देवदास की कथा की भाँति है। अनुपमा का विवाह एक बूढ़े के साथ होता है। वह विधवा हो जाती है और अन्त में शराबी ललित उसे आत्महत्या करने से बचाता है। 'दर्पचूर्ण' में काशीनाथ वाली समस्या है। धनी घर की इंदु से निर्धन नरेन्द्र का विवाह हो जाता है। पति-पत्नी में बनती नहीं है। नरेन्द्र की छाती में दर्द होता है और बहन विमला सेवा के लिए आ जाती है। नरेन्द्र उपन्यासकार भी है। 'तस्वीर' बर्मा देश की उस समय की कहानी है, जब वहाँ अंग्रेज़ नहीं आये थे परंतु घटनाएँ और पात्र नयी तरह के हैं। बाथिन चित्रकार और धनी युवती माशोये में प्रेम है। प्रेम की अतृप्ति में माशोये उससे घृणा करने लगती है और उस पर रुपयों की नालिश कर देती है। वह सर्वस्व बेचकर ज्वर से पीड़ित रुपये लेकर उसके सामने आता है। माशोये उसे अपने कमरे में सुला देती है और उसकी परिचर्या करने लगती है।

'गृहदाह' के महिम को अचला अपनी अँगूठी पहना देती है; परन्तु महिम बाबू उसके बाप के सामने पूछते हैं, 'क्या तुम अपनी अँगूठी वापिस चाहती हो ?' अचला सुरेश कसाई से उसे बचाने की प्रार्थना करती है; महिम बचा तो लेता है परन्तु अचला को फिर उसी कसाई की शरण में जाना पड़ता है और सुरेश के पास

महिम जब बीमार पड़ता है तब उसके गाँव की एक बहन मृणाल, जो अब विधवा हो गई है, उसकी देख-भाल करती है। सुरेश धोखे से अचला को महिम से अलग करके अपने साथ एक दूसरे स्थान पर ले आता है। यहाँ सुरेश को बुखार आता है और अचला उसकी सेवा करती है। मृणाल जो महिम के लिए है वही अचला सुरेश के लिए। दोनों ही नारियाँ पति से इतर प्राणियों को अपनी सेवा अर्पित करती हैं। कदाचित् पति से निराश होनेवाली ऐसी नारियों को इन इतर पुरुषों से कुछ आशा रहती है—सेवा उस आशा का दीपक जलाये रखती है, परन्तु एक दिन वह भी बुझ जाता है। राजलक्ष्मी की भाँति वे अपने श्रीकान्त को नहीं पा सकतीं। सुरेश की भी छाती में दर्द होता है; फ्लैनल गरम करके अचला उसकी छाती सेंकती है और सुरेश फ्लैनल सहित उसका हाथ अपनी छाती पर दबा लेता है। फिर बाँहों में जकड़कर उसका मुँह भी चूमता है। परन्तु अचला क्रोध नहीं करती; थोड़ी बातचीत के उपरान्त वह अपने कमरे में चली जाती है। शायद वह समझती है कि शिशु की भाँति सुरेश के चुम्बन भी निर्दोष हैं। सुरेश जिसे भगाकर लाया था, अब उसी से छुटकारा पाने की सोचता है। कातर होकर अचला पूछती है—"अब क्या तुम मुझे प्यार नहीं करते ?" एक दिन अकस्मात् महिम से भेंट हो जाती है और अचला को मूर्च्छा आती है। सुरेश की प्लेग में मृत्यु होती है; मृत्यु के समय अचला उसके साथ होती है। अचला अब महिम के आसरे है, परन्तु वह उसे ग्रहण नहीं करता और अन्त में एक स्त्री ही उसे आश्रय देती है। मृणाल उसे अपने साथ ले जाती है।

श्रीकान्त की कहानी के कुछ महत्वपूर्ण अंशों का उभरा हुआ चित्रण 'चरित्रहीन' में है। जमींदार के आवारा और आलसी लड़के का नाम इस बार सतीश है। वह अपने मित्रों में शराब आदि का सेवन भी प्रथानुसार करता है। उसकी अभिभाविका का नाम सावित्री है। वह विधवा होने के बाद अपने प्रेमी द्वारा परित्यक्ता है। अब उसकी सेवापरायणता सतीश में केन्द्रित है। सावित्री को बड़े भयानक रूप में मिर्गी का दौरा आया करता है। पारस्परिक ईर्ष्या और सन्देह के कारण सावित्री और सतीश बिछुड़ जाते हैं। एक बाबा के साथ सतीश का गाँजा-शराब का सेवन बहुत बढ़ जाता है। और जब वह अत्यन्त अस्वस्थ हो उठता है तब उसका नौकर सावित्री को खोज ले आता है। सुशील लड़के की तरह सतीश सावित्री का कहना करता है और ज्वर में वही उसकी सेवा करती है।

सावित्री और सतीश के चरित्र-चित्रण को फीका करनेवाला एक दूसरा चरित्र इसमें किरण का है। नारी की विवशता, खिन्नता, व्याकुलता, उसकी विक्षिप्तता, अतृप्त वासना की पीड़ा—इस सारी नारकीय यातना को उसके विकृततम रूप में शरत् बाबू ने किरण में चित्रित किया है। उसके स्वामी जन्म-नीरस थे। उसे दर्शन-शास्त्र पढ़ाते थे। (पति-पत्नी के स्थान पर गुरु-शिष्य का

सम्बन्ध अन्य उपन्यासों में भी मिलेगा।) पति की बीमारी में ही वह डा. अनंग से अपनी प्रेम की प्यास बुझाती है। उपेन्द्र को देखकर उसकी सारी वासना उसी ओर खिच जाती है। उपेन्द्र की दशा श्रीकान्त जैसी है। किरण उसे बलपूर्वक रोकना चाहती है; कहती है, 'पुरुष को इतनी लज्जा नहीं सोहती।' परन्तु शरत् बाबू के उपन्यासों में लज्जा पुरुषों का भूषण है। उपेन्द्र उससे किसी प्रकार पीछा छुड़ा लेता है। बैरागी सतीश को वह भाई मानती है; उससे कभी उसने कोई आशा नहीं रखी। उसकी वासना का दूसरा केन्द्र दिवाकर बनता है। दिवाकर जब उसके अश्लील परिहास से सिहर उठता है, तब वह कहती है कि लजाने की कोई बात नहीं, यह तो देवर-भाभी का स्वाभाविक सम्बन्ध है। अन्त में किरण दिवाकर को बर्मा ले चलती है। नारी पुरुष को घर से निकाल लाती है (श्रीकान्त में अभया भी रोहिणी सिंह को इसी भाँति निकाल कर बर्मा ले जाती है।) जहाज़ पर जब वह दिवाकर से पूछती है, क्या मुझे प्यार करते हो तो दिवाकर रोने लगता है। इसके पश्चात् जिस दृश्य का वर्णन है, उसका उल्लेख अनावश्यक है। अपनी वीभत्सता और भोंडेपन में वह अद्वितीय है।

दिवाकर का ब्रह्मचर्य नष्ट करने पर किरण को खेद होता है,—उस खेद की ऐसी प्रतिक्रिया होती है कि बर्मा में एक साथ छः महीने रहने पर भी, दिवाकर से मार खाने पर भी, उसके बार-बार प्रेम-निवेदन करने पर भी, किरण उसे पास नहीं फटकने देती। सतीश किरण और दिवाकर को ले जाता है; किरण पागल हो जाती है और अंत में उसकी निर्बलता उसकी अतृप्ति को नष्ट कर देती है। पुरुष को न पाकर वह भगवान को पा जाती है। किरण की कहानी पुरुष की पुरुषार्थ-हीनता की कहानी है; श्रीकान्त की कहानी की अपेक्षा उसमें अधिक कड़ुवापन है।

३

'पथ के दावेदार' शरत् बाबू का राजनीतिक उपन्यास माना जाता है; उसमें राजनीतिक समस्याओं पर बहुत-सा वाद-विवाद भी है। परन्तु उसके मुख्य पात्र अपूर्व और सव्यसाची वही पुराने श्रीकान्त और वज्रानन्द, सतीश और उपेन्द्र आदि ही हैं। अपूर्व में श्रीकांत की अनिश्चितता है और सव्यसाची में वज्रानन्द की दृढ़ता और कर्तव्य-परायणता है। सव्यसाची और वज्रानन्द श्रीकान्त से भिन्न नहीं हैं। जो कुछ श्रीकान्त होना चाहता है और है नहीं, उसी का चित्रण इन विरागियों-संन्यासियों में किया गया है।

अपूर्व तथा उसके साथियों में विदेशी शासन के प्रति जिस प्रकार घृणा उत्पन्न होती है, उससे उनका बचकानापन और उनके मस्तिष्क की अपरिपक्वता स्पष्ट झलकती है। अपूर्व को भी दिवाकर आदि की भाँति यात्रा करनी पड़ती है। उसके कमरे के ऊपर लकड़ी की छत से एक देशी ईसाई साहब पानी डालता है

और यहीं से अपूर्व के विद्रोह का सूत्रपात होता है। ईसाइयों को वह शासकवर्ग के साथ सम्मिलित करके शासकों के प्रति घृणा से जल उठता है। अपूर्व एक पार्क में गोरों की बेंच पर बैठ जाता है; कुछ गोरे आकर उसे ठोकर मारकर निकाल देते हैं। वह उन्हें मारता बहुत है—वह कसरती जवान है—परन्तु लोगों ने पकड़ लिया। वह स्टेशन मास्टर से अपना दुख कहता है और पीठ पर बूट का दाग दिखाता है। स्टेशन मास्टर चपरासी को उसे निकाल देने की आज्ञा देता है। इस बार स्टेशन मास्टर के सामने उसे पकड़ने वाला कोई नहीं था; परन्तु सौभाग्य से उसे क्रोध आया ही नहीं।

क्रान्तिकारी सव्यसाची मल्लिक को देखिये। "वह खाँसते-खाँसते सामने आया। उम्र तीस-बत्तीस से ज्यादा न होगी, दुबला-पतला कमजोर आदमी था। जरा-सी खाँसी के परिश्रम से ही वह हाँफने लगा। देखने से यह नहीं मालूम होता था कि उसकी संसार की मियाद ज्यादा दिन बाकी है,—भीतर के किसी एक दुर्निवार रोग से जैसे उसका सारा शरीर तेजी से क्षय की तरफ दौड़ रहा है।" देवदास पर भी ये शब्द लागू होते हैं। केवल देवदास से भिन्न इस व्यक्ति में साधारण मानसिक दृढ़ता ही नहीं, उसकी सूखी हड्डियों में दानव का-सा अपार बल भी है। देवदास यदि अपना एक आदर्श चित्र खींचे तो वह सव्यसाची का हो। सव्यसाची के अँगूठे में गाँजा बनाने का दाग भी है। आदर्श चित्र होने के कारण उसे एक स्थान पर 'अतिमानव' कहा गया है।

सव्यसाची के क्रान्तिकारी बनने का इतिहास मनोरंजक है। उसके चचेरे भाई को डाकुओं ने मार डाला था; भाई बन्दूक चाहता था, परन्तु मजिस्ट्रेट ने नहीं दी, इसलिए भाई अँग्रेजों से बदला लेने का सन्देश उसे दे गया। यही उसके क्रान्तिकारी जीवन का रहस्य है। सव्यसाची की अति मानवता उभारने के लिए शरत बाबू ने अनेक उपायों से काम लिया है। उसके साथी उस पर अगाध श्रद्धा रखते हैं और भारती की श्रद्धा कविता में फूटकर बहा करती है। देश-विदेश में वह घुमाया गया है, सन-यात-सेन जैसे व्यक्तियों से मिला है; उसके व्यक्तित्व को रोमांटिक बनाने में कोई कसर नहीं रखी गई। उसे देखकर एक मनुष्य की जिज्ञासा सहज ही सजग हो उठती है। चारों ओर भय और विषाद का वातावरण उसे और आकर्षक बना देता है। समाज से भी उसे सहानुभूति नहीं मिलती; आत्माहुति के लिए उसे घृणा मिलती है। एक ओर वह है, दूसरी ओर संसार है। बायरनिक हीरो के अनेक गुण उसमें विद्यमान हैं। वह समिति का नेता है और उसके शब्द ही नियम हैं। बहुमत अपूर्व को दंड देने के पक्ष में है; परन्तु वह उसे क्षमा करता है और विरोधी बहुमत उसका कुछ बिगाड़ नहीं सकता। उसके साथी समझते हैं कि वह सब जानता है, सब कर सकता है। उसकी विद्या, पांडित्य, बल, बुद्धि, सब अगाध है।

एक व्यक्ति को अतिमानव के रूप में चित्रित करने का कारण शरच्चन्द का मध्यवर्गीय व्यक्तिवाद ही है। सव्यसाची किसानों और मजूरों के आन्दोलन में विश्वास नहीं करता; उसका विश्वास मध्यवर्ग की क्रान्ति में है। वह शराबी शशि से मध्यवर्ग की क्रान्ति के गीत गाने को कहता है (जैसा कवि है, वैसी ही क्रान्ति भी होगी।) वह समझता है कि शिक्षित भद्र जाति सर्वाधिक लांछित है। वह वर्ग संघर्ष से भय खाता है। वह मजूरों में जाता है तो क्रान्ति का विष फैलाने के लिए—मध्यवर्ग की क्रान्ति का विष फैलाने के लिए। शायद वह समझता है कि मध्यवर्ग की क्रान्ति में मजदूरों से महत्वपूर्ण सहायता मिल सकती है। और अन्त में कड़कती बिजली और बरसते पानी में सव्यसाची सिंगापुर के लिए पैदल चल देता है। पास ही कहीं बिजली गिरती है और बिजली की आभा में उसके साथियों को उसका अन्तिम दर्शन कराया जाता है।

शरत् बाबू ने बर्मा के कुलियों की झाँकी 'चरित्रहीन' में दी है। थोड़ी-सी पूंजी को कल्पना के सहारे बढ़ाकर उन्होंने 'पथ के दावेदार' में कुलियों का चित्रण किया है कुलियों में जिस वीभत्स अनाचार और व्यभिचार-प्रियता के दर्शन होते हैं, उससे सव्यसाची का मध्यवर्ग की क्रान्ति में विश्वास उचित जँचने लगता है। बर्मा के कुली यदि अनोखे नहीं हैं, और उनमें देश के अन्य कुलियों की वर्गगत विशेषताओं का अभाव नहीं है तो कहना पड़ेगा कि उनका चित्रण एकांगी है। फिर मध्यवर्ग के जो नमूने शरत् बाबू ने अपने उपन्यासों में रखे हैं, उनसे कौन-सी क्रान्ति की सम्भावना पैदा होती है? वे सारा भार स्त्रियों को देकर वैराग्य ले लें, तो एक क्रान्ति भले हो जाय। 'पथ के दावेदार' में अपूर्व का चरित्र ही लीजिये। प्रेम का वही पुराना व्यापार यहाँ भी है। अपूर्व की निरुपायता पर भारती मुग्ध होती है, एकांत कमरे में भारती के साथ अपूर्व की कपट-निद्रा का अभिनय भी होता है। अपूर्व संन्यासी हो जाता, परन्तु माँ के कारण नहीं होता। जब माँ नहीं रहतीं, तो शायद भारती के कारण संन्यास नहीं लेता। अपूर्व जब देश लौटता है तब भारती की मर्मवेदना के वही पुराने चित्र देखने को मिलते हैं। सव्यसाची भी भारती की ओर खिंचता है, उसे बहन, जीजी, माँ कहता है। भारती ने जीवन में जो सन्तोष पाया—जीजी, माँ, बहन बनकर—वह उसके एक वाक्य में ध्वनित है—'यदि भ्रमर में मधुसंचय करने की शक्ति नहीं, इसके लिए लड़ा किससे जाय?' वह और आगे बढ़कर सव्यसाची से कहती है —'अच्छा भइया, मैं अगर तुम्हारी सुमित्रा होती, तो क्या तुम मुझे भी इसी तरह छोड़कर चले जाते?' परन्तु सव्यसाची का हृदय पत्थर का है, वह सुमित्रा, भारती सभी को छोड़कर जा सकता है; नारी जाति का शरत् के पुरुषों के प्रति यह वही पुराना अभियोग है। सव्यसाची भारती को सावधान कर देता है। 'भारती, अब मुझे तुम अपनी ओर मत खींचो।' और भारती रोती हुई साँस छोड़ स्तब्ध बैठी रहती है। भारती न अपूर्व को पा सकती है, न

सव्यसाची को, जैसे राजलक्ष्मी न श्रीकांत को रोक सकती है, न वज्रानन्द को। केवल रोना ही भारती के हाथ आता है। रोने का व्यापार शरत् बाबू के उपन्यासों में चिरंतन है। जितने आँसू उनकी नारियाँ गिराती हैं, एकत्र होने पर उनसे एक ताल भर जाय। रोना, रोना और फिर रोना,—मिले तो रोना, बिछुड़े तो रोना। राजलक्ष्मी ने झूठ नहीं कहा था—'तुमने मेरी आँखों से जितना पानी बहवाया है, सौभाग्य से सूर्यदेव ने उसे सुखा दिया है; नहीं तो आँखों के जल से एक तालाब भर जाता।' शरत बाबू के नायकों की पुरुषार्थ-हीनता इस अश्रुव्यापार से यत्किंचत् तृप्ति लाभ करती है।

शरच्चन्द्र के पात्रों की जो विशेषताएँ हैं, उनके बार-बार दोहराये जाने से उनके उपन्यासों में एकरसता आ जाना स्वाभाविक है। उनके उपन्यास घटना-प्रधान नहीं हैं; कुछ विशेष परिस्थितियाँ प्रस्तुत की जाती हैं जिनसे पात्रों में एक विशेष कोटि के मनोभावों की सृष्टि होती है। इन मनोभावों को चित्रत करना ही शरत् बाबू का ध्येय है। पात्रों की समानता के साथ उनके मनोभावों में समानता है; समान परिस्थितियों में जो कविता फूटती है, वह भी समान है। उनके पात्रों की पुरुषार्थ-हीनता से नारी के नयन अश्रु-निर्झर बन जाते हैं; इस अश्रु-व्यापार को उपन्यासों से निकाल दीजिये, तो उनकी जान निकल जायगी। घटनाओं का उचित संगठन शरत् बाबू के उपन्यासों में नहीं है; जैसे उनके नायक लक्ष्यहीन हैं, वैसे ही घटनायें भी लक्ष्यहीनता के साथ, बिना क्रम के घटती-सी जान पड़ती हैं। श्रीकांत की तो भ्रमण-कहानी है ही, 'चरित्रहीन' में भी अलग-अलग अनेक कथानक हैं और कथा का विकास अच्छा नहीं हो पाया। 'चरित्रहीन' की एक महत्वपूर्ण कथा किरण की है; परन्तु उसका उपन्यास के नायक सतीश से कोई विशेष सम्बन्ध नहीं है। उनके छोटे उपन्यास अधिक सुगठित हैं; परन्तु इनकी चित्र-भूमि इतनी संकुचित है कि ये न कहानियां रह जाते हैं और न उपन्यास।

शरत् बाबू के उपन्यासों को रस लेकर वही पढ़ सकता है जिसे प्रेम के अश्रु-व्यापार में विशेष आनन्द आता है। समाज के आवारों, निकम्मों, अतृप्त आकांक्षाओं वाले व्यक्तियों को शरत् बाबू से पर्याप्त सहानुभूति मिलती है; उपन्यास के नायकों में अपनी छाप देखकर वे गद्‌गद् हो उठते हैं; परन्तु समाज की प्राणशक्ति, उसके विकास की प्रेरक शक्ति इस व्यापार की विरोधिनी है; शरत् बाबू उससे दूर हैं। उनके पास अपने आपको नष्ट करने वाली शक्ति है परन्तु सृजन की, विकास की शक्ति नहीं है। उनके नायक और प्राणघातक वृत्तियों से त्रस्त होकर नारी के आँचल की छाया ढूंढ़ते हैं; सव्यसाची भी अपवाद नहीं है। 'अब भी ऐसे लड़के इस देश में पैदा होते हैं भारती, नहीं तो बाकी ज़िन्दगी तुम्हारे आँचल के नीचे छिपे-छिपे बिता देने को राजी हो जाता!' आँचल की छाया या संसार में सेवा कर्म,—जीवन-यापन के ये दो मार्ग हैं। आँचल की छाया में प्राणघातक वृत्तियों से

रक्षा नहीं होती; आँचल वाली स्वयं रक्षित नहीं है, वह स्वयं आश्रय चाहती है, वह स्वयं मूर्च्छा के रोग से पीड़ित है। सेवा-मार्ग बहुधा आँचल में आश्रय न मिलने की प्रतिक्रिया होता है। गृहदाह में सुरेश को देखिये, जब भी अचला से प्रेम नहीं पाता, अथवा निकट रहकर भागना चाहता है, वह एक विक्षिप्त की भाँति प्लेग-हैजे में जाकर लोगों की सेवा करने लगता है। सतीश के औषधालय का भी यही रहस्य है। सव्यसाची, सुमित्रा और ब्रजेन्द्र की कहानी भी कुछ इसी प्रकार की है। शरत् बाबू के नायकों की लोकसेवा में एक प्रकार की विक्षिप्तता है; अपने से बच निकलने की आकांक्षा है। लोक-सेवा अथवा आवारापन दोनों का ही उद्गम पुरुष की नारी के समीप असमर्थता है। इसी कारण उस सेवा के पीछे देशभक्ति और सामाजिक आदर्श नहीं है। वह अपनी प्राणघातक वृत्तियों से बचने की, एक आश्रय की, चाह है।

शरत् बाबू के पात्रों को बहुधा ईश्वर पर विश्वास नहीं होता,—श्रीकांत की अभया को, चरित्रहीन की किरण को, गृहदाह के सुरेश को; परन्तु वे समाज के पुरातन आदर्शों पर भक्ति रखते हैं। किरण किसी से हार मानती है तो महाभारत में अंधविश्वास रखने वाली सुरबाला से। इसका कारण यह है कि उनके नायक-नायिकाओं का समाज के प्रति विद्रोह एक प्रकार की उच्छृङ्खलता है; उसमें रचनात्मक कुछ भी नहीं है। इसलिए जिन सामाजिक आदर्शों का खोखलापन दिखाया गया है, उन्हीं में अंधभक्ति भी प्रदर्शित की गई है।

शरत् बाबू की व्यक्तिगत चारित्रिक विशेषतायें एक ध्वस्त होती हुई भद्रलोक की, 'पर्मानेंट सेटलमेंट' की सभ्यता से मेल खा गईं थी; दोनों में ही घातक कीटाणु अपना ध्वंसकारी कार्य पूरा कर रहे थे। यही उनकी लोकप्रियता का कारण हुआ। परन्तु युग की आवश्यकताओं की पूर्ति करने वाले प्रसारकामी भारतीय साहित्य को देने के लिए उनके पास रचनात्मक कुछ भी नहीं है। वर्ग-संघर्ष को गति देने किंवा समाज के पुनर्निर्माण में सहायता देने को उनके पास कोई सन्देश नहीं है। उनका साहित्य एक व्यक्ति को केन्द्र बनाकर उसके चारों ओर घूमता है और वह केन्द्र असमर्थता का, पुरुषार्थहीनता का केन्द्र है। इस अक्षमता का एक मनोवैज्ञानिक मूल्य हो सकता है; परन्तु सामाजिक दृष्टि से उसका मूल्य नहीं के बराबर है।

३

झांसी की रानी की परम्परा

श्री वृन्दावन लाल वर्मा का उपन्यास 'झांसी की रानी—लक्ष्मीबाई' हिन्दी के ऐतिहासिक उपन्यासों में एक मार्ग-चिह्न है। इसमें कुछ ऐसी विशेषताएँ हैं जिनसे यह उपन्यास अगले उपन्यासकारों का मार्ग दर्शन करता रहेगा। कारण यह है कि वर्माजी ने लक्ष्मीबाई के सहारे झांसी की जनता को ही अपने उपन्यास की कथावस्तु बना डाला है। उनकी रचना में सामन्ती निरंकुशता, सागाजिक उत्पीड़न, अंग्रेज़ों के खिलाफ जनता का संयुक्त मोर्चा, बुन्देलखण्ड की भाषा, संस्कृति आदि के सजीव और विशद चित्र मिलते हैं। ऐतिहासिक उपन्यास में पहली बार सामन्ती शासकों के बदले यहाँ उनकी प्रजा का चित्रण किया गया है।

रानी लक्ष्मीबाई स्वयं सामन्तवर्ग की प्रतिनिधि नहीं है। उनका जन्म एक साधारण परिवार में हुआ था। उनकी शिक्षा-दीक्षा भी इस प्रकार हुई थी कि सामन्ती संस्कृति से बार-बार उनकी मुठभेड़ हो जाती है। सामन्ती वर्ग के प्रतिनिधि गंगाधरराव और नाना साहब जैसे लोग हैं। संक्षेप में सामन्ती नेताओं की फूट, अक्षमता, अपनी जनता से बैर और अंग्रेज़ों से प्रीति ही उस महान् विद्रोह की असफलता के कारण थे। वर्माजी ने इन कारणों को रक्त-मांस का शरीर देकर उस युग का सजीव चित्र उपस्थित कर दिया है।

इस बात को शायद कम लोग जानते हैं या जानकर भूल गये हैं कि जब झांसी कोर्ट हुई थी तो इसका श्रेय देशी साहूकारों को ही था। वर्माजी ने लिखा है, "झांसी राज्य पर अनेक साहूकारों का बहुत कर्ज चढ़ गया। इसलिए सन् १८३७ में झांसी राज्य कोर्ट कर लिया गया।" झांसी के दुश्मन झांसी में ही थे। महाजनों की लूट और जागीरदारों के अत्याचार के कारण प्रजा त्राहि-त्राहि कर रही थी। गाँव की पंचायतें इस अराजकता को रोकने में असमर्थ हो रही थीं। स्वेच्छाचारी राजा साधारण अपराधों के लिए भयानक दण्ड देते थे। लिखा है, "कट्ठे में पैरों का डालना, भांजना एक साधारण बात थी। गहन अपराधों में भी हाथ-पाँव कटवा डालने की जनसम्मत प्रथा जारी थी। परन्तु दबे-दबे और थोड़ी-थोड़ी। दहकते

अंगारों से डाकुओं के अंग जलवाना इस विधान में शामिल था; परन्तु बिच्छुओं से कटवाना जनवृत्ति की सहनशक्ति से बाहर हो गया था।" यह दण्ड विधान महाराज गंगाधरराव के शासन काल में लागू किया जाता था। युद्ध-कौशल और सैनिकवृत्ति से महाराज की अपेक्षा महारानी को अधिक प्रेम था। महाराज अभिनय के बड़े शौकीन थे और नाटकों में खुद भी जनाने पार्ट किया करते थे। समाज में ब्राह्मण और इतर वर्णों का संघर्ष जारी था। राजा की न्याय-व्यवस्था ब्राह्मणों का साथ देती थी। विद्रोह की तैयारी करते समय तात्या टोपे ने रानी से कहा था, "राजाओं को अपने सरदारों और प्रजा से प्रणाम लेने में सुख की इति अनुभव होती है। हास-विलास और सुरापान में मस्त रहते हैं।" इन्हीं पर अंग्रेज़ी फौजों का नाश करके देश को मुक्त करने का भार था। इनकी राजनीति और समरनीति पर तात्या ने आगे और भी प्रकाश डाला है। जयपुर, जोधपुर, बीकानेर जैसे बड़े-बड़े राज्य यह मानते थे कि अंग्रेज़ों ने झांसी के साथ बेईमानी की है लेकिन उनसे लड़ने के सम्बन्ध में वे उदासीन थे। अंग्रेज़ों ने बहुत से राजाओं की सहायता करना शुरू किया था। ऐसे राजा सन् ५७ से पहले ही विदेशी सत्ता की कठपुतली बन गये थे। ठीक ही कहा है, "वहाँ के अधिकांश राजा अपने को, अंग्रेज़ों की सहायता के कारण, निरापद समझते हैं, इसलिए न अपने जागीरदारों की परवाह करते हैं और न प्रजा की। यह दशा राजपूताने की थी। इसी तरह पंजाब रियासतों में बँट गया था और इनके राजा अंग्रेज़ों से लड़कर हाथ आई जागीर को खतरे में डालने के लिए किसी तरह तैयार न थे। दक्षिण में मराठे राजा भी प्रजा को दबाये रखने में लगे हुए थे; अंग्रेज़ों से लड़ने की उन्हें फुरसत न थी। मैसूर, तंजौर और हैदराबाद के शासक अंग्रेज़ों के आतंक से दबे हुए थे। रानी लक्ष्मीबाई का नेतृत्व इस सामन्ती घटाटोप में बिजली के प्रकाश की तरह कौंध गया था।

१८ वर्ष की अवस्था में ही रानी विधवा हो गयीं। स्वाधीनता प्रेम और स्वाभिमान उनमें कूट-कूट कर भरा है। झांसी के कोर्ट होने से उन्हें बड़ा क्षोभ रहता है। सैनिक शिक्षा अपने तक सीमित न रखकर वह उसे जनसाधारण में फैलाती है। त्योहारों आदि के अवसर पर वह साधारण लोगों से मिलती-जुलती हैं। ऐसा ही एक त्योहार हरदी कूंकूं (हल्दी कुंकम) है जिसमें स्त्रियों से किसी न किसी बहाने उनके पति का नाम पूछा जाता है। ऐसे उत्सव में रानी का परिचय झलकारी कोरिन से हो जाता है। युद्ध के समय सारी बिरादरी के साथ इस साधारण स्त्री ने अपार वीरता का परिचय दिया। रानी के आस-पास रहने वाली सुन्दर-मुन्दर, काशी और जूही साधारण स्त्रियाँ हैं परन्तु अपनी वीरता और चतुराई से बड़े-बड़े सामन्तों के कान काटती हैं। उनका बलिदान और रानी के प्रति भक्ति रोमांचकारी हैं। वर्माजी को इनके चित्रण में अन्यतम सफलता मिली है।

बुन्देलखण्ड की जनता का सांस्कृतिक जीवन बड़ा सजीव था। नृत्य और गीत सारी जनता के प्राणों को आन्दोलित करते थे। लावनी, आल्हा और कबित्तों की धूम थी। वर्माजी इस विशाल जनपद की किंवदन्तियों, कहावतों, जनगाथाओं में डूबे हुए हैं। इसीलिए इस उपन्यास का सांस्कृतिक वातावरण इतना समृद्ध है। झींगुरों की झंकार के ऊपर दूर से आने वाला किसानों और चरवाहों के गीत का स्वर रानी सुनती हैं और उनके मन में प्रेरणा होती है, इन गीतों की रक्षा के लिए लड़ना चाहिए। ये गीत सारी जनता की सम्पत्ति थे, हिन्दू-मुसलमान का भेद न था। खेत में हल जोतने से लेकर युद्ध में तलवार चलाने तक ये गीत किसानों के साथ रहते थे। गौसखां तोप पर पलीता रखने से पहले एक बार लालता-पंडित से आल्हा की एक प्रसिद्ध कड़ी दोहराने को कहता है। लालता ने कड़ी गाकर सुनाई —जननी जन्म दियो है तो खौं बस आजहि के लाने। कड़ी खत्म होने पर गौसखां ने अपनी तोप घनगरज पर पलीता रखा। इस तरह झांसी की जनता अपने प्रिय गीत गाती हुई अपनी भूमि और स्वाधीनता के लिए जूझ गयी।

जनता एक वस्तु है, राजा दूसरी वस्तु—यह भेद क्षण-भर को भी नहीं भुलाया गया। रानी के कुछ वाक्य स्मरणीय हैं। कहती हैं, "जनता अमर है। इसको स्वराज्य के सूत्र में बाँधना चाहिए। राजाओं को अंग्रेज़ भले ही मिटा दें परन्तु जनता को नहीं मिटा सकते। एक दिन आवेगा जब इसी जनता के आगे होकर मैं स्वराज्य की पताका फहराऊंगी।" रानी का यह स्वप्न पूरा न हुआ। जीवन के अन्तिम क्षणों में उन्हें इस बात का तीव्र अनुभव हुआ कि उनकी पराजय का कारण सामन्ती सेनापतियों की अकर्मण्यता और असमर्थता है। उन्होंने सुन्दर से कहा, "इन लोगों को सम्मति देती हूं। हां-हां कर देते हैं परन्तु करते मनमानी हैं। कालपी का युद्ध क्या हारने योग्य था ?" मुन्दर कहती है, "इनमें कोई रण-पंडित है ही नहीं।" इस पर रानी की उक्ति है, "एक है, तात्या टोपे, परन्तु उसकी चलती नहीं और वह आवश्यकता से अधिक आज्ञानुवर्ती है।···तू जानती है, यदि इन असंख्य सेनापतियों में गाँठ की कोई बुद्धि होती तो इनके व्यसन और मूर्खता न खटकती।"

झाँसी की रानी के नाम से प्रेम करने वाले हर व्यक्ति के स्मरण रखने योग्य उनके अन्तिम क्षणों का चित्र है। रघुनाथसिंह और गुलमुहम्मद के साथ २०० सवार रह गये थे। इनमें हिन्दू और मुसलमान दोनों थे। गुल मुहम्मद से किसी ने पूछा, तुम्हारा मुल्क कौन है। उसने कहा—झाँसी। पूछने वाले ने कहा, यह बाई साहब का राज्य है। उसने जवाब दिया, बेशक है और हमारा तुम्हारा भी है। गुल-मुहम्मद सच्चे देशभक्त के समान अन्तिम क्षणों तक रानी की रक्षा करता रहा। उसी की वीरता के कारण अंग्रेज़ सैनिक रानी का शव न पा सके। अंग्रेज़ सैनिकों से निपट कर गुलमुहम्मद ने देखा कि रामचन्द्र देशमुख घोड़े से गिरती हुई रानी को

साधे हुए हैं। रानी के सिर का एक हिस्सा कट गया था और दायीं आँख बाहर निकल पड़ी थी। वर्माजी ने लिखा है, "दिन-भर के थके मांदे, भूखे-प्यासे, धूल और खून में सने हुए गुलमुहम्मद ने पश्चिम की ओर मुँह फेरकर कहा—खुदा, पाक परवर दिगार, रहम, रहम। उस कट्टर सिपाही की आँखें आँसू बरसाने लगीं और वह बच्चों की तरह हिलक-हिलक कर रोने लगा।"

झांसी की रानी की यही परम्परा थी। उन्होंने हिन्दू-मुसलमान जनसाधारण को स्वाधीनता के लिए आत्मबलिदान करना सिखाया। गुलमुहम्मद और रघुनाथ-सिंह की वीरता से, हिन्दुओं और मुसलमानों के एक साथ बहाये खून से, इतिहास में झांसी का नाम अमर हो गया।

अंग्रेज़ों ने झांसी के पुस्तकालय में आग लगा दी। देश में जिस नयी सभ्यता का प्रकाश भरने वे आये थे, उसकी यह जलती हुई मिसाल थी। तीन दिन के बिजन में भेद-भाव के बिना औरत-मर्द, बूढ़ों व बच्चों का कत्ल किया। झांसी का सोना-चांदी अंग्रेज़ सैनिकों ने लूटा। इसके बाद उनके देशी चाकरों ने नागरिकों के वर्तन-भांड़े लूटे। आज हम वे सब बातें भूल गये हैं। रानी लक्ष्मीबाई से गद्दारी करने वाले सामन्तों की औलाद के उकसावे में आकर हम अंग्रेज़ों के बिजन की नकल कर रहे हैं। रानी के झण्डे के नीचे जिन हिन्दुओं और मुसलमानों ने अपना खून वहाया था, उन्हें हम भूल गये। रानी के नाम को कलंकित करने के लिए उन्हीं के नाम से चलाई हुई संस्थाओं में गृह-युद्ध के नेता साम्प्रदायिक विष वमन करते हैं। रानी की परम्परा का इससे बड़ा और अपमान क्या होगा ?

वर्माजी की यह कृति एक महान् ऐतिहासिक उपन्यास इसलिए है कि उसने हमारी एक महान् राष्ट्रीय परम्परा को सर्वांगीण रूप में उजागर कर दिया है। लक्ष्मीबाई के चित्रण में, भक्ति के कारण, बार-बार जैसे वर्माजी की लेखनी काँप उठती है। झांसी से वर्माजी का जो सम्बन्ध है और बचपन से रानी की जो वीर-गाथायें वे सुनते आये हैं, वह सब देखते हुए उनका अधिक तटस्थ होना असम्भव था। परन्तु सुन्दर-मुन्दर, सागरसिंह, झलकारी, तात्या, गुलमुहम्मद आदि का चित्रण किसी भी कृति को महान् बनाने के लिए यथेष्ट है। ये पात्र सांचे में ढले हुए न होकर परिस्थितियों के अनुसार विकसित होते हुए मानवीय भावनाओं के घात-प्रतिघात के सजीव उदाहरण हैं। तात्या और जूही की प्रेमकथा में युद्ध के साथ रोमान्स की भी सृष्टि हुई है। कथावस्तु के वर्णन में जहाँ-तहाँ अद्भुत चित्र-मयता है। "रोज़ ने दिन के दो बजे जलते हुए महल और भस्मीभूत पुस्तकालय के बीचों-बीच मोरोपंत को फांसी दे दी।" ऐसे चित्रों पर पाठक अटक कर रह जाता है, आगे बढ़ने पर वे उसकी दृष्टि से ओझल नहीं होते। सागरसिंह की घटना में रानी के साहस और शौर्य का अनुपम चित्रण हुआ है। इस घटना द्वारा मानो कथाकार ने रानी के नेतृत्व की क्षमता का परिचय दिया है। वर्माजी प्रकृति के

प्रेमी हैं। बुन्देलखण्ड की अमर जनता के समान वहाँ की नदियों और पहाड़ियों को भी उन्होंने अपने उपन्यास में सजीव कर दिया है। बरसात के दिनों में बेतवा "दोनों पाट दाबे वेग से चली जा रही थी।" उस पार "पहाड़ियों का लहरियादार सिलसिला हरियाली से ढका हुआ था। बादल के सफेद धूमरे टुकड़े पहाड़ियों की चोटी और हरियाली को चूमने के लिए नभ से उतर-उतर कर टकराते चले जा रहे थे।"

आज उत्तर-भारत में जो हत्याकाण्ड मचा हुआ है, उसे देखकर हमारा मनोबल क्षीण हो रहा है। एकता और जनतंत्र में बहुतों का विश्वास डिग रहा है। ऐसे समय में यह सौ वर्ष से भी कम पहले की कथा सबको साहस बँधायेगी, इसमें सन्देह नहीं। इसे पढ़कर अपनी जनता के प्रति हमारी आस्था फिर दृढ़ होगी। सामन्तशाही और विदेशी साम्राज्यवाद के कुचक्रों के प्रति हम सचेत होंगे। इसके साथ ही इसके कथागठन, चरित्र-चित्रण और प्रकृति के मनोरम वर्णन से पाठकों का मनोरंजन भी होगा।

४

वृन्दावनलाल वर्मा : नयी कृतियां

इस साल (१९६२) सर्दी बहुत पड़ रही है। दोपहर के बाद तक कोहरा छाया रहता है। इस सर्दी में उखड़े हुए लेखकों के साथ आधुनिक उपन्यासों की बहुत चर्चा हुई। कामू ने कितने काम की बात कही है और सार्त्र ने अपने उपन्यासों में व्यक्ति के शून्य में कितनी महान् क्रांति की है, किन आलोचकों ने इनका विद्रोही मूल्य आँका है और कितने लेखक पिछले पचास साल की घिसी-पिटी बातें दोहराते चले आते हैं—इस सब चर्चा से आधुनिकता की ठंढी हवा का स्पर्श मिला। कोहरा और घना हो गया।

श्री वृन्दावनलाल वर्मा वैसे ही सत्तर पार कर चुके हैं, उस पर वह उपन्यास की सामग्री ढूंढ़ते हैं सौ साल से भी पहले की घटनाओं में। अकबर का बीसवीं सदी में खुदा का जिक्र करना इतना आपत्तिजनक न था, जितना १९६१ में अठारह सौ सत्तावन की घटनाओं पर उपन्यास लिखना। सरकारी, अर्द्ध-सरकारी इतिहासकारों के सब प्रयत्न विफल हो गये; वर्मा जी पर उनका कोई असर नहीं हुआ। अठारह सौ सत्तावन के प्रति उन्होंने जो दृष्टिकोण **झांसी की रानी लक्ष्मीबाई** में अपनाया था, उसी पर पन्द्रह साल बाद भी डटे हुए हैं।

रामगढ़ की रानी में उन्होंने एक दूसरी रानी पर उपन्यास लिखा है। यह रानी झाँसी की रानी की तरह प्रसिद्ध न हो पायी। लेकिन शूरता और संगठन में वह लक्ष्मीबाई की छोटी बहन है। वर्माजी ने अपने अनुसन्धानों से मंडला की रानी अवन्तीबाई को विस्मृति के गर्त से निकालकर अक्षय कीर्ति के प्रकाश में ला खड़ा किया है। उपन्यास लिखने के लिए वह मध्य भारत के जंगलों में घूमे (जबकि 'आधुनिक' उपन्यास लिखने के लिए बिस्तर से दूर जाने की भी जरूरत नहीं है!)।

वर्माजी ने अंग्रेजी राज के विरुद्ध असन्तोष के मूल कारण पर ध्यान केन्द्रित किया है। यह मूल कारण है किसानों का शोषण। 'प्रगतिशील' अंग्रेजी राज ने किसानों के शोषण में भारत के सामंतों को बहुत पीछे छोड़ दिया था।

साल-दर-साल नये-नये बन्दोबस्तों से लगान बढ़ता गया। "**हर पांचवें साल पर लगान की बढ़ोतरी! किसान दे नहीं सकते थे, मर उठे!**" किसान छूट की माँग करते हैं लेकिन डिप्टी कमिश्नर कहता है—"**रामगढ़ वगैरह इलाकों में छूट नहीं दी जा सकती।**" छूट देना दरकिनार, पटवारियों की तनख्वाह का रुपया भी किसानों से वसूल किया जाएगा। राजा-प्रजा सभी महाप्रभु अंग्रेज़ों के राज में त्रस्त हुए, इसलिए उनके खिलाफ संयुक्त मोर्चा बना।

संघर्ष आसान नहीं था। धर्म की दुहाई देते ही सब लोग—किसान और सिपाही, हिन्दू और मुसलमान—अंग्रेज़ों पर टूट पड़ेंगे, ऐसी स्थिति नहीं थी। वर्माजी ने संघर्ष का आदर्श चित्र कल्पित न करके यथार्थवादी ढंग से उसकी आन्तरिक कठिनाइयों का वर्णन किया है। शुरूआत अर्जी-फरियाद से होती है। शंकरसाह ने हँसकर कहा—"**ओ भैया ठाकुर साहब, यहाँ सिर कटवाने की बात तै करने के लिए नहीं इकट्ठा हुए हैं**" और गिरधारी दास ने विनय की "**मैं तो एक छोटा सा सेवक हूँ, परन्तु कचहरियों में जाने और साहबों से मिलने का बहुत मौका मिलता है। यहाँ तो केवल यह तै करना है कि बड़े साहब से क्या फरियाद करनी है?**"

शंकरसाह और उनके पुत्र को तोप से उड़ा दिया गया। क्रान्तिकारी संघर्ष का रास्ता अपनाने पर पता चला कि बाहर के शत्रुओं की अपेक्षा घर के शत्रुओं से निपटना और भी कठिन है। गिरधारी दास ने सारे भेद अंग्रेज़ों को बता दिये। साईं के भेस में सरकारी चपरासी ने शंकरसाह का भेद कह दिया जिससे उन्हें प्राण-दण्ड मिला। लेकिन सूबेदार बलदेव तिवारी, वीर उमरावसिंह आदि की सहायता से रानी अवन्तीबाई ने क्रान्तिकारी संघर्ष का संचालन किया। रानी लक्ष्मीबाई की तरह उन्होंने भी निश्चय किया, "**एक जगह घेरे में पड़कर लड़ना ठीक नहीं जान पड़ता। मेरी राय है कि जंगलों पहाड़ों में होकर लड़ा जाय। इस तरह की लड़ाई बहुत कम समय तक चल सकती है।**" रानी वीरतापूर्वक लड़ीं और मृत्यु के क्षणों में उनके सामने शत्रुओं को भी सिर झुकाना पड़ा।

रानी कितनी वीरता से लड़ीं, इसका अन्दाज इसी से हो सकता है कि उनकी गृहस्थी पर रोग-शोक का अंधेरा छाया रहता था। राजा आधा पागल है; घंटों स्नान ही किया करता है : अंग्रेजों के खिलाफ लड़ने की बात सुनकर कहता है, "**मैं अंग्रेजों को दबाने की कोशिश में स्नान करना भी छोड़ सकता हूँ। कहो तो सिर्फ होली-दीवाली पर ही नहाऊँ।**" इस हास्य से रानी की करुणाजनक स्थिति स्पष्ट हो जाती है।

रानी पर्दा नहीं करतीं। अंग्रेज़ों की एक 'प्रगतिशील' भूमिका यह भी थी कि वे पर्दे के खिलाफ थे। और उन्होंने विधवा-विवाह का समर्थन किया था। वह इस तरह—एक मुकदमा चलता है जिसका सम्बन्ध "**धरीचा—पुनर्विवाह—के कर से**

था !" शंकरसाह की जागीर के एक गाँव में 'पुर्नविवाह हुआ।' इस धरीचे का टैक्स मिलना चाहिए कम्पनी बहादुर को, न कि जागीरदार को—मुकदमा इस बात को लेकर था। रानी ने योद्धाओं को चुनौती भेजी, पुड़िया में कागज का टुकड़ा और काँच की एक चूड़ी। कागज पर लिखा था।—**"देश की रक्षा करने के लिए या तो कमर कसो या चूड़ी पहन कर घर में बन्द हो जाओ। तुम्हें धर्म ईमान की सौगन्ध है जो इस कागज का सही पता किसी बैरी को दो।"**

रानी जातियों और वर्णों में बंटे हुए किसानों को बटोरती हैं। यहां ब्राह्मण, क्षत्रिय, वैश्य, शूद्र का ही भेद नहीं है। गोंडों में महदेले, जरिया, सिंगरोरे, जांगड़े, मथुरिया, पतरिया, नरवरिया, छपरिया आदि न जाने कितने भेद हैं। ये सब एक मोर्चे पर लड़ते हैं। लोगों में एक तरह का भाग्यवाद फैला हुआ है। **"अपने-अपने घर चलो और जो कुछ भोगमान है उसे भुगतो।"** यह भाग्यवाद टूटता है। रानी अवन्तीबाई राजनीतिज्ञों की तरह लच्छेदार भाषण देना नहीं जानतीं। किन्तु उनके संयत शब्दों में बड़ी आग है। वह सरदारों को संबोधित करके कहती हैं, **"अंग्रेज़ों ने हम सबको मिटा दिया। परन्तु हमारे हाथ और सिर हमारे हैं। आपकी सेवा में दोनों अर्पित हैं।"**

इस उपन्यास में धरती की गंध है। खरमेर, बुढ़नेर जैसी नदियों के नाम में ही कविता है। जिरिया अथवा उगे की होली—खंभे पर किसी पुरुष का गुड़ उतारने चढ़ना और उस पर स्त्रियों के वार— न जाने कब से ये रीति रिवाज चले आये हैं। उपन्यासकार कहीं-कहीं इतने सहज भाव से लिखता है कि मालूम होता है कि वह गोंड़ किसानों से बात-चीत कर रहा है—**"ऊंची मोटी दीवारें चौघेरे खड़ी थीं, बोरों में मिट्टी भर-भर के स्वरक्षा के लिए उनके अटम्बर लगाये।"**

इन गोंड किसानों से रानी का कितना तादात्म्य था, यह एक घटना से प्रकट होता है। अंग्रेज़ों ने गाँव के गाँव जला दिये थे। किसानों को बेघर बार तबाह देख कर रानी ने उन्हें कुछ देना चाहा, इस पर एक किसान ने कहा—"अभी नहीं, राजा बेटा, अभी नहीं, जब जीत जाओगे तब।"

वर्माजी के समस्त उपन्यासों में ऐसा मार्मिक वाक्य दूसरा नहीं है। जैसे भारतेन्दु हरिश्चन्द्र ने मुसलमान हरिजनों पर कोटिन हिन्दू वार दिये थे, वैसे ही इच्छा होती है, इस एक वाक्य पर सभी आधुनिकतामय उपन्यासों को निछावर कर दूं।

हाँ, उपन्यास में आधुनिकता का प्रतिनिधि भी है, एक बुद्धिजीवी, वही गिरधारीदास। कविता करता है, अंग्रेज़ी राज की प्रगतिशीलता के गीत गाता है, योद्धाओं को अंग्रेज़भक्त बनाना उसका ध्येय है।

जगतसिंह को कला की यह तटस्थ उपासना बिलकुल पसंद नहीं है। उसे डाट कर कहता है, **"कवि बना फिरता है ! शायरी हाँकता है ! परदेसियों के चरण**

चूमने पर उतर आया है ! मुंह काला करके गधे पर न चढ़ाया तो बात काहे की ! कहो, उखड़े हुए लोगो ! कोहरा कुछ छँटा या नहीं ?

२

श्री वृन्दावनलाल वर्मा ने अपने उपन्यास 'आहत' में अठारह सौ सत्तावन के बदले अपने जीवन की घटनाओं को स्मरण किया। उपन्यास का नायक है दीपसिंह, तबाह होते हुए साधारण जमींदार अंगद का बेटा। बाप साधू हो जाता है, माँ डूबते-डूबते बचती है। दीपसिंह उर्फ दीपू शिक्षा पद्धति से विद्रोह करके घर छोड़-कर कानपुर पहुँचता है। वहाँ मेहनत-मजूरी करने वालों के बीच रहकर दुनिया का नया अनुभव प्राप्त करता है और मेहनत के बल पर नये सिरे से विद्या अर्जित करता है।

भूमिका में वर्माजी ने लिखा है : "मैं बाल मनोविज्ञान का भी विद्यार्थी हूँ।" उपन्यास में नयी तरह की मनोवैज्ञानिक गुत्थियाँ हैं। विद्रोही, उत्पाती बालकों के आदर-सम्मान की रक्षा करते हुए उन्हें कैसे अनुशासन में रखा जाय,—इस तरह की समस्याओं पर हिन्दी में बहुत कम लिखा गया है। ऐतिहासिक उपन्यासकार के लिए तो यह क्षेत्र और भी नया है। वर्मा जी उन कथाकारों में नहीं हैं जो कहानी और पात्रों का नाम बदल कर पुराने कथानक दोहराते रहते हैं। उनके अनुभवों के खजाने में अभी काफी सामग्री बची हुई है।

यह उपन्यास कुछ आपबीती, कुछ जगबीती के आधार पर रचा गया है। इसकी घटनाएँ और पात्र यथार्थ जीवन से लिए गये हैं : "कुल घटनाएँ तथ्यों पर आधारित हैं।" यह दावा बिल्कुल सही है। और जीवन के ये तथ्य कल्पना-सृष्टि से भी अधिक रोचक हैं। उपन्यासकार को अपना बचपन याद आता है। 'मैं तब चार साढ़े चार वर्ष का था। मऊ रानीपुर (जिला झाँसी) स्थित अपने घर के सामने नंगा उघाड़ा खेल रहा था। मेरे पिता से मिलने एक वृद्ध सज्जन आये। मौलवी थे। इन्होंने मेरे पिता को छोटेपन से उर्दू फारसी पढ़ाई थी।...मेरी कोई शरारत देखकर मौलवी साहब ने (पिता जी से) पूछा,—तुम्हारा बच्चा है ? (पिता ने उत्तर दिया—) जी हाँ, इसे भी आप ही पढ़ा-लिखा कर दुनिया में खड़ा करेंगे।

"मुझे अपने पास प्यार से बुलाया गया। पिता जी ने मौलवी साहब से मुस्कराते हुए कहा, —माँस माँस आपका, हड्डी हड्डी हमारी।"

यह पुरानी शिक्षापद्धति थी। १९२४ के लगभग जब मांस-हड्डी दोनों सलामत लिए वह बालक झाँसी म्युनिसिपैलिटी की शिक्षा समिति का अध्यक्ष बना, तब एक स्कूल के एम. ए., एल. टी. प्रधान अध्यापक ने लिखा, "एक बेत की जरूरत है, खरीदने के लिए एक रुपये की स्वीकृति दी जावे।" इस पर शिक्षा समिति के अध्यक्ष ने स्वीकृति के बदले जवाब तलब किया—क्या यह बेत आपकी

शिक्षा का माध्यम होगा ?

एक बार "**पिताजी के कठोर बर्ताव पर घर से निकल भागने की ठानी और लगभग एक मील की दूरी तक नंगे पाँव चला भी गया था। मार्ग में काँटा लगा, माँ की याद आई और लौट आया।**" उपन्यासकार बनने पर और मित्र मिले जो अपने घर से भागे थे, जो भोजनालयों में बर्तन मलते हुए अध्ययन-क्रम चलाते रहे थे। इस तरह की अन्य घटनाएँ और पात्र सँजोकर वर्माजी ने **आहत** की रचना की है।

सारा वातावरण बुन्देलखंड का है। झाड़-झँखाड़, जंगल, पहाड़, साधारण नदियाँ—जिन्हें वर्माजी काव्य के वातावरण की तरह इस्तेमाल करते हैं। डुमरई नदी, आधे कोस दूर बिखरा हुआ जंगल जहाँ के बड़े पेड़ कट चुके थे, मँझोली ऊँचाई वाला पहाड़। यहाँ अँगद, मंजरी और दीपू का परिवार रहता है। लम्बे चौड़े आँगन में पुराना नीम का पेड़ है जिसके तन पर दीमक की लाई हुई मिट्टी चढ़ गई है।

मद्धिम गति वाले यहाँ के जीवन-प्रवाह में भी स्वाधीनता-आन्दोलन के कारण भँवरें पड़ती हैं। अंगद कहता है—"**भगवान ने जिमींदार और राजा मिटाने के लिए नहीं बनाये हैं।**" किन्तु ये भी मिटते हैं। अंगद यह भी कहता है—"**अभी अँग्रेज बहुत दिनों टिकेंगे और जायेंगे भी तो यहाँ का बहुत कुछ मिटा के जायेंगे।**" वे अंग्रेज भी जाते हैं। "**रामगढ़ की रानी**" के अन्त में वर्माजी ने जनरल मालकौम का यह वाक्य उद्धृत किया था—"**हमें किसी दिन हिन्दुस्तानियों को उनका देश वापिस करना पड़ेगा।**" और **आहत** का अन्तिम वाक्य है—"**चिनगारी जरा-सी होते हुए भी बहुत बड़ी आग लगा सकती है।**" एक चिनगारी थी रामगढ़ की रानी अवन्तीबाई; दूसरी चिनगारी है मंजरी और उसका पुत्र दीपू। वर्माजी भारतीय इतिहास और समाज की चिनगारियाँ बटोरने-सँजोने वाले कलाकार हैं।

दीपू के निर्माण में मंजरी का बहुत बड़ा हाथ है। वह कर्मठ और वीर नारी है। उसका पति जमींदार के रूप में निठल्ला रहता है और जमींदारी जाने और कर्ज न चुका पाने पर 'साधू' हो जाता है। इसके विपरीत मंजरी मेहनत-मजूरी करके पेट भरना जानती है और दूसरों की जान बचाने के लिए भरी नदी में अपने को झोंक देती है। वीरता और बलिदान की यह भावना दीपू में भी है लेकिन उसकी कर्मठता है उत्पात में। रचनामय कार्यों के लिए शिक्षा-पद्धति में गुंजाइश नहीं है और अपने व्यक्तित्व का दमन दीपू के बस में नहीं है। नतीजा यह कि उसके उत्पात से लोग परेशान हो गये; पिटाई हुई और एकाध बार भागने का रिहर्सल करने के बाद दीपू घर से निकल ही गया। कानपुर में उसे मेहनत-मजूरी करने वालों के बीच नयी सहानुभूति मिली। बुन्देलखंडी बालक के ज्ञान-नयन **अवध की भूमि में खुले।**

से फिर महिम के पास। स्थायी आश्रय दोनों में से एक भी उसे नहीं दे सकता।

वहाँ उसने अंग्रेजी राज के अलावा एक नयी चीज की चर्चा भी सुनी जिसका नाम था--पूंजीवाद। दुर्घटनाओं की चर्चा के दौरान उसने सुना—"**पूंजीवादी व्यवस्था के लिए यह सही हो सकता है, क्योंकि उसमें आवश्यकता और आविष्कार का संयोजन लाभ के लोभ से होता है, सेवा की भावना बहुत कम।**"

दीपू का परिचय शिक्षित लड़कियों से होता है किन्तु उनके ज्ञाननेत्र अभी बन्द हैं। छाया के पिता दहेज देकर एक समाज-सुधारक परिवार से उसका सम्बन्ध तै करते हैं। बरात के साथ साधुओं का अखाड़ा आता है। छाया के भावी श्वसुर जी इतने सज्जन हैं कि दहेज का नाम सुनते ही राम-राम करते हैं और धार्मिकता के प्रमाणस्वरूप सन्तों का अखाड़ा ही बँटोर लाये हैं।

"**बाजों की भड़भड़ और लाउडस्पीकर पर फिल्मी गानों की तानों में द्वार-चार की रस्म हुई। टीके में वर को कुछ कपड़े और एक रुपया भेंट किया गया क्योंकि वर-पिता दहेज प्रथा के विरुद्ध था!**" लेकिन भाँवर के पहले गुप्त वादे के अनुसार चैक न मिलने पर वर-पिता बिगड़ उठते हैं। चैक आता है लेकिन रकम वादे से कम लिखी है। छाया के पिता कहते हैं—"**अभी इतना ले लीजिए। बाकी मकान बेचकर एक महीने के भीतर दे दूंगा।**" लेकिन इतना धीरज किसे है? वर-पिता रिट्रीट का आर्डर दे देते हैं। तहलका मच जाता है। किसी के मनाये नहीं मानते। बुद्धिमान वर पिता से कहता है—"**चैक उठा लीजिए। इस तमाशे पर अपना भी तो बहुत कुछ खर्च हुआ है।**"

लेकिन छाया ने वर और उसके पिता दोनों को मना लिया। वह अपनी सह-लियों के साथ वेदी की ओर बढ़ी और हत्यारों, पापियों का नारा लगाते हुए—"**बाघिन की तरह दूल्हा के पिता पर आ टूटी। किसी ने नहीं देखा कि उसने अपने पैरों से चप्पलें कब उतार लीं।**" तात्पर्य यह कि वर और उनके पिता को पूर्ण सत्कार के साथ विदा किया गया।

जैसे इन वर-पिता के दिन बहुरे, वैसे सभी दहेज लेने वालों के बहुरें। यह बात सही है कि विवाह के अवसर पर इस तरह के स्वागत-सत्कार का विधान किसी शास्त्र में नहीं है किन्तु छाया तो दीपू की ब्याहता होने वाली थी! एक पैसा दहेज लिए-दिए बिना दोनों का ब्याह हुआ। साधुओं के सरदार दीपू के पिता अंगद ही थे। जैसा कि भूमिका में वर्माजी ने ऐसे ही एक साधू के बारे में लिखा है, "**अपने घर लौट आये और सुधरा हुआ जीवन बिताने लगे।**"—वैसे ही अंगद ने भी गाँव में रहकर लोगों की सेवा करते हुए भजन-पूजन का निश्चय किया। मंजरी को योग्य बहू मिली और छाया को योग्य सास।

'आहत' एक चिनगारी है, लेकिन वह दिन दूर नहीं जब हमारे देश के नव-युवक श्री वृन्दावनलाल वर्मा की हार्दिक आकांक्षाओं का सम्मान करते हुए यहाँ के सामाजिक पाखण्डों और अन्धविश्वासों का बलपूर्वक निर्मूल कर देंगे। भारतीय संस्कृति की रक्षा और विकास का यही एक मार्ग है।

५

देशद्रोही

कथाकार यशपाल का यह दूसरा उपन्यास है। पहला था—'दादा कामरेड'। उसका सम्बन्ध था आतंकवादियों के जीवन से। विज्ञापन के अनुसार वह शरत् बाबू के 'पथेर दाबी' का एक प्रकार से उत्तर था; आतंकवादियों के जीवन पर प्रकाश डालकर उनका सही चित्र पाठकों के सामने पेश करता था। उसकी भूमिका में लेखक ने स्पष्ट कर दिया था कि राजनीतिक और सामाजिक समस्याओं पर प्रकाश डालना उसका मुख्य ध्येय था। शैल और हरीश के रोमांस ने इन समस्याओं को रंगीन बना दिया था। 'देशद्रोही' का सम्बन्ध पिछले असहयोग-आन्दोलन—सन् '३० वाले—से लेकर महायुद्ध तक की राजनीतिक घटनाओं से है। रोमांस का रंग पहले से कुछ गहरा ही है। चाहे जिस दृष्टिकोण से देखा जाय, यह उपन्यास 'दादा कामरेड' को बहुत पीछे छोड़ आया है। शरत् को पसन्द करने वालों के लिए इसमें काफी मसाला है। उन्हें 'दादा कामरेड' से असन्तोष हुआ भी हो तो इससे उन्हें आशातीत तृप्ति होगी। 'पथेर दाबी' का ही आनन्द उन्हें यहाँ न मिलेगा; श्रीकांत की आत्मकथा का रस भी उनकी आत्मा को शीतल करेगा।

उपन्यास खत्म करने पर अरस्तू और कोलरिज की याद आ गई जिन्होंने कला और धोखे के मसले पर विचार किया है। अरस्तू ने शायद कहा था कि कला के लिए वैज्ञानिक सत्य की अपेक्षा नहीं है; पाठक या दर्शक को जँच जाय कि यह सच है तो उसी से काम चल जाना चाहिए। और कोलरिज ने छायालोक के प्राणियों को अपनी कल्पना से ऐसा सप्राण कर दिया था कि वे यथार्थ और उससे बढ़कर मालूम पड़ने लगे थे। 'देशद्रोही' उपन्यास का घटनाक्रम हमें अफ़गानिस्तान से दक्षिण रूस तक की सैर कराता है लेकिन सच तो यह है कि जैसे कोलरिज का मैरिनर वर्ड्स्वर्थ के पीटर बेल से बढ़कर है, वैसे ही दूर देशों के उन सुन्दर दृश्यों के आगे हिन्दुस्तान के दृश्य—जिनमें दिल्ली भी है—फीके लगने लगते हैं। दृश्य क्या, गजनी और समरकन्द की सुन्दरियों के आगे भारतवर्ष की महिलाएँ भी कुछ हीन-सी लगती हैं। पाठक इसी से इस उपन्यास की रोचकता का अन्दाज़ा लगा सकते हैं।

कथा का आरम्भ होता है 'अजानी अंधेरी राह में' जहाँ कथानायक डा. भगवानदास खन्ना को कुछ वज़ीरी पकड़े लिए जा रहे हैं। खन्ना फौजी डाक्टर यानी लेफ्टिनेन्ट डाक्टर खन्ना हैं। वज़ीरियों के प्रदेश के वर्णन में लेखक ने कमाल किया है। छोटे-छोटे बच्चों की पोशाक, काली नीली चादरें ओढ़े स्त्रियाँ, खूंटों से बेतरतीब बिना पिछाड़े के बँधे हुए खच्चर आदि-आदि का उल्लेख करके उसने अपने वर्णन को यथार्थ की सजीवता दे दी है और उसे यथार्थ से भी अधिक आकर्षक बना दिया है। इसके साथ डाक्टर खन्ना की शारीरिक दुर्दशा, उसकी मानसिक उलझन, अपनी धर्मपत्नी राज का बार-बार याद आना आदि मनोवैज्ञानिक धरातल की वे बातें हैं जो सहृदय पाठकों के मर्म को सहज ही स्पर्श कर लेंगी। पठानों की बात-चीत, आपस का हिस्सा-बाँट, अंग्रेज़ी राज्य की आलोचना, उनकी आत्मसन्तोषयुक्त ज्ञान-गम्भीरता आदि वे बातें हैं जो उपन्यास में हास्य का पुट देकर उसे आकर्षक बनाती हैं।

दूसरा अध्याय 'समय का प्रवाह' हमें खन्ना के विद्यार्थी-जीवन और दिल्ली के उस वातावरण से परिचित कराता है जिसमें वह पला और बढ़ा था। उसका एक साथी था शिवनाथ। कांग्रेस-आन्दोलन में जनता पर अत्याचार होते देखकर शिवनाथ का खून खौल उठा था और खन्ना का साथ पाकर उसने बम बनाने की तैयारी की थी परन्तु बिना 'ऐक्शन' के ही चुङ्गी पर हाँड़ी में बम लिये हुए पकड़ा गया और अपनी बहन यमुना को निस्सहाय छोड़कर जेल भेज दिया गया। खन्ना डाक्टरी पढ़ने लगा और समय पाकर डा. भी हो गया। शिदनाथ जेल से छूटने पर कांग्रेस में काम करने लगा। उसके सहायक थे बद्री बाबू जो कांग्रेस के दक्षिण दल के प्रतिनिधि हैं। शिवनाथ धीरे-धीरे कांग्रेस सोशलिस्ट हो जाता है। इन दो पात्रों को लेकर लेखक ने कांग्रेस की राजनीति का रेखा-चित्र प्रस्तुत किया है।

डाक्टर खन्ना ने वज़ीरियों की कैद से छुटकारा पाने के लिये अपने भाई को रुपया भेजने के लिये लिखा परन्तु रुपया न आज आया न कल। दो-तीन पठान सुन्दरियाँ उसकी ओर अवश्य आकृष्ट हुईं। इनमें एक थी इब्बा जो "आते-जाते अपनी सुरमा भरी बड़ी-बड़ी आँखों से डाक्टर की ओर कटाक्ष कर जाती।" परन्तु डा. उन कटाक्षों से अपने ब्रह्मचर्य की रक्षा कर रहा था। इसलिये—"कभी कोई समीप देखने सुननेवाला न होता तो धीमे से कह जाती—हिश्त बोद्दा।" बोद्दा यानी नामर्द। इब्बा के नामकरण की सार्थकता पाठक आगे देखेंगे। इब्बा की एक सहेली थी नूरन। "वे एक-दूसरे को दिखाकर डाक्टर से मज़ाक करतीं और हाथ का अँगूठा चूमकर संकेत करतीं।" डाक्टर कैदी होने से दूसरों की बेगार करता था। एक दिन उसकी बारी नूरन के यहाँ मक्का पीसने की थी। नूरन ने मौक़ा पाकर डाक्टर की बाँह पकड़ ली और कहा-–अब? "भय से डाक्टर का हृदय धक-धक करने लगा। नूरन ने डाक्टर को बाँहों में ले माथे पर दाँत मार दिया। नूरन

के गले की चाँदी की भारी हमेल उसकी हँसली में चुभ गई। डाक्टर का चेहरा पुराने काग़ज़ की तरह पीला पड़ गया और शरीर पसीना-पसीना हो गया।" इसी तरह की घटना शरत् बाबू के 'चरित्रहीन' में है जहाँ किरण दिवाकर को घसीट-कर एक ही बिस्तर पर सुलाना चाहती है और वह बलि के बकरे की तरह मिमियाकर भागना चाहता है परन्तु भाग नहीं पाता। किरण सबेरे उससे कहती है—मैंने तुम्हारा ब्रह्मचर्य व्यर्थ ही नष्ट किया। परन्तु यहाँ उसकी नौबत नहीं आती। पठानिन चतुर थी। वह सब कुछ समझ गई—उसे काँपते देख नूरन शिथिल हो पीछे हट गई। डाँटकर उसने कहा—उठा ले जा गठरी! क्या देखता है? गठरी ले जाते हुए डाक्टर की कमर पर आ पड़ी नूरन की लात! जिसने उसे और जल्दी बाहर ढकेल दिया।" इसके बाद जब नूरन डाक्टर को देखती तो थूक देती और कहती—नामर्द!

धर्मपत्नी के बाद बोद्दा का यह पहला रोमांस था।

छुटकारे की कोई राह न थी। घर से कोई जवाब आ नहीं रहा था और वज़ीरी उसे ग़ज़नी में बेच देने की बात चला रहे थे। केवल इब्बा निराश न होकर उससे कहती कि वह उसे भगा ले चले—उसे ग़ज़नी की राह भी मालूम है। डाक्टर उसकी बातों पर विचार करता। "मुझे सुलेमान खेल के मामज़ाई के शहर ले चल। तू तो इलमदार है। मेरा मर्द तो मुझे बहुत मारता है। उसे औरत से क्या मतलब? वह तो मुझे ही मर्द समझता है। मैं तो औरत हूँ?···नहीं क्या?" डाक्टर इलमदार तो था लेकिन···

ईद के दिन कलमा पढ़ाकर उसे मुसलमान बना लिया गया। ग़ज़नी में पोस्तीनों के व्यापारी अब्दुल्ला के हाथ वह बेच भी दिया गया। अब्दुल्ला के बेटे नासिर से उसकी दोस्ती हो गई। नासिर को अमानुल्ला के स्कूलों की हवा लग चुकी थी, इसलिए देश-विदेश के बारे में जानने की उसकी प्रबल उत्कण्ठा थी। वह डाक्टर का अन्तरङ्ग मित्र और फिर साला भी बन गया। इधर डाक्टर नूरन के प्रालिटेरियन प्रेम से घबरा गया था परन्तु बुर्जुआ अब्दुल्ला की लड़की—अदब और नज़ाकत से उसका हाथ उठाकर सलाम करना—और कहाँ वह नूरन का हाथ पकड़कर कहना, अब? या अन्त में उसकी लात और इब्बा का 'हिश्त बोद्दा?' बद्री बाबू की सहायता से उधर खन्ना की धर्मपत्नी राजदुलारी उर्फ़ राज सार्व-जनिक जीवन में प्रवेश करती है। मिलों में हड़ताल और बद्री बाबू का अनशन, मिल-मालिकों से समझौता—यह कहानी दिल्ली की है। इधर ग़ज़नी में—"दो मंज़िल की खिड़की से झलक दिखा कल्पना को उन्मत्त कर देनेवाली नर्गिस ने जब, हंस की ग्रीवा के समान कोमल अपनी बाँहें डाक्टर की गर्दन में डाल कस्तूरी की भीनी और मादक गन्ध से सुवासित अपना सिर उसके हृदय पर रख आत्मसमर्पण कर दिया" तब भय से डाक्टर का हृदय धक-धक नहीं करने लगा और न पुराने

काग़ज़ की तरह उसका चेहरा भी पीला पड़ गया। यहाँ पर कल्पना का वह चाँद उसे मिल गया जिसे पाने की आकांक्षा एक पत्नीव्रत के बावजूद उसके हृदय में विद्यमान थी। "उसकी कल्पना की दूरगामी उड़ान बाँहों में सिमटी, रसभीनी वास्तविकता के चारों ओर लिपटकर रह गई।" शरत् बाबू भी अपने शब्दों को इस तरह मधुमय नहीं बना सके। जैसा मोहक प्रेम है, वैसी ही रोमांटिक वह चित्र भूमि है जिस पर ये दो प्रेमी अंकित किये गये हैं। "रङ्गीन उपवनों से छिटकी और उत्तुङ्ग हिरमजी पहाड़ों से घिरी ग़ज़नी की उपत्यका से परे संसार का अस्तित्व उसके लिए रह ही नहीं गया।" लेकिन कब तक ? जब तक "कल्पना की दूरगामी उड़ान" थोड़ी ही दूर में थककर उस उपत्यका में निढाल होकर गिर न पड़ी। नर्गिस के समीप बैठे रहना डाक्टर के लिये यन्त्रणा बन गया। वह झल्लाहट में उठकर चल देता और फिर स्वयं ही नर्गिस के प्रति अपनी इस निष्ठुरता से लज्जित होकर तर्क करने लगता, इस बेचारी का क्या अपराध है ? और वह रोमांटिक चित्रभूमि, "ग़ज़नी की वह अत्यन्त सुन्दर और रमणीक उपत्यका डाक्टर के लिये जेल का आँगन बन गई।" इसके साथ बुर्जुआ अब्दुल्ला के शोषण-व्यापार से भी उसे घृणा होने लगी और एक दिन अपने अन्तरङ्ग नासिर के साथ वह कल्पना-परी नर्गिस के कस्तूरी-वासित केशपाश से सहज ही अपना दिल निकालकर रूस की सीमा में जा पहुँचा।

स्तालिनावाद का वर्णन, डाक्टर और नासिर का बिना पासपोर्ट के पकड़े जाना, उनका क्रास इग्ज़ामिनेशन और फिर डाक्टर का समरकन्द के सैनिटोरियम में काम करना—कहीं भी लेखक ने चित्रण की सजीवता को फीका नहीं होने दिया। डाक्टर खन्ना का परिचय हुआ शिशुशाला की अध्यक्ष कामरेड ख़तून से। डाक्टर कम्यूनिज्म के अधिक निकट आता गया। और भी महत्त्वपूर्ण यह कि "तीन पहर रात गये तक ख़तून की बगल बैठ, उसकी निरावरण बाँहों और शरीर के अनेक अंगों को देखकर भी डाक्टर को ख़याल न आता कि वह एक स्त्री के साथ एकांत में है।" पता नहीं पाठक कथाकार की इस बात से कहाँ तक सहमत होंगे कि "ख़तून को भी ख़याल न आता कि एक पूर्ण युवा पुरुष उसके बिस्तर पर बैठा है।" विशेषकर इसलिए कि ख़तून को दिल डूबने की बीमारी थी। इसी का दौरा होने पर डाक्टर ने उसके हृदय पर हाथ रखकर उसकी गति भी देखी। कुछ क्षण चुप रहकर उसने सलाह दी "तुम सो जाओ ! विश्राम करो ! तुम्हारे लिये एक खुराक दवा मैं अभी ला देता हूँ।" शरत् के पाठक यहाँ समझ जायँगे कि ख़तून क्या जवाब देगी। गृहदाह में अचला जैसे सुरेश का हाथ अपने हृदय पर दबा लेती है, वैसे ही "अपने हृदय पर रखा डाक्टर का हाथ दबा ख़तून ने उसे उठने न दिया" और कहा—"नहीं तुम बैठो ! औषध मैं बहुत दिन पी चुकी हूँ।" पोपोलोफ से अपनी प्रतिद्वन्द्विता की वह बातें करने लगी। लेकिन डाक्टर उसे सोने की दवा

पिलाकर चला ही गया। ऐसा था यह डाक्टर जो दिल डूबने की बीमारी का इलाज न कर सकता था। नतीजा यह हुआ कि "खतून के हृदय में डाक्टर के लिए एक वात्सल्यपूर्ण ममता उमड़ आई।" इसी वात्सल्य रस से प्रेरित होकर "खतून गुलशाँ को डाक्टर की ओर ढकेलने का यत्न करती परंतु डाक्टर का विवेक कह रहा था, नहीं!!" लेकिन कब तक? वह "कागज़ पर कलम न चला, बिजली के लैम्प के अत्यन्त समीप गुलशाँ की झुकी हुई लम्बी पलकों की ओर देखता रह जाता।" बीच की सीढ़ियों पर छलाँग मारकर हम उसी पुराने नतीजे पर पहुँच सकते हैं कि गुलशन के प्रेम-निवेदन ने डाक्टर के प्रेम को ठंढा कर दिया। वह राज से गुलशाँ की तुलना करने लगा। कहाँ राज के साथ "प्रणय का मैदान जीतना" और कहाँ गुलशाँ का "यह जबरन प्रेम का बोझ लादते फिरना।" परिणाम—"उसका मन गुलशाँ के प्रति वितृष्णा से भर गया।"

वात्सल्य रस की स्रोत खतून को यह अच्छा नहीं लगा। वह डाक्टर को खुला इशारा करती है—"सोवियत प्रजातंत्र को सफल बनाने के लिए हमें स्वस्थ सन्तानों की आवश्यकता है।" इस आवश्यकता से पीछा छुड़ाकर डाक्टर राजनीतिक शिक्षा के लिए मास्को चला गया। लेकिन जब वह गुलशाँ से दूर हो गया तब "आँखें मूँदे कल्पना में वह राज की गोद में सिर रखे विश्राम करना चाहता परन्तु उससे पहले आ जाती गुलशाँ।" उसने क्षमा माँगी और जीवन भर उसे याद रखने का वचन दिया!

शिक्षा समाप्त करके खन्ना भारत आता है। बम्बई आकर उसने राज को एक पत्र लिखा; फिर उसे जला दिया। जर्मनी के रूस पर आक्रमण करने से वह जगह-जगह जाकर जन-युद्ध की नीति लोगों को समझाने लगा। बम्बई में वह जमालदीन था; कानपुर में आकर वह डा० बी० डी० वर्मा हो गया। एक दिन वह शिवनाथ की बहिन यमुना से भेंट करता है। वहाँ उसे मालूम होता है कि उसकी स्त्री राज ने कांग्रेसी कार्यकर्ता बद्री बाबू के साथ विवाह कर लिया है। क्रमशः उसकी भेंट अपनी साली चन्दा और उसके पति राजाराम से होती है। डाक्टर का रोमांस फिर शुरू होता है। क्या मौके से लेखक ने शरत् के 'चरित्रहीन' को याद किया है—चन्दा को 'चरित्रहीन' बहुत पसन्द है और अब उसका नायक ही उससे मिलने वाला है। एक ओर पति, दूसरी ओर खन्ना,—चन्दा का हृदय संघर्ष से मथ जाता है, विशेषकर इसलिए कि पति बड़ा शक्की है! चन्दा को इस बात से और दुःख होता है कि शारीरिक सम्पर्क न होने पर भी पति को इतना संदेह होता है। चरित्र निभाने के लिए वह सभी कुछ सहती है परंतु पति को फिर भी सन्तोष नहीं होता है।

चन्दा की छोटी बच्ची को पानी में खेलने से ज्वर हो जाता है। काश, डाक्टर भी पानी में खेला होता और उसे ज्वर हो आता। जैसाकि वह चंदा से कहता है—

"हो जाता तो मैं आपके पास आकर लेट रहता। मेरा सिर दबाना पड़ता। आपको ज़हमत होती और मुझे अच्छा लगता।" चन्दा पूछती है, क्या बिना बीमार हुए नहीं लेट सकते ? डाक्टर कहता है "वैसे तो लेटा ही हूँ परंतु बीमार का अधिकार अधिक हो जाता है।" डाक्टर तकिया लेकर सहारा नहीं लेना चाहता; चन्दा पूछती है, वह उसे किस तरह सहारा दे सकती है। डाक्टर कहता है—"अपनी गोद में स्थान देकर।" इति शुभम्। खन्ना के प्रेम का यही वास्तविक रूप है। असली बात उसने कही डाली। गुलशाँ, ख़तून, नर्गिस, पठान लड़कियाँ,—उसे गोद में सिर रखने को अब तक न मिला था। चन्दा उसकी इच्छा तुरन्त ही पूरी नहीं कर सकी। वह मान और क्रोध करता है लेकिन दूसरी बार चन्दा ने लेटे हुए खन्ना के माथे पर हाथ रखकर कहा—"तुम्हारा माथा कुछ गरम है!" आख़िर माथा गरम हो ही गया! चन्दा "खन्ना का सिर अपनी गोद में ले उसके माथे को सहलाने लगी।" पूरी मनोकामना जी की। चन्दा ने पूछा—"ऐसे तुम्हें सन्तोष होता है?" बोद्दा ने उत्तर दिया—"बहुत!"

और भी, चन्दा की छोटी बच्ची की तरह वह उसकी गोद में खो जाना चाहता है। "मन चाहता है, जैसे शशि तुम्हारी गोद में छिप जाती है, वैसे ही शशि बन जाऊँ!" चन्दा ने सिर झुकाये, अधमुँदी आँखों से उत्तर दिया—"तो क्या उससे कम हो?" और "उसका मन चाह रहा था, खन्ना का सिर उठा कर हृदय से लगा ले!"

चन्दा ने ठीक प्रश्न किया था। यह उपन्यास का चरितनायक छोटी बच्ची शशि से किस बात में कम है? क्या वह अपनी बाल्यभावनाओं पर विजय पाकर विकसित पुरुषत्व प्राप्त कर सका है? क्या उसका समाजवाद शरत् के पात्रों की इसी में गोद में सिर रखने की इच्छा से विशेष महत्त्व रखता है? और भी, साहस करके यह पूछने की इच्छा होती है कि खन्ना को फ़ौज का डाक्टर बनाकर, अफ़रीदियों द्वारा उसे उड़वाकर, अफ़ग़ानिस्तान और रूस की सैर कराकर, हिन्दुस्तान में कम्युनिस्ट बनाकर और अन्त में प्रेम की वेदी पर उसका बलिदान कराके लेखक ने क्या बालसुलभ कल्पना का ही परिचय नहीं दिया? निश्चय ही लेखक चतुर है; उसकी बुद्धि बच्चों की सी नहीं है। वह इस काल्पनिक कहानी को यथार्थ के रंग में रंग देता है, इस बात में उसकी प्रौढ़ों जैसी चतुरता है, परंतु उसकी भाव-धारा का मूल स्रोत क्या है? उसके व्यक्तित्व का रहस्य क्या इस वाक्य में निहित नहीं है—"मन चाहता है, जैसे शशि तुम्हारी गोद में छिप जाती है, वैसे ही शशि बन जाऊँ?"

पति की शंकाओं से परेशान होकर चन्दा एक रात छत से नीचे कूद पड़ती है। झाड़ियों पर गिरने से वह मरने से बच जाती है। खन्ना उसका उपचार करता है। बच्चों की तरह होने की बात दोहराता है।

९ अगस्त और उसके बाद तोड़-फोड़। कांग्रेस सोशलिस्ट शिवनाथ फ़रार हो जाता है। खन्ना चन्दा के पति राजाराम के यहाँ कम आता है लेकिन "कभी बहुत थकावट अनुभव होने पर वह घण्टे आध घण्टे के लिए चन्दा के समीप आ तख्त पर लेट जाता। चन्दा का हाथ अपने माथे पर अनुभव कर उसकी गोद में अपना सिर रख आँखें मूँद लेट जाने से उसे विश्राम और स्फूर्ति मिलती।" एक दिन इसी दशा में उसके माथे पर चन्दा की आँखों से निकले दो बूँद आँसू आ टपके। उसने उठकर "अपनी बाँह उसकी गर्दन में डाल उसका सिर अपने हृदय पर रख लिया। ···चन्दा का मुख उठा उसने उसकी आँखों के आँसू चूम लिये।" चन्दा रोई क्यों? इसलिए कि वह घर के जीवन से ऊबकर खन्ना के साथ निकल जाना चाहती है। लेकिन वह शरत् के पात्रों की तरह टाल-मटूल करता है। वह उसकी गोद में लेटना भर चाहता है; उसे सँभालने, साथ रखने, उसका खर्चा बर्दाश्त करने के लिए वह तैयार नहीं है। वह राजाराम के रहते आ जाता तो यों ही इधर-उधर की बातें और विनोद करके चला जाता। कभी चन्दा के अकेले रहते आता तो उसके समीप लेट या मचल कर उसकी गोद में सिर रख लेता और चाहता, कुछ क्षण के लिए सब कुछ भूल जाय। पति के सन्देह से ऊबकर चन्दा अपना मार्ग ढूंढ़ने के लिये छिपकर खन्ना से रेती पर मिलती है। "आज निश्चय किया था, इस समय यहाँ आकर तुमसे कहूँगी, अब लौट नहीं सकती। अपनी बहन, माँ, बेटी जो कुछ भी समझो, मुझे ले चलो। या फिर सामने गंगा है।" लेकिन देवदास की तरह खन्ना उसे सहारा नहीं दे सकता। वह तो खुद गोद में सिर रखकर सब कुछ भूल जाना चाहता है; चन्दा का भार अपने सिर पर कैसे ले ले? वह युक्ति भिड़ाता है— "तुमने अपना बलिदान कर सब सहा, अब उसके प्रति विद्रोह भी करो तो क्या कर सकती हो? जब तक जीवन में खड़े होने का साधन तुम्हारे पास न हो!" लेकिन खन्ना जितना उसकी गोद में लेटने का इच्छुक है, क्या उतना ही इच्छुक वह उसे अपने पैरों पर खड़ा देखने के लिये भी है? चन्दा के जीवन में एक संघर्ष पैदा कर के वह उसका अन्त करने के लिये किसी तरह की भी सहायता उसे नहीं देता, देने की चेष्टा भी नहीं करता। चन्दा निराश होकर फिर घर लौट गई।

मिल में हड़ताल होती है। खन्ना मजदूरों को समझाने जाता है। वहाँ घायल हो जाता है। शिवनाथ को मालूम था कि खन्ना रूस से जाली पासपोर्ट बनाकर आया है। वह उसे धमकी देता है कि कानपुर छोड़कर न गया तो वह सारा भेद पुलिस के पास लिख भेजेगा। अब खन्ना को छिपकर इलाज कराने की ज़रूरत है। चन्दा उसे लेकर अपनी बहन राज के यहाँ चलती है। रानीखेत पहुँचकर दोनों 'रंगोड़ा' की चढ़ाई चढ़ते हैं। पहाड़ी बियाबान में थकी हुई चन्दा अपनी बहन राज के यहाँ पहुँचती है लेकिन राज के जीवन का एक नया अध्याय आरम्भ हो चुका है। अब उसका पति आया है, लोग सुनकर क्या कहेंगे? चन्दा घायल खन्ना

के साथ उसी रात को बहन के यहाँ बिना ठहरे वापस चल देती है।

जब चन्दा कानपुर से चली थी तब उसके पति बाहर थे। लौटकर उन्होंने उसे गायब देखा। ढूँढ़ने निकले, और पहाड़ी रास्ते में उन्हें चन्दा मिल भी गई। लात, तमाचा, सभी से काम लिया। घायल खन्ना मना करता है; राजाराम डाटता है—"चुप धूर्त, देशद्रोही, बदमाश"। बेहोश चंदा को डाँडी में लिटाया गया और घायल खन्ना को वहीं छोड़कर राजाराम घर की ओर चल दिया। उसकी प्राणशक्ति क्षीण हो रही थी। "सिर पत्थरों के ढेलों पर टिका था परन्तु मन में विश्वास था, चन्दा उसका सिर गोद में लिए है, जीवन संग्राम में फिर से लड़ने के लिए वह स्वास्थ्य-लाभ कर रहा है।" इस प्रकार देशद्रोही कहलाकर, देश की सेवा करके भी देशवासियों की ठोकर खाकर खन्ना शहीद हो जाता है।

कहानी हूबहू ऐसी नहीं है जैसी इतना लेख पढ़ने पर शायद मालूम हो, लेकिन है बहुत कुछ ऐसी ही। जन-युद्ध और कांग्रेस सोशलिस्टों की नीति को लेकर लम्बे-चौड़े विवाद भी हैं और कांग्रेस के आन्दोलन और हड़तालों का भी चित्रण किया गया है। लेकिन ध्यान देने की बात यह है कि 'देशद्रोही' मूलत: एक रोमांटिक कृति है जिसमें खन्ना के रोमांसों की प्रधानता है। जिस वर्ग के लिए खन्ना काम करता है, उस वर्ग का इसमें उतना और वैसा चित्रण नहीं है, जितना खन्ना के हृदय की प्रेम-सम्बन्धी उथल-पुथल का। दूसरे शब्दों में उपन्यास पढ़कर क्या पाठक को यह निश्चय नहीं हो जाता कि लेखक की निगाह ने जहाँ खन्ना के हृदय में पैठकर उसके निगूढ़ रहस्यों को टटोला है, वहाँ मजदूर-वर्ग और उसकी आर्थिक या सामाजिक समस्याओं को वह केवल छूकर ही रह जाती है?

इसे हम राजनीतिक उपन्यास न कहकर 'श्रीकांत' की कोटि का एक सामाजिक उपन्यास ही कह सकते हैं जिसमें प्रेम-कहानी प्रधान है। हमें उपन्यास से वह चीज़ माँगने का चाहे अधिकार न हो जो लेखक को देना अभीष्ट न थी लेकिन यशपाल का ध्येय यहाँ राजनीतिक और सामाजिक जीवन पर मार्क्सवादी दृष्टिकोण से प्रकाश डालना ही है। क्या यह कहानी जन-युद्ध के पेचीदा सवाल पर काफी रोशनी डालती है? ६ अगस्त की घोषणा ने लोगों में कौन-सी प्रतिक्रिया उत्पन्न की, भोले-भाले और धूर्त—दोनों ही तरह के लोगों ने किस तरह देश में अशांति को जन्म दिया, मज़दूरों और किसानों में इस तोड़-फोड़ का क्या असर हुआ, इत्यादि-इत्यादि सैकड़ों ऐसी बातें हैं जिनका विशद चित्रण हम इस तरह के उपन्यास में पाना चाहते हैं। यदि 'पथेर दाबी' या 'श्रीकांत' को हम प्रगतिवाद की सीमा मान लें तो दूसरी बात है; परंतु यदि प्रगतिवाद उनसे बढ़कर कुछ और भी है तो इस रोमांस से छुटकारा पाकर लेखक को समाज की हलचल का एक नये सिरे से अध्ययन और चित्रण करना होगा। और यह प्रेम-कहानी भी कैसी है? एक ऐसे निकम्मे आदमी की है जिसे नालायक भी कहें तो बेजा न होगा। नर्गिस

से प्रेम करता है; फिर एक दिन ऊबकर, उसे छोड़कर चल देता है। मर्द का क्या यही काम है? यह नहीं कि नर्गिस से प्रेम करके उसने गलती की हो और अब वह इससे बचा रहेगा। श्रीकांत की तरह वह स्त्रियों के साथ आकर्षण-प्रत्याकर्षण का खेल छोड़कर और करता क्या है? नर्गिस से भागे तो कहीं खतून मिल गई, तो गुलशाँ, तो कहीं चन्दा। औरत के नज़दीक आने पर वह भाग खड़ा होता है; दूर होने पर प्रेम करता है। कारण यह है कि वह आध्यात्मिक प्रेम में विश्वास करता है—शायद बिना जाने ही। गोद में सुख से लेटना चाहता है, लेकिन चन्दा को उस के दुष्ट पति से छुटकारा दिलाने के लिये वह एक कदम आगे नहीं बढ़ता।

इसमें संदेह नहीं कि गृहस्थ जीवन की समस्याओं के चित्रण में यशपाल को बहुत ही बड़ी सफलता मिली है। राजाराम का चरित्र उनकी कुशल लेखनी का प्रमाण है। व्यंग्य और हास्य पर उनका अधिकार है। अजाने प्रदेशों को भी कल्पना और पुस्तकों के सहारे उन्होंने सजीव और सचित्र कर दिया है। फिर भी मध्यवर्ग के असफल और अस्वस्थ नवयुवकों की बीमारी पर हँसा जा सकता है, आँसू बहाना असम्भव है। लेखक अपने व्यंग्य और हास्य के तीर खन्ना को बचाकर छोड़ता है, अथवा खन्ना को देखकर वह अपने व्यंग्य तीर छोड़ना भूल ही जाता है।

तात्पर्य यह कि शरत् की छाया हिन्दी साहित्य पर अब भी गहरी है। यशपाल जैसे लेखक पर भी उसका प्रभाव स्पष्ट है। 'देशद्रोही' को श्रीकांत के साथ या उससे ऊँचा रखना आज के लेखक के लिए प्रशंसा की बात नहीं हो सकती। यशपाल के पास व्यंग्य और हास्य के पैने अस्त्र हैं जो शरत् बाबू के पास नहीं थे। तर्क और बुद्धि की दृष्टि से वह समाजवादी हैं। फिर भी कथा-साहित्य में वह घरेलू जीवन की परिधि के बाहर नहीं निकल पा रहे। एक पत्नी, एक पति और एक मित्र—यह सनातन त्रिकोण उनकी रचनाओं में बार-बार उभरकर आता है। आज के सामाजिक जीवन में भी यह त्रिकोण है लेकिन वह त्रिकोण ही नहीं, और भी बहुत-सी बातें हैं। निकम्मे नवयुवकों का चित्रण किया जाय, लेकिन तटस्थता से, व्यंग्य अस्त्र साधकर देशद्रोही पढ़कर साधारण पाठकों को यह भ्रम हो सकता है कि आदर्श युवक किसी-न-किसी की गोद में सिर रखकर सो रहने के लिए बड़े उत्सुक रहते हैं। जिस कष्ट-सहिष्णुता, अथक परिश्रम और उत्कट लगन से एक कम्युनिस्ट का निर्माण होता है या होना चाहिए, उसका आभास पाठक को इस उपन्यास में नहीं मिलता। यह उसकी बहुत बड़ी कमज़ोरी है।

६

अमृतलाल नागर का उपन्यास अमृत और विष

'धर्मयुग' (२७ नवम्बर '६६) में श्री धर्मवीर भारती ने 'अमृत और विष' की इतनी अच्छी आलोचना लिखी है कि जी करता है, नागर जी के इस उपन्यास पर मैं खुद कुछ न लिखूं, महज़ भारती के लेख की दाद देकर उपन्यास-लेखक को बधाई दे दूं। लेकिन मेरे मित्र घनश्याम अस्थाना जो १५ अक्तूबर सन् '६६ को मुझसे उपन्यास माँग ले गये थे और ४ जनवरी सन् '६७ को उसे वापस कर गये, साथ में एक पत्र भी दे गये और मैंने सोचा, नागर जी ने उपन्यास के अन्दर उपन्यासकार अरविन्द शंकर का चित्रण करके मनोवैज्ञानिक करिश्मे दिखाये हैं तो इस उपन्यास के पाठकों-आलोचकों की प्रतिक्रिया का मनोवैज्ञानिक अध्ययन करते हुए मैं एक छोटा-सा लेख ही लिख डालूं। मैं अपने इस लेख के कृपालु पाठकों-पाठिकाओं से आशा करूँगा कि उन्होंने श्री अमृतलाल नागर का उपन्यास 'अमृत और विष' न पढ़ा हो तो पढ़ लें, इसी तरह 'धर्मयुग' का उपर्युक्त लेख और अन्त में घनश्याम अस्थाना का पत्र, जिसे मैं नीचे उद्धृत कर रहा हूँ। अस्थाना जी नागर जी के प्रशंसक हैं; इसके सिवा उपन्यास पढ़ने में उन्हें जो कुछ समय लगा, वह ज्यादा ही होता यदि मैं उनसे प्रायः हर हफ़्ते उपन्यास की वापसी का तक़ाज़ा न करता। अब उनका पत्र :

४-१-१९६७ ई.

प्रिय डाक्टर साहब,

'अमृत और विष' नये वर्ष में लौटा रहा हूँ। पता नहीं, यह उपहार कैसा लगे—पहली बात तो यह कि यह वापसी है, उपहार नहीं; दूसरी बात यह कि इस पुस्तक को अगर यह बिलकुल नये सिरे से भेंट की जाती—तो आप केवल इसी रूप में नववर्ष का उपहार मान सकते थे कि यह हिन्दी के मूर्धन्य कथाकार और उससे भी अधिक आपके अनन्य मित्र श्री अमृतलाल नागर की कृति है। इसके अतिरिक्त मैं इसके गुण के विषय में क्या कह सकता हूँ ?

इसे लौटाने में इतनी देर क्यों हुई ? आप जानते हैं, पढ़ने-लिखने का इतना

कम समय इन दिनों मिल पाता है कि एक बैठक में, या नित्यप्रति नियम के साथ कोई भी काम कर सकना असम्भव है। इसके अलावा पता नहीं क्यों एकाग्रचित्तता की स्थिति इस किताब के साथ बँध ही नहीं पायी। अमृतलाल नागर का कृतित्व मुझ जैसे सामान्य व्यक्ति और सामान्य साहित्यिक रूप से प्रबुद्ध पाठकों तक के लिए अपरिचित नहीं है, और इस दृष्टि से नागर जी कि प्रतिभा के अन्य पक्ष चाहे हम जैसों के पल्ले न पड़ें, मगर उनकी कृतियों की रसात्मकता तो निश्चित रूप से ऐसी मोहिनी ही रही है कि मन को बाँधे रहे। 'सेठ बाँकेमल' का कोई भी अध्याय कितनी ही बार पढ़ा जा सकता है और हर बार वही मजा देता है। मैं उसे शुद्ध हास्य की कृति नहीं मानता। हास्य की कृति मन की ऊपरी पर्तों को हरा-भरा कर सकती है मगर इस प्रकार छा नहीं जाती जैसा कि सेठ बाँकेमल का चरित्र। सेठ बाँकेमल पुराने वक्तों के आगरे का, बीसवीं शताब्दी के प्रथम दशकों के आसपास के आगरे का, दर्पण है जिनके माध्यम से उस पुराने युग की शहरी संस्कृति के दर्शन होते हैं। सेठ बाँकेमल एक भारी-भरकम चरित्र हैं, हास्य चरित्र की भाँति कोई अतिशयोक्तिपूर्ण रूप से अंकित कार्टून नहीं। जिस व्यक्ति ने आगरे के मुहल्ले-बस्तियों और उनके आसपास की बगीचियों, मन्दिरों अखाड़ों को नजदीक से जाना है उसे सेठ बाँकेमल का निहायत फुरसतपूर्ण, बेशुमार रंगों से भरा व्यक्तित्व एकदम जाना-पहचाना लगेगा। इस सवा-सौ पृष्ठों के लघु उपन्यास में जिस आंचलिक संस्कृति का सजीव चित्र मिल जाता है वह हिन्दी के अनेक स्वनामधन्य तथाकथित आंचलिक उपन्यासों में मुश्किल से ही मिलेगा। मैं 'सेठ बाँकेमल' का तज़किरा इसलिए छेड़ बैठा क्योंकि 'अमृत और विष' के सन्दर्भ में उसकी याद आये बिना नहीं रहती। 'अमृत और विष' 'सेठ बाँकेमल' के निर्माता अमृतलाल नागर की कृति होने के बावजूद लगभग हर बात में उससे उलटी साबित होती है।

'अमृत और विष' को पढ़कर, पता नहीं क्यों, किसी भी प्रकार की कोई बौद्धिक अथवा वैचारिक उत्तेजना उत्पन्न नहीं होती। ऐसा लगता है कि उपन्यासकार के पास इस उपन्यास में उठाने के लिए अगर कोई समस्या थी तो वह यही कि एक विराट्काय उपन्यास किस प्रकार लिखा जाए और उसके लिए अपने पास की वैभवशाली सामग्री और अपने विश्वकोषीय समाज-सम्बन्धी ज्ञान और अध्ययन का किस प्रकार उपयोग किया जाए ? अमृतलाल नागर के बराबर शहरी जीवन और संस्कृति से परिचय शायद ही अन्य किसी कथाकार को होगा। जितने नज़दीक से नागर जी ने शहरी लोगों की गतिविधि पर आँख रखी है, उनकी एक-एक हरकत का अध्ययन किया है, उनके नित बदलते मनोविज्ञान, रोज़ करवट लेती राजनीतिक समझबूझ, बाज़ार-भाव की तरह चढ़ते-उतरते नाज़-नखरों और मौसम के साथ-साथ बदलती हुई सामाजिक-सांस्कृतिक मान्यताओं के मापकयंत्र

की खूबी से रेकार्ड रखा है, अकेले उसी कार्य के लिए उनको ससम्मान डी. लिट. की डिग्री प्रदान करके हिन्दुस्तान या विदेश की कोई भी युनिवर्सिटी धन्य हो सकती है। अपने इसी विपुल जीवन-अध्ययन और ज्ञान का उपयोग नागर जी ने अपने देश और विदेश में सराहे गए उपन्यास 'बूँद और समुद्र' में किया था और उसी सामग्री का उपयोग उन्होंने 'अमृत और विष' में किया है। मगर 'अमृत और विष' अपनी इस सम्पदा के अनन्तर भी न तो 'बूँद और समुद्र' की व्यष्टि को ठोस रूप से बाँध पाया और न ही समुद्र की-सी सहज गहन गम्भीर समष्टि में व्याप्त हो सका। 'अमृत और विष' की एक महत्त्वपूर्ण बल्कि कहा जाए तो विकट, समस्या यह है कि उसका आद्यन्त कहाँ-कैसे पकड़ा ठहराया जाए और दिलचस्प बात यह है कि यह समस्या उपन्यासकार अमृतलाल नागर को या उपन्यास के मुख्य चरित्र ('हीरो' नहीं) उपन्यासकार अरविन्द शंकर को नहीं सालती बल्कि पाठक घनश्याम अस्थाना या उस जैसे सामान्यबुद्धि, किन्तु नागर-फैन, हिन्दी उपन्यास-प्रेमी को बार-बार तंग करती है। पाठक को एक साथ ही दुहरी-दुहरी यात्रा करनी पड़ती है, कथा-सूत्र उस बछड़े की तरह उसे इधर-उधर खींचता है जो कि खूँटा तुड़ा कर या रस्सी छुड़ा कर भाग जाना चाहता है। उपन्यासकार अरविन्द शंकर का वंश-परिचय याद रखने की दिक्कत पड़ती है—कितने पुत्र हैं, कितनी पुत्रियाँ हैं, बार-बार घूम-घूमकर देखना पड़ता है कि दीनमुहम्मद-राधेलाल की फ़र्म का कोई सम्बन्ध लाला राधेरमन-रेवतीरमन की फ़र्म से तो नहीं है? फिर याद आता है कि यह राधेलाल उपन्यासकार अरविन्द शंकर के पूर्वज थे और लाला राधेरमन उनके उपन्यास (यानी उपन्यास के भीतर के उपन्यास) के एक चरित्र हैं। नागर जी ने एक साथ इतने अधिक कथासूत्र, कथानायक और कथा-पात्र छोड़े हैं कि घटनाक्रम का तारतम्य पाठक के लिए बिठाना मुश्किल हो जाता है। उपन्यास की गति या प्रगति के लिए यह भी ज़रूरी है कि उनका आगा-पीछा जाना जाए, मगर 'अमृत और विष' के पाठक के लिए क़रीब-क़रीब यह बात भी अनिवार्य है कि वह हर पात्र की वल्दियत से भी वाक़िफ़ हो, चाहे उसका उपन्यास के प्रधान कथासूत्र (जिसका पहचानना बड़ा मुश्किल है) से कोई प्रत्यक्ष या अप्रत्यक्ष सम्बन्ध हो या नहीं। पात्रों की इस विशाल भीड़ में पैठने के लिए पाठक का मन तो इसलिए करता है कि यह उपन्यास-नवाब (उपन्यास-सम्राट के तर्ज पर) अमृतलाल नागर का बसाया हुआ रंगीन और जीवन की पेंगें भरता हुआ लखनऊ है, मगर वह लखनऊ निकलता है एक बेदम उपन्यासकार अरविन्द शंकर द्वारा निर्मित, जिसमें दुनिया-भर के बेसिर-पैर के निरुद्देश्य चरित्र अपनी समस्त सजीवना के अनन्तर भी पाठक का मन रमाने में एकदम असमर्थ और अक्षम हैं। घटनाचक्र यथार्थ के अत्यधिक निकट होकर भी उपन्यासकार की कल्पनाशक्ति की सुविधा और 'मनोकांक्षा' की तुष्टि के आधार पर विकसित होता चलता है।

'अमृत और विष' का कथानक एकदम उलझा हुआ और गतिहीन है। लम्बी-लम्बी यात्राओं और अनेक घटनागत, पात्रगत विराटताओं के बावजूद उपन्यास का प्रवाह बन्द पानी का प्रवाह मात्र ही है। उपन्यास की इस भीड़-भरी दुनिया में किसी भी पात्र को पकड़ कर चलना मुश्किल है, चाहे वह रमेश हो, लच्छू हो, खन्ना साहब हों, डाक्टर आत्माराम हों, रानी हो, कुंवर रद्धूसिंह हों या कोई और। फिर भी कोई प्रतिबद्धता, कोई ठोस आधार भूमि है ही नहीं। अधिकांश पात्र नियतिहीन ही नहीं, गतिहीन भी हैं, रमेश के आशीर्वाद की परिणति विधवा रानी के साथ विवाह में ही हो जाती है, आगे के रमेश का चरित्र 'इण्डिपेण्डेण्ट' अखबार के एक ऐसे संवाददाता के रूप में विकसित भर हो पाता है जो कि उस विराट् अख़बारी-साम्राज्य का एक कलपुर्ज़ा मात्र है और अपने अखबार के लिए सनसनी खेज खबरें जुटाने में, न सही शर्लाक होम्स, मगर 'ब्लिट्ज' का संवाददाता भर बनकर रह जाता है। लच्छू जैसा ओजशील युवक जिसके चरित्र का प्रारम्भ अनेक संभावनाओं से भरा हुआ था, एकाएक ऐसे चरित्र के रूप में विकसित होता है जो कि अपने को जानबूझ कर न केवल 'सारस लेक' की कामिनियों की काम तुष्टि का साधन ही बना लेता है और अपनी 'वेश्यावृत्ति' (?) के पारितोषिक स्वरूप रूस की सैर भी कर आता है, बल्कि वहाँ से लौटकर भी 'ज्यों की त्यों चदरिया' धर कर लखनऊ के राजनीतिक महत्वाकांक्षी-यशाकांक्षी पूंजीपतियों के चरणों को सिर्फ इस वजह से धो-धोकर पीता है कि उसे भी कुछ जूठन मिल जाए। और मजे की बात यह है कि लच्छू उसी युवक-संघ का शीर्षस्थ सदस्य है जिसके अन्य सदस्यों ने राजा किशोरी राय की बारादरी को हथियाने के लिए पूंजीपतियों की कुटिल चालों के विरुद्ध भूख हड़ताल चलायी थी। नागर जी ने लच्छू के चरित्र के इस विकास (?) या प्रगति (?) को प्रमाणित करने के लिए जो मंज़िलें निर्धारित की हैं वे न तो भरोसा दिलाने वाली हैं और न ही बहुत अधिक तर्क संगत। यही बात 'अमृत और विष' के पात्रों की लम्बी भीड़ के बारे में अलग-अलग रूप से कही जासकती है। डा. आत्माराम अपने व्यक्तित्व में जवाहरलाल नेहरू और शांतिप्रसाद जैन दोनों के लक्षण समेटे हुए हैं और एक छाया-मात्र से अधिक कुछ भी नहीं बन पाते। जितनी बार वे स्वयं उपन्यास के घटनाचक्र में अवतरित होते हैं उससे कई गुना अधिक ईश्वर की चर्चा की भाँति उनका श्रद्धावनत गुणगान उपन्यास के पृष्ठों में गुंजित होता है। उनके विराट् अख़बारी साम्राज्य की महिमा वैसी ही गुणकारी लगती है जैसी कि किसी अमरीकी 'न्यूज़पेपर-मैगनेट' के महान् चरित्र (?) की। पता नहीं क्यों, कोई भी चरित्र, कोई भी घटना ऐसी नहीं जो कि उपन्यास के अज्ञात कथानक को आगे बढ़ाए। कई एक घटनाएँ ऐसी हैं जो कि किसी जासूसी उपन्यास को चार-चाँद लगा सकती थीं और किशोर-कल्पनाओं को उत्तेजित कर सकती थीं, मगर जो

'अमृत और विष' के लिए न तो जीवन्त ही है और न ही विशिष्ट। पता नहीं, नागर जी को उनकी नाटकीय संभावनाओं ने इतना क्यों ललचाया कि 'अमृत और विष' में उनके समावेश का लोभ व संवरण नहीं कर सके। 'अमृतलाल नागर' की गरिमामयी लेखनी से ये सनसनी खेज घटनाएँ कुछ अप्रत्याशित और अनपेक्षित ही लगती हैं।

सारा का सारा उपन्यास जानबूझ कर एक ऐसी दलदल में जा फँसा है जहाँ से अन्त में उसे उबारना अमृतलाल नागर जैसे कुशल कथाकार और कलाकार के लिए भी संभव नहीं हो पाया है। जाने-पहचाने प्यारे-प्यारे उभरते हुए पात्रों और जानी-पहचानी घटनाओं की विश्वस्त सीढ़ियों पर चढ़-चढ़कर इधर उठनी हुई इस उपन्यास की इमारत काले बाज़ारी, चोर बाज़ारी, खलों के हथकण्डों के हथौड़ों, फावड़ों की चोटों में सहसा ही ढहने लगती है। उपन्यासकार ने कई इधर-उधर की बल्लियाँ इधर-उधर से लगाने की कोशिश की है, मगर इसकी नींवें खुद उसी की गैर जानकारी में खोदी जा चुकी हैं और उपन्यास का सारा ढाँचा ही मुँह के बल आ पड़ता है।

'अमृत और विष' के बारे में और भी बहुत कुछ तथा अधिक विस्तार के साथ कहा जा सकता है (और मैं उसके लिए तैयार भी हूँ), मगर ये कुछ बिखरे-बिखरे विचार और आत्मीय क़िस्म की प्रतिक्रियाएँ हैं जो मैंने इन पंक्तियों में व्यक्त करने की कोशिश की है। उपन्यास में 'ताई' जैसा चरित्र ढूँढ़ना व्यर्थ ही होगा यद्यपि पुत्ती गुरु का चरित्र ऐसा है, जिसमें कुछ विशिष्टता है मगर वे भी मामूली पात्रों की श्रेणी में रखे गये हैं जो कि उनकी और उपन्यास की, दोनों की ही 'ट्रैजेडी' है।

मैंने जानबूझ कर पुस्तक के अन्त में दी गयी आपकी सम्मतियाँ अभी तक नहीं पढ़ी हैं—ये सब मेरी तात्कालिक प्रतिक्रियाएँ ही हैं। मुमकिन है अधिक गहरे विचार के बाद इनमें मुझे संशोधन या आमूल परिवर्तन करना पड़े और इसके लिए मैं हमेशा तैयार रहूँगा। पता नहीं, नागर जी इस पत्र से खुश होंगे या नाराज़। जो भी हो।

सस्नेह,

घनश्याम अस्थाना"

जब मैं घनश्याम अस्थाना के इस पत्र की नक़ल कर रहा था, एक मित्र जो आक्सफर्ड युनिवर्सिटी प्रेस में काम करते हैं अचानक आ गये और 'अमृत और विष' की चर्चा छिड़ने पर बोले "मैंने एक दो अध्याय पढ़े, फिर आगे पढ़ा नहीं गया।" ये मित्र सौभाग्यशाली थे जो उपन्यास पढ़ने का साहस बटोर ही न पाये; घनश्याम अस्थाना इस सौभाग्य से वंचित रह गये; उन्होंने अपने को बाध्य किया कि उपन्यास आदि से अन्त तक पढ़ ही डालें और जब तीन महीने में आप कोई

उपन्यास पढ़ेंगे तब 'अन्त' तक पहुँचते-पहुँचते आदि का हिसाब-किताब भूल जाना बिलकुल स्वाभाविक होगा।

मुझे अपना एक अनुभव याद आता है। लखनऊ विश्वविद्यालय के वर्तमान उपकुलपति बी. ए. में मुझे चार्ल्स लैम्ब के निबन्ध पढ़ाया करते थे। कक्षा में जब पुस्तक समाप्त हुई तब मैं लैम्ब से काफ़ी घृणा करने लगा। किन्तु परीक्षा के लिए पुस्तक फिर पढ़ना जरूरी था और मैं दो-तीन दिन में सारे निबन्ध एक साथ पढ़ गया। तब से मैं सदा के लिए चार्ल्स लैम्ब के गद्य का भक्त हो गया।

यदि कोई इस पुस्तक से रस-सिक्त होना चाहे तो उसे तीन महीने में न पढ़े। या तो हफ़्ते दस दिन में उसे समाप्त कर दे या फिर मेरे उपर्युक्त मित्र की तरह उसे उठाकर एक तरफ़ रख दे। मैं मानता हूँ कि उपन्यास और पाठक के बीच उपन्यासकार अरविन्द शंकर बहुत बड़ी दीवार बन कर आ खड़े होते हैं। आरम्भ के हिस्से मैं धैर्य से और जल्दी-जल्दी पढ़ गया, जैसे बहुत साल पहले मैंने विक्तर ह्यूगो के 'ले मिज़ेराब्ल' के प्रारम्भिक अंश सायास पढ़े थे। 'अमृत और विष' के साथ कठिनाई प्रारंभिक अंशों में ही नहीं है, वे जब-तब, कभी भी, मन चाहे ढंग से प्रकट हो जाते हैं। फीलिंडग ने 'टौम जोन्स' के हर हिस्से के पहले अपने विचार प्रकट करने के लिए एक अध्याय जोड़ दिया था लेकिन वह अपनी बकवास अपने प्रकृत रूप में करता था, नागर जी ने इस कार्य के लिए एवज़ी ढूंढ़ लिया है—अरविन्द शंकर।

धर्मवीर भारती ने उपन्यास के अन्दर उपन्यासकार द्वारा कथा लिखने के प्रयोग को काफ़ी सहानुभूति से देखा है। मुझे इस तरह के प्रयोग पर मूलतः कोई आपत्ति नहीं है। आपत्ति इस बात पर है कि अरविन्द शंकर और उसके परिवार के लोग 'अमृत और विष' के पात्र नहीं बन पाये। हम अरविन्द शंकर से उनके बारे में बहुत कुछ सुनते हैं किन्तु उन्हें देखते नहीं हैं; अरविन्द शंकर जो कुछ कहते हैं, वह चित्रण नहीं है, डायरी के पन्ने हैं। यह सब सामग्री अलग से पुस्तक-रूप में छापी जा सकती थी लेकिन नागर जी अपने परिवार के लोगों और मित्रों की सलाह के बावजूद इस बात पर अड़े रहे कि वह एक मनोवैज्ञानिक उपन्यास लिखेंगे ही, यह दिखाएँगे कि उपन्यासकार अपने जीवन से सामग्री कैसे बटोरता है और उसे उपन्यास में कैसे चित्रित करता है। किन्तु पाठक यदि यह जानना चाहे कि अरविन्द शंकर ने मूल चरित्रों के सहारे लच्छू, रमेश, छैलू, आत्माराम, रानी, रद्धूसिंह आदि का चित्रण कैसे किया है तो उसे निराश ही होना पड़ेगा। अरविन्द शंकर अपने जीवन में आने वाले जिन पात्रों की चर्चा करते हैं, उनसे या तो 'अमृत और विष' के पात्रों का कोई सम्बन्ध नहीं है और है तो वह अरविन्द शंकर के मन में ही रहता है, हम उनके जीवन में आये हुए किसी भी पात्र को उपन्यास के पात्र में ढलते हुए नहीं देखते। । और यह एक तरह से अच्छा ही है, नहीं तो एक बार पुत्ती गुरु

की तसवीर हम अरविन्द शंकर के भंगड़ पड़ोसी के रूप में देखते, दूसरी बार रमेश बाप के रूप में।

धर्मवीर भारती ने लिखा है कि पहले उपन्यासकार पाठक को बिलकुल तन्मय होकर वास्तविकता की भ्रान्ति में डूबा देता है, फिर झटका देता है कि यह सब कल्पित है। इस झटके को पाठक बर्दाश्त कर लेता है—मेरी राय में, क्योंकि अरविन्द शंकर के जीवन के पात्र कहीं उनके उपन्यास के पात्रों से टकराते नहीं हैं। पाठक को झटका लगता है दूसरे ढंग का; कथा-रस बार-बार भंग हो जाता है और यह केवल इसलिए नहीं कि अरविन्द की जीवन-कथा का सूत्र उपन्यास के कथासूत्र से भिन्न है वरन् मूलतः इसलिए कि अरविन्द शंकर और उनके पात्र दो संसारों में रहते हैं, उनकी बोली-बानी, सोचने-समझने के तरीके, संवेदना के स्तर काफी अलग-अलग हैं।

अरविन्द शंकर उपन्यासकार हैं; हिन्दी का उपन्यासकार जब आलोचक बन कर बोलता है तब उसकी शैली ऐसी ही होती है। आपने शायद नागर जी के दो-एक विचारोत्तेजक लेख पढ़े हों, उनसे अरविन्द शंकर के विचार-मंथन को मिलाकर देखिए, दोनों में काफी शैली-साम्य मिलेगा। अरविन्द शंकर के कथा-पात्र वैसे ही बोलते-बतियाते हैं जैसे 'बूंद और समुद्र' के पात्र और मैं फिर कहता हूँ, नागर जी के पात्र अपने सर्जक की तुलना में साधारणतः ज्यादा अच्छा गद्य बोलते हैं। पाठक को आश्चर्य इस बात पर होता है कि यह 'बेदम' उपन्यासकार अरविन्द शंकर इतने सजीव पात्र गढ़ कैसे लेता है। और यह रहस्य की बात है। ज़िन्दगी, परिवार और दुनिया से परेशान, थका-हारा, खीझभरा अरविन्द शंकर उपन्यास लिखते समय कुछ दूसरे ही स्तर का व्यक्तित्व बन जाता है। स्वगत-कथन में वह आत्मान्वेषण करता है, अपने परिवार की कहानी कहता है, उससे हमें सहानुभूति होती है—कम से कम हर समझदार पाठक को होनी चाहिए—किन्तु उसके स्वगत कथन में हम रस नहीं पाते। अरविन्द शंकर का स्वगत-कथन 'अमृत और विष' का सबसे कमज़ोर हिस्सा है; अरविन्द शंकर का वस्तुगत कथन ही वास्तविक 'अमृत और विष' है। उस उपन्यास में भारत बोलता है, रूढ़ियों में सड़ता हुआ, रूढ़ियों से लड़ता हुआ, वीर रस के आलम्बनों के बिना, साधारण जनों का, असंगतियों भरा, दलदल के ऊपर सर उठाता हुआ अपराजेय भारत। अरविन्द शंकर सिद्ध पुरुष हैं क्योंकि वह इस भारत को देखते हैं, अपने घोर आत्मगत क्षणों में भी उसे नहीं भूलते, उसी के लिए जीते हैं; उसी के लिए मरते हैं। किन्तु लच्छू, रमेश, छैलू के भारत से अलग, अपने परिवार के अन्दर, और भी सिमट कर अपने अहं के अन्दर, अपनी निराशाओं-आकांक्षाओं की सीमा के अन्दर वह पस्त और बेदम लगते हैं यद्यपि जितना लगते हैं, उतने हैं नहीं। उनका स्वगत-कथन दबी हुई गैस निकालने का साधन है और इससे वह अधिक स्वस्थ हो जाते हैं।

अरविन्द शंकर अपनी कहानी अच्छी तरह नहीं कह पाते। वे अपने पुरखों का इतिहास पाठकों के लिए रोचक नहीं बना पाते। वे अपने परिवार के, अपने अहं के कथा-वाचक नहीं हैं, वे कथा-वाचक हैं भारतीय समाज के, सन् १९६० और ६२ के स्वतंत्र भारत के। किन्तु मुझे अरविन्द शंकर से सहानुभूति ही नहीं, बेहद प्यार है। मैं उन्हें पाठक की दृष्टि से नहीं देखता; वे मेरी बिरादरी के एक साथी लेखक हैं। कितने दर्द से कहते हैं, 'इक्कीस वर्ष की आयु से लेकर अब तक कभी इच्छामय विश्राम ही नहीं कर पाया।' कितने हिन्दी लेखकों के जीवन की झलक इस एक वाक्य में हमें नहीं दिखाई देती? पूंजीवादी समाज में ज़िन्दगी भर व्यक्ति की स्वाधीनता का रस लेने के बाद आखिरी मंज़िल में—बालकृष्ण भट्ट, महावीर प्रसाद द्विवेदी, सूर्यकान्त त्रिपाठी निराला, बलभद्र दीक्षित पढ़ीस आदि-आदि की तरह—अरविन्द शंकर की हालत यह है; 'तन के ठेले पर लदा हुआ यह जीवन का भारी बोझ खींचते-खींचते मेरे प्राणों का भूखा अशक्त भैंसा अब बेदम होकर जेठ की चिलचिलाती धूप में तपती हुई सड़क पर गिर पड़ा है।'' न मछेरा, न मछेड़ा; ठेला खींचता हुआ अशक्त भैंसा,—यह है असली प्रतीक अरविन्द शंकर का।

अरविन्द शंकर अपने मन को 'उत्तेजित, खीझ भरा, थकाहारा' पाते हैं। उन्हें दुःख है कि वे अपने बच्चों को वह सब कुछ न दे सके जो आज के नौजवान चाहते हैं। वे अपनी अनन्त कुण्ठाओं को मिटाने का एक ही उपाय देखते हैं—आत्महत्या! ज़िन्दगी में परिवार के लिए वे झूठ से एक हद तक समझौता करते हैं, 'झूठ की मंज़िल तक अपने अन्तर्सत्य को नाथ कर घसीटता हुआ' ले आते हैं किन्तु समझौते की सीमाएँ हैं; वे बिक नहीं सकते। पत्नी समझाती है, 'तुम्हें इतना सच भी न बोलना चाहिए था।' लेकिन क्या करें, आदत से मजबूर हैं, लेखक का आत्म-सम्मान अन्याय और असत्य को बर्दाश्त नहीं कर सकता। वे ऐसे घर में पैदा हुए हैं जिसमें ईसाइन मास्टरनी के छू जाने पर कुर्सी, मेज़ तक धोयी जानी थी। वे ईश्वर को नहीं मानते किन्तु पुराने संस्कार मिटे भी नहीं हैं। लड़के भवानी से बनती नहीं है। पत्नी भी पूरी तरह सन्तुष्ट नहीं है। अरविन्द शंकर के पिता आत्महत्या कर चुके हैं, उपन्यास के अन्त में उमेश शंकर ने आत्महत्या कर ली। इन दो मौतों के बीच बड़े जीवट की ज़िन्दगी है अरविन्द शंकर की! आँख खुलते ही रोज़ अपनी मत्स्य-रेखा देखते हैं, उसे सिर से लगाते हैं और हाथ चूमते हैं। अपने पौत्र में कृष्ण रूप देखकर उस पर सौ जान से निछावर होते हैं। और कैसी लुभानी हैं उनकी अदाएँ—'कुर्ता डाला और चौराहे पर पान खाने के बहाने चल पड़ा।' उन्हें गर्व है कि वे नवाबी नगर लखनऊ के बाशिन्दा हैं; स्त्रियों को रिझाना जानते हैं, एक अस्थायी प्रेमिका और उसके साथी सज्जन के सामने उनका 'अन्दाज़ेबयाँ यह था कि कहीं अंग्रेज़ी, कहीं हिन्दी और कहीं सलीस लखनवी (इस 'सलीस लखनवी'

को पहले मैंने पढ़ा—'तसलीम लखनवी') भाषा के लच्छेदार टुकड़े जुड़ते चलते थे।' यही नहीं, वे गुजराती भी जानते हैं; महाकवि नर्मद की 'न जाने कब की पढ़ी सुनी' पंक्तियाँ याद आती हैं। मानो इतना पता-ठिकाना काफी न हो, अरविन्द शंकर अपनी शारीरिक सुन्दरता का ज़िक्र करते हैं, यह सुन्दरता उन्हें बड़े से बड़े आभिजात्य समाज में कहीं मन्दमुखी नहीं होने देती। वे स्त्री की आँखों में लालसा की चमक पहचानते हैं। 'मेरे अन्दर का अनुभवी व्यभिचारी' उस चमक को देख कर उल्लसित होता है। और जब उन्हें अन्याय पर क्रोध आता है तब पहली उत्तेजना में इच्छा यही होती है कि 'इस अन्याय के प्रति आमरण अनशन साधूं।'

अरविन्द शंकर बेहद हिन्दी-प्रेमी हैं। वे उनसे क्षुब्ध हैं जो भाषा के प्रश्न को शतरंज के मोहरे की तरह इस्तेमाल करते हैं। वे हर जगह शासकों, शासनतंत्र-समर्थकों से टकराते हैं। जो सन् '४२ तक अंग्रेज़-भक्त और कायर थे, वे 'मुझे कम्युनिस्ट और नास्तिक तक कहने लायक गज़-भर की ज़बान रखते हैं।'

अरविन्द शंकर के परिवार के लोग उनके उपन्यास के पात्रों से भिन्न हैं, किन्तु सामाजिक परिवेश के प्रति उनकी भावात्मक प्रतिक्रियाएँ उन्हें उनसे मिला देती हैं। मिसाल के लिए, देशभक्त लोग अरविन्द शंकर को नास्तिक और कम्युनिस्ट कहते हैं; लाला रूपचन्द भी रमेश और उसके साथियों के लिए कहते हैं, 'हमारे यहाँ दो-तीन लड़के बिलकुल कम्युनिस्ट हो गये हैं।…दुनिया जानती हैगी कि खन्ना बाबू नास्तिक हैंगे।' जयकिशोर से जग्गा गुरु—'ये तुम नहीं बोल रहे हो, तुम्हारी कमनिस्टी बोल रही है।' पुत्ती गुरु रानी से अपने पुत्र रमेश के बारे में—'ससुर लड़का कमनिस्ट, नास्तिक भया सो कोई बात नहीं पर तुम पचास वर्ष की बुढ़िया…'। रमेश के दरवाजे पर कुंवर रद्धूसिंह—'कहाँ है वह हरामजादा कमूनिस्ट का बच्चा ? बड़ा ब्राह्मण बना है साला।'

अरविन्द शंकर क्यों ऐसे पात्र चुनते हैं, क्यों उन्हें ऐसी परिस्थितियों में पहुँचा देते हैं कि वे इस तरह की गालियाँ खाएँ ? इसलिए कि वे स्वयं जीवन में इस तरह की गालियाँ खा चुके हैं, खा रहे हैं। वे इस नतीजे पर पहुँचे हैं कि 'जो समाज की जड़ समाज की रूढ़िवादिता पर कुठारघात करे या अन्य श्रद्धा को गलत बतलाए वह नास्तिक, कम्युनिस्ट।' वे देश, समाज, जनतंत्र, शासन के बारे में क्या सोचते हैं ? 'जहन्नुम में जाए यह बेपेंदी की सरकार और इसके कर्णधार'—करोड़ों आदमियों की तरह वे सरकार को कोसते हुए कहते हैं, 'इन्होंने चालीस करोड़ आदमियों को कुत्तों का-सा जीवन बिताने पर मजबूर कर रक्खा है।' कांग्रेसाध्यक्ष उनके साथ सन् ४२ में जेल जा चुके हैं किन्तु 'डाकू सेठ से उनकी रिश्तेदारी और उन पर उनका प्रभाव' है। कांग्रेस कमेटी के दफ्तर में जाकर उन्हें लगता है कि वे 'जुए के अड्डे में' पहुँच गये हैं। इस पूंजीवादी समाज में 'पैसा भगवान् और सत्ता

जगदम्बा है।' कानून क्या है? कांग्रेसाध्यक्ष समझाते हैं 'कानून चाक पर चढ़ी मिट्टी है, पैसे वाला जैसा रूप देना चाहेगा, दे लेगा, और आप कुछ न कर पाएँगे।' पूंजीवाद के कायम रहते प्रजातंत्र क्या है? चुनाव में क्या होता है? उपन्यास के दौरान सन् '६२ के चुनाव पर अरविन्द शंकर की टिप्पणी है, 'डिमाक्रेसी के हामी धूमधड़ल्ले से दिन रात डिमाक्रेसी के सिद्धान्तों पर खुले आम बलात्कार कर रहे थे, साथ ही चिल्ला-चिल्ला कर कहते भी जाते थे कि हम डिमाक्रेसी के प्रेमी हैं। पूरी आपाधापी, करोड़ों के खर्च, और गुण्डागीरी तथा अनैतिकता की लहलही फसल उगा कर चुनाव का तमाशा पूरा हो गया।'

अपने राजनीतिक दृष्टिकोण के कारण अरविन्द शंकर ऐसे पात्र और परिस्थितियाँ चुनते हैं जो कथा द्वारा उनकी सामाजिक विचारधारा को मूर्त्तरूप दे दें। कथा के पात्र भटकते हुए उसी परिणाम पर पहुँचते हैं जहाँ अरविन्द शंकर पहले पहुँच चुके हैं। सत्तनरायन बाबू किशन बाबू को मंत्र देते हैं—'डिमाक्रेसी युग का सम्राट होता है बनिया'। किन्तु अरविन्द शंकर को प्रेरणा केवल अपने राजनीतिक दृष्टिकोण से अथवा सामाजिक विचारों से ही नहीं मिलती; उनकी प्रेरणा का मूल स्रोत है भावात्मक। इस भावात्मक प्रतिक्रिया के आलम्बन हैं, सिविल लाइन से दूर पुराने शहर के गली-कूचों में रहने वाले मध्यवर्गीय परिवार। और भावात्मक प्रतिक्रिया में जितना प्रेम है उतनी ही जुगुप्सा है। रसों में एक रस वीभत्स भी है। यथार्थ से इसका बड़ा गहरा सम्बन्ध है। हास्य और करुण रस इसके सहयोगी हैं। अमृतलाल नागर इस युग में वीभत्स के सर्वश्रेष्ठ लेखक हैं, जिसका अर्थ यह है कि भारतीय जीवन को जितनी गहराई से वे देखते हैं उतनी गहराई से दूसरा हिन्दी लेखक नहीं देखता।

अरविन्द शंकर कहते हैं, 'मेरे आसपास चारों ओर झूठे और निकम्मे धर्म के सड़े पानी में कीड़ों की तरह बिलबिलाने वाला हिन्दू-मुसलमान समाज अब भी मौजूद है।'

इस उपन्यास में लखनऊ की बाढ़ का विस्तृत वर्णन है। उस सैलाब में हर गन्दगी बहती-उतराती नज़र आती है।

'गाढ़ा मटमैला तैरते हुए झागों और कूड़े कतवार से भरा हुआ अपेक्षाकृत शान्त जल देख-देख कर मन में एक अजब मनहूसियत और मौत के रेगिस्तान-सा भास मन में होता था।...

''नाव तेज़ी से बढ़ी। तीन-तीन मुहानों में बँट कर भी पानी में बला की गति थी। अँधेरा, घुटन और कुछ-कुछ सड़ाँध भी, जो आगे बढ़ने के साथ ही बढ़ती गयी। पहला पाला मकड़ी के घने जालों से पड़ा। ऊपर की गोल दीवाल की कुछ उखड़ी हुई ईंटों वाली दो जगहों में चिमगादड़ों की महा घुटन वाली बदबूदार चूं-चूं-भरी बस्तियाँ मिलीं। साँस लेना दूभर हो गया, उजाले के घेरे दोनों ओर

बराबर दूरी पर जिस समय दिखलाई पड़ने लगे उस समय तो बदबू का अन्त ही न रह गया था।'

बहुत ही सटीक यथार्थवादी चित्रण, साथ ही अद्‌भुत प्रतीक-व्यंजना। यह सैलाब अजगर की तरह उपन्यास के बीचो-बीच पसरा हुआ है और इस तरह अपनी सक्षम प्रतीक-व्यंजना द्वारा उपन्यास के आदि और अन्त को समेटे है। 'किंग लियर' के तीसरे अंक में तूफान की तरह यह सैलाब यथार्थ भी है और प्रतीकात्मक भी।

यहाँ अरविन्द शंकर से विदा लेनी चाहिए किन्तु विदा लेने से पहले इतना कहना आवश्यक है कि इस साथी लेखक ने अपने को काफी निर्ममता और तटस्थता से देखा है और मैं उसकी वीरता की सराहना करता हूँ, भले ही उसका स्वगत-कथन न उपन्यास बन पाया हो, न उपन्यास का अंश।

अरविन्द शंकर ज्यों-ज्यों अपने उपन्यास को लेकर आगे बढ़ते हैं, त्यों-त्यों उनके स्वगत-कथन की लम्बाई-चौड़ाई कम होती जाती है। साढ़े छह सौ पृष्ठ पार करने के बाद सत्रहवें अध्याय के आरम्भ में उनका स्वगत-कथन केवल पौने तीन पन्ने घेरता है। जितना ही वह अपने पात्रों में रमते हैं उतना ही अपने को भूलते जाते हैं। बड़े कलाकार की तरह अरविन्द शंकर अपने पात्र बाहर की ज़िन्दगी से चुनते ही नहीं हैं, वरन् उनमें कुछ अपनी चरित्रगत विशेषताएँ भी ढाल देते हैं। इस बात को वह जानते हैं। लच्छू के लिए कहते हैं—'लच्छू अनजाने ही में खुद मेरा प्रतीक बन गया है।' और पुत्ती गुरु? पुत्ती भाँग छोड़ना चाहते हैं लेकिन छोड़ नहीं पाते। कहते हैं, 'भाँग थोड़ी कम करनी चाहिए मुझे। पर साली कम कैसे होय? अष्टसिद्धि, नवनिधि मिल जाती हैं इसमें।' भाँग छोड़ने की यह समस्या अरविन्द शंकर के लिए रही हो चाहे नहीं, अरविन्द शंकर के सर्जक पंडित अमृतलाल नागर के लिए अवश्य रही है।

नागर जी अपनी विशेषताएँ पात्रों को देते हैं किन्तु सीमित मात्रा में, विजया के प्रसाद की तरह। 'बूंद और समुद्र' में सज्जन, महिपाल, वनकन्या उनका काफी प्रतिनिधित्व करते हैं। इस उपन्यास में उन्होंने अपना प्रतिनिधि अलग से एक उपन्यासकार ही खड़ा कर दिया है। वह उपन्यासकार है, इसलिए नागर जी के प्रवक्ता के रूप में सज्जन एण्ड कम्पनी से अधिक समर्थ और सजीव है। सज्जन-महिपाल के जोड़ीदार यहाँ रमेश और लच्छू हैं किन्तु इनके चित्रण में और सज्जन महिपाल के चित्रण में ज़मीन आसमान का फर्क है। नागर जी बहुत निःसंग और तटस्थ होकर अपने पात्रों को देखते हैं। रमेश बाढ़ में जनता की सेवा करता है और 'मन ही मन वह अपनी लीडरी के नशे में मखमूर' भी होता है। अरविन्द शंकर की तरह रमेश भी आधा नास्तिक है। वह मन्दिर बनाने की योजना का विरोध करता है। उसके शिक्षक ईश्वर का नाम लेकर परीक्षा में सफल होने का

आशीर्वाद देते हैं लेकिन रमेश को लगता है, 'ईश्वर का तो उसने अपमान किया है। ऐन शिवरात्रि के दिन।' यह सोचते हुए 'रमेश का सारा मानसिक द्रोह सहम कर दब गया।' उपन्यास के प्रमुख युवा-पात्र अपने भीतर इस तरह के मानसिक संघर्ष लिये सामने आते हैं। वे आदर्श, कल्पित पात्र नहीं हैं, मन से गढ़ी हुई कठपुतलियाँ नहीं हैं, साइकिल लेकर ट्यूशन करते, बाप से लड़ते, गलियों में चुरा कर बीड़ी पीते, प्रेम के सपने देखते रमेश-लच्छू जैसे लड़के लखनऊ में ही नहीं, उत्तर भारत के हर शहर में देखने को मिल जाएँगे। रमेश अखबार का संवाददाता बनता है। यह उसके संघर्ष की परिणति नहीं है, एक मंज़िल है जहाँ तक वह पहुँचा है। और अखबार का संवाददाता बनने में बुरा क्या है ? और 'ब्लिट्ज़' के संवाद-दाता जैसा काम करे तो रमेश को मैं काफी कामयाब संवाददाता मानूंगा। इसमें कुछ बुराई हो भी तो इसके लिए उपन्यास-लेखक की नुक्ताचीनी क्यों की जाए, उससे यह माँग क्यों की जाए कि तुम आदर्श क्रान्तिकारी पात्र हमारे सामने प्रस्तुत करो, इस उपन्यास की सफलता ही इस बात में है कि इसमें आदर्श क्रान्तिकारी पात्र नहीं हैं। वे उस सड़ाँध से अभिभूत होते हैं जिसे वे समाज से दूर करना चाहते हैं, ठीक वैसे ही जैसे हैमलेट, ओथेलो और लियर एक हद तक क्लोडियस, इयागो, गोनोरिल-रीगन का कलुष अपने भीतर सँजोए हुए हैं। रमेश के आदर्शवाद की परिणति विधवा-विवाह में नहीं होती। उसके सद्यः विवाहित जीवन में एक लड़की और आती है। नाम है बानो। रमेश अपनी पत्नी के साथ सोता है किन्तु उसके मन पर छायी है बानो। वह कल्पना में पत्नी को बानो मानकर उससे प्यार करता है। 'उस रात कमरे के अँधेरे में रमेश ने रानी को अपनी कल्पना में बानो मानकर बेहोश जोश में उसे अपना प्यार दिया और प्रकाश होने पर रानी की आँखों में अपने प्रति निर्मल रीझ और अन्तरंग सुखभरी अलसायी मादकता देख-कर रमेश का मन लज्जा और ग्लानि से मथ उठा।' रमेश का यह द्वंद्व नागर जी की अनासक्त कथाकार-दृष्टि का प्रमाण है।

और लच्छू ? चित्रण की दृष्टि से वह सबसे रोचक है, यानी युवकों में। 'सारस लेक' में काम करने वह जाता है, रमेश जब अपनी बहन का विवाह करता है, तब उस नाटक का सूत्रधार लच्छू ही होता है। लच्छू बाबू सतनरायन का बेटा है जो जनम भर का कर्ज का भार ढोते रहे और कारिन्दों का अपमान सहते रहे। लच्छू के बारे में बाप की राय है, 'तो ये ससरा कौन कम बेईमान और तिकड़मी हैगा···लौंडिया ससरी सब मेरे सन्त सुभाव पर गयीं और लौंडे तीनों के तीनों साले अपनी महतारी पे गये हैंगे।' लड़के की बेईमानी से बाप खुश है क्योंकि उसने उन्हें मिठाई खिलायी है, 'नहीं तो साले एक-एक पैसे की बीड़ी को तरसाते हैंगे हमें।'

लच्छू रूस जाता है लेकिन वहाँ से लौटने के बाद मानो वह दलदल में और

गहरे धँस सी जाता है। दलदल में धँसने से उसके चरित्र की संभावनाएँ खतम नहीं हो गयीं, वरन् और निखरी हैं बशर्ते कि हम उपन्यासकार से यह माँग न करें कि वह लच्छू को आदर्श क्रान्तिकारी बना कर दिखाए। रूस जाने से पहले लच्छू क्या है ? 'सारस लेक' का कर्मचारी जो अपने आदर्श छोड़ कर कई तरह के समझौते करता है। वह अपनी उन्नति के लिए कामातुर प्रौढ़ाओं के भोग का साधन बनता है। वह जानता है कि "सारस लेक के शैतानी त्रिकोण से उसका सम्बन्ध न टूटा तो एक दिन उसका व्यक्तित्व भी दोहरा हो जायगा—फिर तिहरा चौहरा--अनन्त बिखराव भरा हो जाएगा।" यही होता है। यही उसके चरित्र की संगति है; रूस से लौटने पर उसका जो पतन होता है, उसके बीज बोये जाते हैं 'सारस लेक' में और 'सारस लेक' में वह जो कुछ करता है उसके प्रेरणास्रोत भी उसके जीवन में विद्यमान हैं। 'सारस लेक' का बुलावा है रमेश के लिए, किन्तु वह जा नहीं सकता क्योंकि रानी चाहती नहीं कि वह जाए। जब आगे चल कर रानी-रमेश का विवाह हो जाता है, तब वह उन्हें बधाई देता है किन्तु आरम्भ में उसे इस तरह के आदर्श-प्रेम पर कोई श्रद्धा नहीं है। 'कैरियर' पहले, मुहब्बत बाद को—लच्छू का जीवन-दर्शन 'कैरियर' को केन्द्रबिन्दु बनाता है। वह रमेश को समझाता है, "अबे क्यों एक प्लैटानिक मुहब्बत के पीछे अपना कैरियर बिगाड़ रहा है उल्लू कहीं का।" और जब रमेश जाने से इनकार करता है, तब लच्छू देश-सेवा नहीं, तिकड़म से अपना 'कैरियर' बनाने की बात सोचता है, 'खैर मुझे अगर यह चान्स मिल जाय तो अपनी तकदीर को सराहूँगा ये झूठ नहीं। डाक्टर आत्माराम को तो छै महीने में ही अपने शीशे में उतार लूँगा, तुम देख लेना।' लच्छू का 'कैरियर'-मोह उसके पतन का एक प्रमुख कारण है। मिसेज माथुर जब उसे अपना शिकार बनाती है, तब वह स्वयं भी अपना मतलब सिद्ध करने की घात में रहता है। उसे मिसेज माथुर 'कचालू मटर की चाट' जैसी ही नहीं लगतीं, इससे भी बड़ी बात यह थी कि इस 'पॉश सोसायटी' का एक महत्त्वपूर्ण अंग बनाने की महत्त्वाकांक्षा "खुद उसके मन में ऐसे बीज के समान पड़ी हुई थी जो उचित खाद और पानी न पाने के कारण अब तक पनप नहीं सकी थी।" इससे स्पष्ट है कि लच्छू का पतन आकस्मिक न होकर उसके चरित्र का संगत 'विकास' मात्र है।

किन्तु लच्छू का जन्म एक ग़रीब घर में हुआ है। उसे ग़रीबों से हमदर्दी भी है। यही उसके मध्यवर्गीय चरित्र की विशेषता है।

'क्रेमलिन के लाल सितारे को देख कर कम्युनिस्ट या कम्युनिज़्म का प्रबल समर्थक न होते हुए भी उसके मन में अपनेपन की झलक जाग उठी थी। लच्छू भी ग़रीबी के सताए रुप्पन महाजन और उनके कारिन्दों के मारे हुए शोषित समाज ही का एक अंग है।' रूस में लच्छू प्रश्नकर्ताओं को कैफ़ियत देता है,

उसका देश क्यों उन्नति नहीं कर पाया। पं. जवाहरलाल नेहरू हिन्दुस्तान को नया बनाने के लिए बहुत कुछ कर गये हैं; स्वतन्त्रता आये हुए कुल बीस-इक्कीस साल ही तो हुए हैं, इत्यादि। किन्तु उसके मन में द्वन्द्व था; वह जानता था देश के लिए उसे जो कुछ करना चाहिए था उसने नहीं किया। इसके बाद से लच्छू का मन आम तौर पर दोहरे स्तर पर ही रहा। उसके मन का निचला स्तर अपने देश और समाज के पिछड़ेपन से घुट और तप रहा था।" लेकिन यह घुटन-तपन वह मन पर हावी होने नहीं देता; उसे मन के निचले स्तर पर ही रखता है। उपन्यासकार अरविन्द शंकर पाठक को सावधान करना नहीं भूलते, लच्छू भले ही समाजवादी रूस के दर्शन करने पहुँच गया हो पर सच्चा समाज़वादी रमेश ही है।

रूस से लच्छू यह सीख कर आता है कि श्रम से बड़ी कोई शक्ति नहीं। 'लेकिन कहाँ श्रम करूँगा, क्या उद्देश्य होगा—यह प्रश्न लच्छू को उस मधुर स्मृति के अन्त में यथार्थ के धरातल पर उतार लाया। कुछ न कुछ तो करूँगा ही। सबसे पहले जीविका पाना ही सबसे बड़ा श्रम और उद्देश्य है।' जीविका भर के लिए पैसे कमाना लच्छू के लिए कठिन नहीं है किन्तु उसे बड़ी आमदनी चाहिए। क्यों? इसलिए कि 'उन सुख-सुविधाओं को जो सारस लेक में भोग चुका है वह निश्चय ही पाकर दम लेगा। लच्छू सारस लेक में जो पूँजीवादी आदतें सीख चुका है, वे रूस-यात्रा से धुल नहीं जातीं। उसका व्यक्तित्व जिस काजल की कोठरी में गढ़ा गया है, उसका असर इस तरह की यात्राओं से खतम नहीं हो सकता। जितना ही तिकड़म से पैसा कमाने के फेर में वह अपने सिद्धान्तों की बलि देकर अवसरवादी बनता है, उतना ही उसका पतन होता जाता है। किसी समय बैजूलाला के कहने पर उसने सेठ रेवती रमन को 'भोगांगना सप्लाई करने से साफ इनकार कर दिया था।' अब वह उन्हीं रेवती रमन को खुश करने के लिए 'गोपी से सौदा पटा रहा था।'

लच्छू जैसे कितने प्रतिभाशाली युवकों के उचित विकास की संभावनाएँ इस तरह नष्ट नहीं हो जातीं? इसके लिए दोषी पूँजीवादी समाज है न कि उपन्यासकार। उसका लक्ष्य यह दिखाना है कि विकास की सम्भावनाएँ नष्ट कैसे होती हैं। चुनाव के दौरान लच्छू साढ़े सोलह हज़ार रुपये कमा लेता है। 'चुनाव के अन्तिम आठ दिनों में उसने एक हज़ार से तीन हज़ार रुपये तक रोज़ कमाये।' वह अपना जीवन-दर्शन इस तरह विकसित करता है—'धर्म-कर्म, पाप-पुण्य, पूँजीवाद, समाजवाद—ये सब कुछ अवसरवाद के आधार पर ही टिके हैं।' पैसा कमाने का एक साधन है—स्त्री। लच्छू अपने को बेचता है, दूसरों को बेचता है। रेवती रमन उसे समझाते हैं—'औरत से सिर्फ बच्चे ही पैदा नहीं किये जाते, रुपये भी पैदा किये जाते हैं।' लच्छू के लिए यह बात नयी नहीं है। 'लच्छू भी

इसी दर्शन में विश्वास करता है।'

फिर लच्छू गिरते-गिरते हर तरह के अपराधों के लिए तैयार हो जाता है। पूंजीवादी राजनीति में दुश्मन की हत्या कराना, उसके गोदामों आदि में आग लगवाना आम बात है। लच्छू इस तरह के अपराधों में फँस जाता है। लोग रमेश की भी जान के गाहक हैं; किसी तरह वह बच जाता है। यह सब घटनाक्रम सनसनीखेज़ लगता है किन्तु सामाजिक उपन्यासों में हत्या और षड्यन्त्र को जगह ही न दी जाए, न तो ऐसा कोई नियम है और न होना चाहिए। लच्छू डाक्टर आत्माराम के प्रेस में आग लगाने पहुँचता है। दो पूंजीपतियों के संघर्ष में वह पैसा पाने के लिए अपराधी बनता है। 'दस हज़ार रुपयों पर यह सौदा तय हुआ था कि लच्छू रोटरी प्रेस और दूसरी मशीनों को इतना नष्ट करवा देगा कि कम से कम आठ-दस दिनों तक अखबार छपना ही असंभव हो जाए।' क्यों उसका ऐसा पतन हुआ ? वह डा. आत्माराम से कहता है—सारस लेक में सुखी जीवन बिताने के बाद—'मैं उस नरकभरी जिन्दगी में तिल-तिल करके सड़ने के लिए लौट जाने को हरगिज़ तैयार न था, जहां से मैं आया था।' लच्छू उन मध्यवर्गीय युवकों का प्रतिनिधि कुछ समय के लिए बन जाता है जो ग़रीबी की मार सहते-सहते धैर्य खो कर फासिस्टवाद की हिमायत करने लगते हैं। इन्हें इस पतन से बचाने का एक ही मार्ग है—सही राजनीतिक आन्दोलन। देश में राजनीतिक संकट उत्पन्न होने पर यदि क्रान्तिकारी आन्दोलन का अभाव हो तो ऐसी हालत में जनता स्थिर नहीं रहती, वह तेज़ी से फासिस्टवाद के समर्थन की ओर झुकती है। इस समय भारत ऐसे ही संकट से गुजर रहा है। लच्छू विदेश-यात्रा करके फासिस्टवाद के बारे में बहुत कुछ सीख आया है। उस जैसे युवकों का पतन क्यों होता है, इसे वह बखूबी समझता है। डा. आत्माराम से कहता है, 'अगर इस देश में कोई सक्रिय राजनीतिक आन्दोलन या समाज-निर्माण का जोशीला काम चल रहा होता तो डॉक्साब, मैं रूस से लौटने के बाद आज कुछ और ही होता।' फिर उसने आत्माराम की प्रेस में आग क्यों नहीं लगाई ? इसलिए कि वह ग़रीब घर में पैदा हुआ था, वह आत्माराम से प्रभावित था और रूस जाकर नाज़ियों के अत्याचारों की कहानी सुन आया था। उसे किएव के वनस्पति-विज्ञान के रखवाले का ध्यान आता है जिसने ऊँची पहाड़ी से सारा नगर दिखलाते हुए बतलाया था, कैसे नाज़ियों ने उसे बर्बाद किया था। 'और यह ध्यान आते ही खट से मन में यह लगा कि खोखा नाज़ियों की तरह ही आप पर आक्रमण कर रहा है और मैं सिर्फ मन से बदला लेने के लिए इस दस हज़ार रुपयों में से तीन-चार हज़ार खुद खाने की लालच में, अपनी मोटर का चक्का चलाये रखने की लालच में—।'

इससे आगे लच्छू से बोला नहीं जाता है। उसे अपने चरित्र के विकास की

सम्भावनाओं का पता है; वह अच्छी तरह जानता है, वह कहाँ से कहाँ पहुँच गया है। उपन्यासकार के शब्दों में—'उसके मन के बाँध जो शब्दों के फाटक लगाकर अपने भावावेश पर अब तक कंट्रोल कर रहे थे एकाएक टूट गये। एक लम्बे वाक्य का प्रलाप का अंत काफी देर तक फूट-फूट कर रोने के बाद हिचकियों और सुबकियों के दलदल में हुआ।'

उपन्यासकार के लिए लच्छू के चरित्र का महत्त्व क्या है? आत्माराम लच्छू को देखते हैं। नौकर कॉफी लेकर आता है, उसे लौटा देते हैं। "उनके सामने कुंठित नौजवान भारत बैठा था, जो बेकार है, दरिद्रता से नफरत करता है, उन्नतिशील जीवन चाहता है और न मिलने पर, दुतकारे जाने पर अपने कुंठित आत्म-सम्मान के लिए, जीवन सुरक्षा के लिए कितना अविवेकी, क्षुद्र और अन्ध स्वार्थी हो जाता है! ये अभी अपराधी नहीं, विकृत विद्रोही भर हैं।" यह विश्लेषण कुल मिला कर सही है। कुंठित नौजवान भारत का प्रतिनिधि है लच्छू, वह क्रान्तिकारी भी बन सकता है फासिस्ट भी। आज के भारत को देखते हुए लच्छू से अधिक 'टिपिकल' पात्र हिन्दी उपन्यासों में दूसरा मुश्किल से मिलेगा। उसकी वेदना छैलू की पीड़ा से अधिक मर्मवेधी है। वह अपने चरित्र की सम्भावनाएँ जानता है, फासिस्टवाद और समाजवाद का अन्तर समझता है। इसलिए अधिक व्यथित है। उसकी पीड़ा व्यक्तिगत तो है ही किन्तु वह काफी बड़े युवासमुदाय की पीड़ा भी है। वह अस्वस्थ मनोविकारों अथवा क्षणिक आवेश से उत्पन्न नहीं हुई। इसलिए उसमें अधिक गहराई है।

लच्छू का स्थान न रमेश ले सकता है न रमेश का बाप। किसी में उतना गहरा वह द्वंद्व नहीं है जो आज के उत्तर-भारतीय युवा समुदाय की विशेषता है। पुत्ती गुरु बहुत रोचक व्यक्ति हैं। वह ताई के जोड़ के हैं किन्तु ताई को 'बूंद और समुद्र' में अधिक स्थान मिलना चाहिए था, पुत्ती गुरु को जितनी जगह 'अमृत और विष' में मिली है, वह ठीक है। यह उपन्यास नयी पीढ़ी को लेकर लिखा गया है। इसके मुख्य पात्र रमेश, लच्छू, रानी हर्रो, छैलू आदि हैं; शोभाराम, आत्माराम आदि का पार्श्वभूमि में रहना ही उचित है; पुत्ती गुरु, रद्धूसिंह आदि नयी पीढ़ी से टक्कर लेते हैं, इसलिए इनका मंच के अग्रभाग में कुछ समय के लिए आना आवश्यक है। यदि इस उपन्यास में दो पीढ़ियों का बाह्य संघर्ष मात्र होता तो हम कहते कि पुत्ती गुरु और उनके पुत्र को बराबर जगह मिलनी चाहिए थी। किन्तु उपन्यास में बाह्य संघर्ष जितना महत्वपूर्ण है उतना ही आन्तरिक संघर्ष है। यह अंतर्द्वन्द्व मूलतः नयी पीढ़ी के मन में है, पुत्ती गुरु जैसों के मन में नहीं। इसलिए यदि उपन्यास का कथासूत्र मिल जाए, उसका आदि-अन्त दिखने लगे तो लेखक का आशय-उद्देश्य भी समझ में आने लगे, तब यह मालूम हो जाए कि किस पात्र को कितनी जगह मिलनी चाहिए थी और हम पात्रों से यह शिकायत न करें कि

बे आदर्श क्रान्तिकारी क्यों नहीं हैं।

मैंने यह उपन्यास दस दिन में पढ़ा था और इन दस दिनों में चार दिन यात्रा के भी शामिल थे। यात्रा करते समय मुझे काफ़ी कठिनाई का सामना करना पड़ा। रेल के डिब्बे में पुस्तक पढ़ते समय कभी-कभी इतने ज़ोर की हँसी आती थी कि सँभालना मुश्किल हो जाता था और साथ के यात्री कुछ क्रोध, कुछ लोभ की निगाह से देखने लगते थे। पुस्तक में मन इतना रमा हुआ था कि उसे पढ़े बिना रहा भी न जाता था। अरविन्द शंकर की दीवार एक बार लाँघने पर कोई ऐसा धैर्यशाली भी होगा जो उपन्यास को धीरे-धीरे पढ़ेगा, यह मेरे लिए आश्चर्य की बात है।

और सब छोड़ दीजिए, केवल सुनिए, लोग कैसे बोल रहे हैं; ऐसा मज़ा लोगों के बोलने की इस नक़ल में है कि असल में भी कम ही मिलेगा। नागर जी के और सब रस सोद्देश्य हैं; केवल बतरस विशुद्ध, निरुद्देश्य, ब्रह्मानन्द सहोदर है। वह आदमी की पोशाक नहीं देखते, उसकी मुखमुद्रा भी कम ही देखते हैं; लेकिन बातें सबकी बड़े ध्यान से सुनते हैं। पुत्ती गुरु कैसी धोती पहने थे, नाक पतली और नुकीली थी या चपटी, यह सब आपके ध्यान में शायद न आए लेकिन यदि 'अमृत और विष' आपने पढ़ लिया है तो पुत्ती गुरु का एक वाक्य सुनते ही आप कह देंगे, वह किसका वाक्य है। मानो नागर जी गोकुलपुरे वाले घर की छजली पर बैठे हुए लोगों की बातें भीतर से सुनते हों, उनकी शकलें उनकी आँखों से ओझल हों। हरफ़न मौला नागर जी बोली-बानी की नक़ल के फ़न में लासानी हैं।

पुत्ती गुरु अपनी पत्नी को डाँट रहे हैं—"कल को मैं रमेश की बरात लेके जाऊँगा और भाँग-ठण्डाई का इन्तज़ाम चोकस न होय तो मुझे कैसा क्रोध चढ़ेगा ई नहीं सोचते हैंगे ई लड़के औ न तुम कुछ सोचती हो।"

फिर ताव खाकर बेटे के बारे में अपनी पत्नी से—"क्या किया तुमरे रमेस ने, बोलो। ससुर जब देखौ तब अपने लड़कन का पच्छ। सारे खोट मेरे मन में ही हैंगे। राँड को इस बात का भी होस नहीं कि मैं न होता तो ये लौंडे ससरे कहाँ से आते?"

रुप्पन लाला के सत्यानाश की कामना करते हुए पुत्ती गुरु—"हे भोलानाथ, आज रात में भैरव और वीरभद्र को भेज कर इस ससरे के घर में ऐसा चमत्कार फैलाओ कि ससरा सबेरे ही मेरे घर पर आय के कहे कि गुरु का चरण छूता हूँ, अपने लड़कों को समझाओ अनशन तोड़ें, मन्दिर अब नहीं बनेगा।" राजा रामचन्द्र के वंशज रद्धूसिंह की कन्या से उनका लड़का ब्याह कर रहा है; अब राजा राम उनके समधी हुए, तब उनके हाथ से भोग कैसे स्वीकार करेंगे? पुत्ती गुरु अपने इष्टदेव को समझाते हैं, "अरे नये ज़माने में तो ये सब चलता है भगवान, लेव,

आज पावो प्रेम से।"

पुत्ती गुरु क्रान्तिकारी बेटे के बाप हैं। उससे लड़ते हैं, खीझते हैं, संन्यास ले लेते हैं, यहाँ तक कि एक बार कुएँ में भी कूद पड़ते हैं किन्तु बेटे को प्यार भी बहुत करते हैं, उस पर गर्व होता है, अखबार में काम करता है, लोग उससे नाराज़ हैं तो हुआ करें, पुत्ती गुरु अख़बार वालों को शिवजी का गण मानते हैं, फिर उनका पुत्र तो राजा राम का दामाद है। कहते हैं—"ये अख़बार वाले सब उन्हीं के भूत-गण हैं, उन्हीं के शंख मृदंग डमरू भेरी बजाय रहे हैं। हम ससुर तब काहे चिन्ता करें, काहे बोलें। हमसे तो रामजी ने कह दिया है कि जब तक काया चले, ब्रह्म-चर्य से अपनी रोजी रोटी कमाओ और भाँग छान के चुप्प पड़े रहो। तुम्हारा लड़का हमारा दामाद है, सो अपनी लड़की के सुहाग की चिन्ता हम आप करेंगे।...सो किये जाओ बेटा राम का काम, ये सोने की लंका तो फुंक के ही रहेगी।"

पुत्ती गुरु बोलते क्या हैं, शब्द-शब्द में उनका व्यक्तित्व बोलता है। कोई पात्र चाहे थोड़ी देर को ही बोले, अपनी बोली से वह अपने व्यक्तित्व की विशेषता ज़ाहिर कर देता है। सहदेई की माँ कुछ समय के लिए ही उपन्यास में दर्शन देती हैं लेकिन लच्छू से उनकी यह वार्ता अविस्मरणीय है: हम "बचवा, यहि खातिर सबेरे-सबेरे आएँन कि अब तुमहूँ चले जैहो औ हमहूँ अपने काम पे चली जाब। और उयि के बाद तुमरी सहदेई के देखुवा आय रहे हैं उन्नाव जिला ते। कािल्ह साँझ की बिरियाँ उयि लिफापे माँ धरि के आपन चिट्ठी पठाइन। तौन हम सहदेइया ते कहा कि बाँचो। तौन उयि लजाय गयी। फिर जब रात माँ तुमरे चाचा आये तौ हम उनते बँचवावा; तौन कहिन कि हमार चसमा टूट गवा। हम रात भर छटपटाने के जाने का लिखा है। अवैया रहैं तौ का अब न अइहैं। तनी बाँच देव भैया, तो हमका समुझ परै।"

अवध के लोकगीतों की तरह ये वाक्य सरस हैं। इस लहजे, इस शैली में कितनी माताएँ, कितने युगों से अपने भाव प्रकट करती रही हैं। एक वृद्धा माँ के हृदय की कितनी पीड़ा इन धीरे-धीरे निकलने वाले वाक्यों में छिपी हुई है। यह एक चमत्कार है जो किसी लेखक की प्रतिभा ने इस लोकरस को यों साकार बना दिया है।

फिर खास शहरी लहजे में पण्डित राजकिशन लच्छू से मिसेज माथुर के बारे में—"बरखुरदार, इस छिपकली से ज़रा होशियार ही रहिएगा। ये निहायत ही, कहना चाहिए कि बस अव्वल नम्बर की हरामज़ादी है। अपने खसम को तो इसने उल्लू का पट्ठा बना रखा है। तीसरी बीवी है न।"

रमेश का बहनोई ब्याह से पहले अपनी इंग्लिस्तानी झाड़ते हुए साले से—"सुन रहे हैं न आप! अनलेस एण्ड अनटिल आप इन लोगों के लिए कोई सुटेबुल

अरेंजमेन्ट नहीं करते तब तक मैं शादी के किसी भी काम में शरीक नहीं होऊँगा, बतलाए देता हूँ।"

शरबती आँखों वाले कथावाचक महाराज भक्त-भक्तिनियों के बीच में : "और मेरे इस रुदन प्रलाप का उत्तर भगवान ने कैसे दिया, जानते हैं? आ-हा-हा, नटखट नन्दकिशोर ने अपनी जादू भरी खिलखिलाहट से मेरे अन्तर के गगन मण्डल में अनहद नाद गुंजरित कर गायन आरम्भ कर दिया--(उँगलियाँ फिर हारमोनियम की बारहखड़ी छूने लगीं और भक्तराज गाने लगे :

कैद में है बुलबुल सैयाद मुस्कराए,
कहा भी न जाए चुप रहा भी न जाए।

और व्यभिचारी पुत्रियों के पिता चोइथराम लच्छू से, "बरा मोटर वाला और बरा आदमी बन गिया हैंगा। हमारा बरा भाई के पास भी मोटर था कराँची में···अब बीरी बी नईं, चाय का वास्ते भी आना-पावली नहीं, साली किस्मत का बात है। क्या करेंगा। एक लड़की रंडीपने में कतल हो गई—दूसरी रंडी का भी येच हाल होवेंगा।" एक समूचे जीवन का इतिहास, न जाने कितने गरीब शरणार्थियों की दारुण गाथा इन थोड़े से शब्दों में कह दी गयी है।

जब नागर जी अपने पात्रों में रम जाते हैं, तब स्वयं उनका गद्य लोक-शैली में ढल जाता है। रानी, "चढ़ते सुहाग के गुमान में नैक-नैक फूलती भी जा रही है।" मिसेज माथुर ने लच्छू को ऐसी मादक दृष्टि से देखा कि, "वह सनाखा खा गया।" अष्टग्रह सम्बन्धी भविष्यवाणी असफल होने पर धर्मभीरु बाबू ज्योतिषियों और ब्राह्मणों के प्रति, "कटुक वचन बोलने लगे।"

कहने का तात्पर्य यह है कि इस उपन्यास में बड़े-बड़े मजे हैं। चरित्र-चित्रण में जँचे, कथानक का आदि अन्त न समझ में आए तो लोगों की बातचीत तो सुनाई देगी। सुनते रहिए और यह समझिए, एक मेले में से गुजर रहे हैं। इन्सान की बोली में कितना रस है, यह इस उपन्यास को पढ़ कर आप समझ सकेंगे।

किन्तु 'अमृत और विष' संवादों का निपटारा नहीं है, यह एक उपन्यास है जिसका गठन एक संघर्ष को लेकर हुआ है। यह संघर्ष समाज के रूढ़िवादियों, पुरानपंथियों, भारतीय संस्कृति का दंभ करने वाले ढोंगियों, पूंजीपतियों, उनके दलालों तथा नयी पीढ़ी के रास्ता खोजते हुए, अपने अधिकारों के लिए, जनता की सेवा करने वाले अपने ही भीतर पुराने संस्कारों से जूझते हुए नयी पीढ़ी के युवकों के बीच है। यह संघर्ष अनेक समस्याओं को लेकर होता है, अनेक स्तरों पर होता है और आदि से अन्त तक चलता है। अपनी बहन के ब्याह के सिलसिले में रमेश की दौड़-धूप से इस संघर्ष का आरम्भ होता है और रमेश की हत्या के षड्यन्त्र में इसका अन्त होता है।

रमेश एक गरीब बाप का बेटा है। बहन का ब्याह होता है। लच्छू के साथ

वह सारे शहर का चक्कर लगाता है, कहीं भी बर्तन नहीं मिलते। हर जाति का अपना पंचायती बरतन-भण्डार है। अमीरों की बारात में पी. ए. सी. बैण्ड, बैग-पाइप, हाहाकार बैण्ड, शहनाई, मोटरों की भीड़। रमेश बरात देख कर कहता है. "इन कैपिटलिस्टों के कम्पिटीशन में हम जैसों की मट्टी पलीद हो गयी।" बसन्तूमल हलवाई की विधवा भावज बिरादरी से अलग है, वही रमेश की सहायता करती है। ब्याह के दौरान रमेश विधवा रानी के निकट सम्पर्क में आता है। नवयुवक अपनी इच्छानुसार अपना जीवन-साथी चुन सकता है, इस अधिकार के लिए रमेश संघर्ष करता है। बेटा बाप को चुनौती देता है, "आप आजाद भारत में इस तरह दो शरीफ युवक-युवतियों को, जो कि बालिग हैं, समझदार हैं, स्वतन्त्र हैं, शरीफ आदमियों की तरह विवाह करके अपना संसार बनाना चाहते हैं, इस तरह अपमानित कैसे कर सकते हैं।" लच्छू के शब्दों में "बन्द गली महल्लों के नौजवान" प्रेम के अधिकार के लिए लड़ते हैं। पढ़ा-लिखा समाज सिद्धान्त रूप में विधवा विवाह और अन्तर्जातीय प्रेम-सम्बन्ध को बहुत आसानी से स्वीकार कर लेता है किन्तु उसका व्यवहार बिलकुल भिन्न होता है। रानी को अपने घर में संघर्ष करना पड़ता है, रमेश को अपने यहाँ। साथी युवकों के अलावा समाज के कुछ समझदार प्रौढ़ लोग भी उनका साथ देते हैं। रमेश का पारिवारिक संघर्ष उसके राजनीतिक संघर्ष से घुल-मिल कर एक हो जाता है।

'अमृत और विष' हिन्दी का पहला उपन्यास है जिसमें युवकों की भावनाओं, आकांक्षाओं और संघर्ष का इतने विस्तार से चित्रण किया गया है। सिद्धान्त रूप में हर उपन्यासकार मानता है कि हमारा युवक समुदाय देश की महान् शक्ति है, राष्ट्र को बनाने-बिगाड़ने की क्षमता उसमें है। व्यवहार में जो अपनी कुंठाओं और अतृप्त वासना का जितना ही विशद चित्रण करता है उतना ही धुरन्धर माना जाता है। नागर जी ने बड़ी सहानुभूति से इन युवकों की हृदयगत भावनाओं को परखा और समझा है। इनके चारों ओर घोर कलुषमय वातावरण है। लोग सामन्ती वैभव के दिन याद करते हैं। राजा केशोराय की बारादरी में बसरे की रंडी का सात घूंघट का नाच हुआ था। "अरे सात घूंघट और तिस पर भी नंगी। राजा केशोराय आँखें मीचे बैठे देखा किये महाराज। ये भारती संस्कृति थी हमारी उस समै।" राजा केशोराय के वर्ग के एक प्रतिनिधि हैं लाल साहब जो अपनी पत्नी से कहते हैं कि उनके तीनों लड़के एक कहार की औलाद हैं। पत्नी लड़के को हुक्म देती है, "बबुआ, पाँच जूते मारो, सारे के। यहै हरामी के पिल्ले की अम्मा कहार की रहै।" बाढ़ के दौरान रमेश सामन्त वर्ग के ध्वस्त अवशेषों की काम लीला का वीभत्स रूप देखता है। लाल साहब वहीदन को बेंतों से मारते हैं, फिर 'बलात्कार की मुद्रा में' उस पर आक्रमण करते हैं, "विलासी अतृप्त प्रेतात्माओं का तांडव।" भाँग, अफीम, शराब, हर तरह के नशे का चलन है।

नर-नारी-कामाचार के अतिरिक्त अप्राकृतिक व्यभिचार भी छिप-छिप कर होता है। इसके साथ अष्टग्रह, ज्योतिष, सैकड़ों रूढ़ियाँ और धर्म के नाम पर अन्ध-विश्वास है। समाज का यह पुराना ढाँचा टूट रहा है, उसकी पुरानी संस्कृति नष्ट हो रही है, नवयुवकों की पीढ़ी उससे जूझ रही है, उस कालिमा से स्वयं प्रभावित होती है और अपने भीतरी संघर्ष में भी उलझती है।

छैल बिहारी अपने बाप का इकलौता बेटा है। उसके घर में एक नरवेश्या का राज्य है। पिता रसिक बिहारी ने अपनी वासना के खिलौने बुलाकी को घर में रख छोड़ा है। बुलाकी २७-२८ वर्ष का है। नाराज़ होने पर बुलाकी छैलू की माँ को पीट भी देता है। छैलू की सहनशीलता का बाँध एक दिन टूट जाता है। उसने "बुलाकी को ज़ोर से धक्का देकर गिरा दिया और उसकी गर्दन पकड़ कर दो-तीन बार ज़मीन पर दे मारी।" बाप-बेटे में लड़ाई हुई। बाप ने मारने को हाथ उठाया तो बेटे ने बेंत उठा लिया। छैलू ने बुलाकी के सन्दूक तोड़े, उसके रेशमो और ऊनी सूट फाड़ डाले, उसकी तसवीरें फाड़ डालीं, सिंगार-पिटार का सामान तोड़ा। छैलू अकेला नहीं है। इस घरेलू संघर्ष में तरुण छात्र संघ के सदस्य उसके साथ हैं। एक बुलाकी को दबोच लेता है, इजारबन्दों से कम्मी और हर्रो उसके हाथ-पैर बांध देते हैं, उसकी हजामत बनाते हैं, जमाल गोटे की टिकिया खिलाकर पानी पिलाते हैं फिर लात मार कर उसे गली के बाहर निकाल आते हैं। बारादरी वाले संघर्ष में छैलू मंदिरों में आग लगा देता है। वह अभी संगठन का महत्व नहीं समझता। सोचता है, 'इन सब अत्याचारों का बदला अकेला मैं ही ले लूंगा।' उसके कार्य बचकाना और अराजकतावादी हैं। युवकों का रास्ता साफ-सुथरा, बना-बनाया, आसान नहीं है। रास्ता बनाने में वे ग़लतियाँ करते हैं, सीखते हैं, सँभलते हैं, फिर आगे बढ़ते हैं। इनमें विभिन्न जातियों और वर्णों के लोग हैं; सामन्ती अलगाव से ऊपर उठ कर वे एक नयी भारतीय एकता की ओर बढ़ रहे हैं। उनमें कमजोरियाँ हैं, सभी सूरमा नहीं हैं। बाढ़ के पानी में नाव पर हर्रो को बेहद डर सताता है। हर्रो को अपने "मित्रों से भी शिकायत है—किसी ने उसे एक भी प्रेमिका नहीं दिलवायी।" वह सच्चा अस्तित्ववादी है। "हर्रो के सामने स्वतन्त्र अस्तित्व ही का तो प्रश्न है। बचपन में कुछ कामाचारी अध्यापकों और पड़ोसी वयस्कों के द्वारा ज़बरदस्ती उनका भोगपात्र बनने की अपनी विवशता से उसने विद्रोह किया था। वह पुरुष के रूप में अपना अस्तित्व बनाए रखना चाहता था। और इसी पौरुष को पाने के लिए वह नारी का भूखा था—फिर भूखा, विवश भूखा।" और अन्त में चार बच्चों की मां एक प्रेमिका उसे मिल ही जाती है।

ये युवक अपना एक छोटा-सा संगठन बनाते हैं—तरुण छात्र संघ। कोई राजनीतिक दल उनका पथ-दर्शन नहीं करता। ये अपना रास्ता स्वयं बना रहे हैं। आज

के भारत के इस तरुण छात्र संघ का वही महत्व है जो नाज़ी हमले के दौरान फादयेय के तरुण दल का था। ये युवक अपनी सेवा से समाज के बहुत से ईमानदार लोगों को अपने पक्ष में कर लेते हैं। बाढ़ के दिनों में इनके द्वारा किया गया काम सराहा जाता है। चुनाव के समय सरकार की क्रान्तिकारी नुक्ताचीनी करने वाली और शेष समय जनता की मुसीबतों से उदासीन रहने वाली राजनीतिक पार्टियों से भिन्न ये युवक आपत्तिकाल में जनता की सेवा करते हैं। ये युवक ध्वंसक ही नहीं हैं, रचनात्मक कार्य करने वाले भी हैं। 'चालीस-पचास घरों की औरतें तो केवल इसीलिए पक्ष में थीं कि उनके लड़के रोज़ यहाँ पढ़ने आते हैं। बड़े लड़कों की प्रशंसा इसलिए भी हो रही थी कि ये छोटे लड़कों को पढ़ाते हैं।' लड़कों का काम पढ़ना और समाज सेवा करना दोनों है। उपन्यासकार के शब्दों में—'यह सच है कि जहाँ तक लड़कों का सवाल है यह वार्ड और उनमें भी विशेष रूप से ये दस-बारह टोले-महल्ले पिछले दस-बारह वर्षों से तरुण छात्र संघ के बड़े ऋणी हैं। लड़कों की सामूहिक पढ़ाई और उनके अनुशासन का पूरा भार इस संघ ने सम्हाल रखा है। हर साल परीक्षाफल में संघ के लड़के औरों से वीर साबित होते हैं।'

यदि कभी कोई उत्तर भारत में बड़े पैमाने पर युवकों और छात्रों के संगठन जैसा साहित्येतर काम करना चाहे तो मैं उससे अनुरोध करूँगा कि 'अमृत और विष' को दो-तीन बार खूब मनोयोग से पढ़ जाए। पहले तो भारत के युवक को पहचानिए। उसके पारिवारिक संघर्ष और उसकी राजनीतिक आकांक्षाओं को समझिए। कुन्दन-सा चमकता हुआ उसका देश-प्रेम उसकी बहुत बड़ी निधि है। यह निधि एक दिन उसे सचमुच नये भारत का निर्माता बनाएगी, इस बात पर हृदय से विश्वास कीजिए। ये तरुण छात्र संघ के युवक किस तरह की गलतियाँ करते हैं, किस तरह के कामों से उन्हें जनता की सहानुभूति मिलती है, किस तरह अपने शत्रुओं को ये आम जनता से अलगाते हैं—यह सब राजनीतिज्ञों के लिए अध्ययन-मनन की वस्तु है। पाठक गणेश गोडबोले की इस उक्ति से सहमत होंगे—'साहब, जिस तरह से ये लड़के पिछले दस बरसों से अपना संघ चला रहे हैं वह तो मैं कहता हूँ, राष्ट्रीय सम्मान पाने योग्य काम है।' रमेश की बात में बहुत बड़ी सचाई है, 'देश के नवयुवकों का विकास हमारे संघ जैसे संगठन केन्द्रों से ज्यादा होगा, मन्दिरों से नहीं।'

ये लड़के अपनी बारादरी के लिए वैसे ही लड़ते हैं जैसे 'रंगभूमि' का सूरदास अपनी ज़मीन के लिए लड़ता है। और यह संघर्ष शुद्ध कलाप्रेमियों को वैसे ही नापसन्द है जैसे प्रेमचन्द का साहित्य उन्हें छिछला और सतही मालूम होता है। रमेश बापू से मार खाता है, बारादरी के लिए अनशन करता है। उधर उसके मित्र कम्मी की अहिंसावाद में विशेष आस्था नहीं है। वह सेठ के गुमाश्ते की

मरम्मत कर देता है। लड़के अखबारों पर लाल, नीली स्याही से पोस्टर लिखते हैं। उनके नारे हैं, 'मन्दिर पर मन्दिर नहीं बनेगा', 'पूंजीपतियों को जनता की मिल्कियत हजम करने का अधिकार नहीं है।' उनके लिए बारादरी मन्दिर है क्योंकि लड़के उसमें पढ़ते हैं। रुप्पन लाला की चाल है कि मन्दिर बनवाने के नाम पर उस जमीन को हड़प लिया जाए। लालाजी भारतीय संस्कृति के बहुत बड़े प्रेमी बन गये हैं। "और मैं तो कहता हूँ कि आप लोग जरा भारतीय संस्कृति की दृष्टि से गौर कीजिएगा इस बात पर। अगर आपका सनातन धर्म लोप हो गया तो फिर हिन्दुस्तान में बचेगा क्या ?" और रुप्पन लाला तैश में आकर पुनः—"भाई साब, आज वो मन्दिर नईं बनने देंगे, कल कहेंगे कि पूजा बन्द करो। परसों धर्माचार बिगाड़ेंगे, जातपाँत तोड़ेंगे तो फिर भारतवर्ष में भारती संसकिर्त का रही क्या जाएगा ? बोलिए, नास्तिकता फैल जाएगी कि नहीं। औ मैं तो कहता हूँ बाबूजी कि ये सब चीन की चाल है।"

यही लोग आगे चल कर अपने स्वार्थों के लिए दंगे कराते हैं। रुप्पन लाला ही कहते हैं, "लड़कों से लड़कों की पटा बनेठी करवा दीजिए···औ महजिद भी तो जलाई हैगी इन लोगों ने। अपने गोटे वाले मुसलमान कारीगरों को भड़ी पे क्यों नईं चढ़ा देते आप लोग।···एक जलूस तगड़ा-सा मुसलमानों का भी निकल जाए आज शाम तलक। और दिन में ढिंढोरा पिटवाय के इसी केशोराय के टीले पे बड़ी भारी पब्लिक मीटिंग हो।···देओ साली काँगरेस को गालियाँ, निकालो इन जवाहरलाल आत्माराम जैसों की अर्थियाँ। हजार दो हजार जो भी खर्च होगा हम देंगे।" नतीजा यह कि 'सौ डेढ़ सौ लड़कों ने हाकी डंडे लेकर तरुण छात्र संघ वालों के घरों से घुस-घुस कर लड़कों को पीटा। उनके यहाँ की चीजों को तोड़ा-फोड़ा। बचाने के लिए झपटने वाली स्त्रियों को भी बेरहमी से धक्के दिये गये।'

पुलिस की शक्ति का उपयोग तरुण छात्र संघ के खिलाफ होता है। रमेश और उसके साथी पकड़ लिये जाते हैं। "संघ में आने वाले हर लड़के का पता लगा-लगा के पुलिस ने उन्हें और उनके घर वालों को सवालों और अपने बेहूदेपन से तंग करना शुरू कर दिया।" छात्रों का संघर्ष चरम सीमा को पहुँचता है, बारादरी को लेकर लेकिन वह जारी रहता है उसके बाद भी, सन् '६२ के चुनावों तक। पूंजीपतियों के आपसी संघर्ष, समाजवादी, पूँजीपति, पूँजीवादी मजदूर-संघ लच्छू जैसे युवकों का अवसरवाद, पत्रकार के रूप में रमेश का संघर्ष—यह सब बारादरी की लड़ाई के बाद देखने को मिलता है। संघर्ष के अन्त में किसी एक पक्ष की स्पष्ट विजय नहीं होती। पूंजीवाद समाप्त नही हो गया, तरुण छात्र संघ ने समाजवाद स्थापित नहीं कर लिया। रमेश की हत्या का षड्यंत्र संघर्ष की एक मंजिल का चरम बिन्दु है। केवल एक मंजिल खत्म हुई है; संघर्ष की मंजिलें आगे अभी और भी हैं। आज के भारत की यही स्थिति है।

इस उपन्यास की एक विशेषता स्त्रियों का संघर्ष है। पूंजीवादी समाज में सबसे ज्यादा शोषण की यंत्रणा उन्हीं को सहनी पड़ती है। सिन्धी लड़कियों के साथ सहदेई जिस घर में रहती है वह साक्षात् नरक है। लेकिन पुत्ती गुरु की पत्नी पति के विरुद्ध पुत्र का पक्ष लेती है। कुँवर रद्धूसिंह के विरुद्ध सुमित्रो चूल्हे की जलती लकड़ी हाथ में ले कर खड़ी हो जाती है। रमेश रानी को मंत्र देता है : 'और तुम लड़कियों का मोर्चा संगठित क्यों नहीं करती हो, घर-घर में आग लगाओ जाय के।' अभी लड़कियाँ संगठित नहीं हुईं; उनका कोई संघ नहीं है। शायद नागर जी के दूसरे उपन्यास तक यह भी हो जाए।

उपन्यास का आदि रमेश की बहन के ब्याह से, अन्त उसकी हत्या के षड्यंत्र से। कथा का नायक कोई नहीं है, कथा नायक-नायिका की नहीं है, न आदर्श क्रांतिकारियों की है। यह पूंजीवादी समाज में पले हुए नये जीवन की तड़प लिए भारत के युवकों के बाह्य और आन्तरिक संघर्ष की गाथा है। कथा का प्रवाह बन्द नहीं है, परिस्थितियाँ बदलती हैं और उनके साथ युवकों के चरित्र में उत्थान-पतन होते हैं। किशोर मन के पाठकों को इस कथा में रस न मिले तो आश्चर्य नहीं है। उनका मन बछड़े की तरह है जो कथासूत्र द्वारा एक खूंटे से बँध कर रहना चाहता है; जब कथासूत्र उलझता है, तब वह खूंटा तुड़ा कर भागता है। इस उपन्यास में यदि कोई कमजोरी है तो यह कि डा० आत्माराम और उन जैसे कुछ अन्य लोग युवकों की मुश्किलें हल करने के लिए बहुत जल्दी सुलभ हो जाते हैं। प्रेमचन्द ने आश्रम बनाना सन् बीस के बाद बन्द कर दिया था। 'गोदान' का अंत धनिया के पछाड़ खा कर गिरने से होता है, आश्रम बनाने से नहीं। आत्माराम आदि जिस तरह रमेश और उसके मित्रों की सहायता करते हैं, वह सन् बीस के प्रेमचन्द की झलक है, 'गोदान' के बाद आगे बढ़ा हुआ कदम नहीं। वैसे यदि डा० आत्माराम किसी अमरीकी न्यूज पेपर मैगनेट की याद दिलाते हैं, तो इसे नागर जी की सफलता ही माना जाएगा।

इस उपन्यास में बहुत से पात्र हैं किन्तु वे थोड़ी देर को मिलें तो भी अपनी सजीवता की छाप छोड़ जाते हैं। इस कथा में पात्र ही नहीं हैं, उनका जन-संकुल परिवेश भी है। इसी कारण दो पीढ़ियों का संघर्ष अपने समस्त वातावरण के साथ सजीव रूप में पाठक के मन पर छा जाता है। इन पात्रों की नियति आज के भारत की नियति है; इनकी गति स्वाधीन भारत के तरुण समाज की गति है। पूंजीवाद के सूत्रों से व्यष्टि और समष्टि दोनों बँधे हुए हैं। समाज-मंथन में अभी विष ही ज्यादा प्रकट हो रहा है किन्तु अमृत का नितान्त अभाव नहीं है। जो भी आज के भारत को, भारत के तरुण समुदाय को, आज की राजनीतिक-सामाजिक समस्याओं को सहानुभूति से समझने-परखने का प्रयत्न करेगा, उसे अमृतलाल नागर के इस उपन्यास से वैचारिक उत्तेजना अवश्य मिलेगी। मेरा विश्वास है कि उसे भावनात्मक उत्तेजना भी मिलेगी।

७

यशपाल का झूठा-सच

'झूठा-सच' यशपाल जी के उपन्यासों में सर्वश्रेष्ठ है। उसकी गिनती हिन्दी के नये-पुराने श्रेष्ठ उपन्यासों में होगी—यह भी निश्चित है। पहले भाग में ५३७ और दूसरे भाग में ७०६ पृष्ठ हैं। इतने पृष्ठ लिखना ही बहुत बड़ी मेहनत का काम है, उन्हें कलात्मक ढंग से लिखना जीवन की बड़ी सफलता मानना चाहिए।

उपन्यास की कथावस्तु का क्षेत्र काफी व्यापक है। भौगोलिक दृष्टि से उसका प्रसार लाहौर से दिल्ली और लखनऊ तक है। काल-क्रम के विचार से कथा का आरम्भ स्वाधीनता-प्राप्ति के पहले से होता है और उसका अन्त स्वाधीनता प्राप्ति के उपरान्त की झाँकी से होता है। पात्रों के विचार से इसमें विभिन्न जातियों, वर्गों, राजनीतिक पार्टियों और अवस्था के नर-नारियों का चित्रण है। इस तरह यह उपन्यास हमारे सामाजिक जीवन का एक विशद चित्र उपस्थित करता है।

इस उपन्यास का राजनीतिक महत्व यह है कि वह जनता को देश की प्रतिक्रियावादी शक्तियों का वास्तविक घृणित रूप दिखलाता है, उनसे जनता को सावधान रहना सिखलाता है। ये शक्तियाँ अभी समाप्त नहीं हुईं वरन् धर्म और संस्कृति के नाम पर अब भी जनता के कुछ हिस्सों को गुमराह करती हैं और हत्या, दंगे, नरमेध संगठित करने में सफल हो जाती हैं। जो बातें पहले ज़बानी प्रचार से आरम्भ होती हैं, उनकी परिणति स्त्रियों को बेइज्जती, बच्चों की हत्या, बूढ़े-नौजवानों की अकाल मृत्यु में होती है। इस बर्बरता को जड़ से खत्म करना आज भी हमारा राष्ट्रीय कर्तव्य बना हुआ है।

उपन्यास में कांग्रेस के अवसरवादी नेतृत्व पर काफी ध्यान केन्द्रित किया गया है। स्वाधीनता-प्राप्ति से पहले इस नेतृत्व ने क्रांति से भय खाकर समझौते का रास्ता अपनाया। इस समझौते की परिणति देश के बँटवारे और लाखों स्त्रियों-पुरुषों के स्थान बदलने तथा हत्याकांडों के संगठन में हुई। स्वाधीनता-प्राप्ति के बाद इस अवसरवादी नेतृत्व ने जनता की आशाएँ पूरी नहीं कीं वरन् झूठे वादों से उसे बहका कर अपने वर्ग-स्वार्थ सिद्ध किये। यह नीति किस तमह अमल में लाई

जाती है, इसकी झाँकी भी उपन्यास में दिखाई गई है।

इस उपन्यास का सामाजिक महत्व यह है कि वह वर्तमान समाज में नारी की पराधीनता, उसकी घुटन और अपमान, व्यक्तिगत संपत्ति की तरह उसके क्रय-विक्रय की जघन्यता को स्पष्ट करता है। इस प्राचीन सामन्ती बंधनों से मुक्ति पाना कितना कठिन है, नारी किस वीरता से इनके प्रति विद्रोह करती है, स्वयं उसके संस्कार किस तरह उसकी मुक्ति में बाधक होते हैं—इस सब का मार्मिक चित्रण उपन्यास में हुआ है।

उपन्यास के मुख्य पात्र जयदेव पुरी का चित्रण यशपाल जी ने पूर्ण तल्लीनता से किया है। जितना वह उसके अंतरंग जीवन से परिचित हैं, उतना और किसी पात्र के जीवन से नहीं। यदि पुरी आत्मकथा लिखने बैठता तो भी शायद इतनी बारीकी, गहराई और सच्चाई से एक क्षुद्र, महत्वाकांक्षी और अनैतिक युवक की कहानी न कह पाता। उसके लिए नैतिकता के दो मानदंड हैं—एक अपने लिए और दूसरा अपनी बहन के लिए। वह अपने मिथ्या आत्म-सम्मान के लिए नीच से नीच काम करने और किसी तरह की भी झूठी बात कहने के लिए तैयार हो जाता है।

इस उपन्यास में यथेष्ट करुणा है। भयानक और वीभत्स दृश्यों की कमी नहीं है। शृंगा . रस को यथासंभव मूल कथावस्तु की सीमाओं में बाँध कर रखा गया है। हास्य और व्यंग्य ने कथा को रोचक बनाया है और उपन्यासकार के उद्देश्य को निखारा है। उपन्यास में जगह-जगह पंजाबी भाषा और लोक-गीतों का सौंदर्य झलक उठता है।

शीलो के चरित्र में लेखक ने भारतीय नारी के दबे हुए शौर्य का चित्रण किया है। पाठक को लगता है कि तारा में यदि शीलो की वीरता का थोड़ा अंश और होता तो वह अपनी इच्छा के विरुद्ध विवाह करने से बच जाती। तारा को डाँट कर शीलो कहती है—'लानत है ऐसी लड़की पर जो ऐसे बेहिम्मते पर मरे और लानत है ऐसे मर्द पर जो प्रेम करे और हिम्मत न हो !'

बंती का दुःखमय अन्त तारा की करुण कथा से भी अधिक हृदय-द्रावक है। पति से बिछुड़ गई थी लेकिन जब भटकती हुई मिली तो घरवालों ने दरवाजे बंद कर लिये। चौखट पर सर पटक-पटक कर वह जान दे देती है लेकिन न तो कोई घर के दरवाजे तोड़ता है, न कोई बंती को मरने से बचा पाता है। तारा स्वयं बहुत कमजोर है। 'उसके घुटनों के समीप बंती का शरीर पड़ा था। चेहरा खून से लथपथ, मक्खियाँ बैठ रही थीं। समीप अनहाया कोरा लाल कपड़ा गली के फर्श पर पड़ा था।' इस दृश्य के लिए मुसलमान जिम्मेदार न थे; बंती का बलिदान हिन्दू रूढ़िवाद की चौखट पर हुआ।

एक पंजाबी किसान का बच्चा भूखा है। वह किसी के आगे हाथ पसारना

नहीं चाहता। कहता है, 'मैं क्या अपाहिज मँगता हूँ ? मैं किसान आदमी हूँ। मेरे हाथ-पांव अभी टूट नहीं गए। मैंने उमर-भर ब्राह्मण, नाई, कमीन और फकीर को चुटकी देकर, दस आदमी को खिला कर खाया है। मैं आटे के लिए किसी के आगे हाथ पसारूँ ?' इस तरह के किसान ही देश के नव-निर्माण की आशा हैं।

लोग रेलगाड़ियों पर हमले करते हैं। नंगी स्त्रियाँ नीलाम की जाती हैं। इसके साथ भाईचारे के दृश्य भी हैं जो भारतीय जनता की मैत्री और एकता में विश्वास दृढ़ करते हैं। काली ने इमामबक्श का हाथ अपने दोनों हाथों में लेकर समझाया—"ताया, यह सब पागलपन दो दिन का है। जो भाग कर गये हैं वे भी चार दिन में लौट कर आएँगे। पाकिस्तान हुआ तो क्या और हिन्दुस्तान हुआ तो क्या ? हम लोग तो लाहौरी हैं, डूंगी गली के पड़ोसी हैं। चल बैठ तू घर में ! तेरी दुकान जल गई है तो और बन जायेगी ! रब्ब का भरोसा कर !"

पुस्तक में चित्रित घटनाएँ भारतीय राष्ट्रीयता को चुनौती हैं। यथार्थ जीवन में जो कुछ पतनशील है, उसका सामना किये बिना नये समाजवादी भारत का निर्माण नहीं हो सकता।

इस उपन्यास में कुछ कमजोरियाँ हैं जिनका उल्लेख करना आवश्यक है। पहला खंड दूसरे की अपेक्षा अधिक सजीव है। दोनों खंडों की विषय-वस्तु और कथाशिल्प में इतना अन्तर है कि उन्हें एक ही उपन्यास का अंग कुछ पात्रों की समानता के आधार पर ही माना जा सकता है। अखबारों और रेडियो की खबरों के सहारे कहीं-कहीं अनावश्यक कलेवर-वृद्धि की गई है। पंजाब के सामाजिक जीवन के चित्रण में यशपाल को स्वभावतः अधिक सफलता मिली है, किन्तु इस सामाजिक जीवन में उनका केन्द्र-बिन्दु मध्यवर्गीय हिन्दू परिवार है। उन्होंने सिखों के पारिवारिक जीवन का चित्रण नहीं किया। मुसलमान के घरों का चित्रण बहुत छोटे पैमाने पर किया है। इससे अधिक महत्वपूर्ण बात यह है कि यशपाल जी अब भी मुख्यतः मध्यम वर्ग के चितेरे हैं; वह किसानों और मजदूरों को दूर से देखते हैं, निकट से, आत्मीयता से उनका चित्रण नहीं कर पाते। देश का विभाजन, लाखों मनुष्यों का स्थानान्तरण, भयानक दंगों का संगठन, पंजाब से लेकर उत्तर प्रदेश तक के सामाजिक जीवन में उथल-पुथल—कथा की इस विशदता को देखते हुए श्रमिक जनता के चित्रण का अभाव खटकता है।

मध्यवर्ग का चित्रण करते हुए लेखक स्वयं उस वर्ग के दृष्टिकोण से प्रभावित हो जाता है। देश में जो भयानक काण्ड हुए, उसके पीछे काम करने वाली शक्तियों पर वह ध्यान केन्द्रित नहीं कर पाता। दूसरे शब्दों में वह ब्रिटिश साम्राज्यवाद और भारतीय सामन्तवाद की प्रतिक्रियावादी भूमिका को न स्पष्ट समझता है, न उसे उपन्यास में चित्रित कर पाया है। अधिक से अधिक वह भारतीय पूँजीवाद के ढुलमुलपन को देख पाता है। लेकिन मध्यवर्ग की एक विशेषता यह है कि वह

पूंजीपतियों की आलोचना करते हुए उन्हीं का सा जीवन बिताना चाहता है। इसीलिए जयदेव पुरी और उसकी बहन तारा दोनों ही इसी पूंजीपति वर्ग के चाकर बनने में अपने जीवन की सफलता देखते हैं।

तारा अण्डर-सेक्रेटरी बनी; नारी कल्याण केन्द्रों की अध्यक्ष हुई। अब उसे अच्छा मकान ही नहीं, मोटर की जरूरत भी महसूस होती है। "बरस-भर तक कई गाड़ियाँ नापसन्द करते-करते ऐसी उमंग आई कि सरकार से कर्ज लेकर बिलकुल नई और बड़ी गाड़ी खरीद ली। वह गाड़ी तारा की पूरी कमाई और कर्ज समेट कर उसका सर्वस्व बन गई थी। काले नग की तरह उज्ज्वल, क्रोमियम की पत्तियों की रेखाओं से बँधी, भीतर लाल मखमली कार्ड से मढ़ी उस गाड़ी से अधिक चिन्ता और रखवाली की वस्तु संसार में तारा के लिए दूसरी नहीं थी।"

उसने जीवन में जो कुछ देखा-सुना था, समाज को भीतर से जितना पहचाना था, उससे उसमें क्रान्तिकारी उत्साह जाग्रत नहीं होता। उसका ध्येय किसी तरह आराम से जिन्दगी बिताना भर हो जाता है। इस आराम की जिन्दगी के लिए वह आत्मसम्मान की भावना को दबाती है; अपनी मुस्कान बिखेर कर वह बिजनेस करती है। यशपाल जी का व्यंग्य यहाँ सो जाता है; वह तारा का पतन देखकर भी देख नहीं पाते।

दो आदमी शराब पी रहे हैं। सामने तारा है। "रावत ने अगरवाला पर क्रोध दिखाया—'क्यों लाला क्या मतलब है? लड़की को कब्जे से निकल जाने देना नहीं चाहते?'

'जनाब मेरी क्या औकात।' अगरवाला हँस दिये, 'मैं आपके मुकाबिले कैसे आ सकता हूँ!'

तारा को अपने सम्बन्ध में मजाक अच्छा नहीं लगा परन्तु खुशामद में सराहना के लिए उसने रावत की ओर आँख उठाकर जरा मुस्करा दिया।

'यह देखिये!' अगरवाला बोल उठे, 'आप ही के सामने ब्लश करती है। हमारे सामने तो मुस्कराती भी नहीं।'

तारा ने झेंप कर अगरवाला की ओर भी देखकर मुस्करा दिया ताकि किसी भी ओर झुकाव न समझा जा सके।"

सामाजिक जीवन को इस अवसरवादी दृष्टिकोण से देखने-परखने पर सभी राजनीतिक कार्यवाही व्यर्थ मालूम होती है। स्वाधीनता-प्राप्ति से पहले भारतीय जनता की निष्क्रियता को यशपाल जी ने बहुत बढ़ा-चढ़ा कर देखा है। स्वाधीनता-प्राप्ति के बाद भी यह जनता निष्क्रिय बनी रहती है और कम्युनिस्ट पार्टी व्यर्थ उत्पात मचाती दीख पड़ती है। तारा से पूछा जाता है, वह किसी राजनीतिक पार्टी की सदस्या तो नहीं है। राष्ट्रीय स्वयंसेवक संघ और कम्युनिस्ट पार्टी से सम्बन्ध या सहानुभूति तो नहीं है। तारा का उत्तर है—'जी नहीं'। और इसका कारण

उपन्यासकार के शब्दों में यह है—'कानपुर, कलकत्ता और बम्बई की हड़तालों के समाचारों के पश्चात् ऐसा उत्तर देने में उसे कोई संकोच नहीं था। व्यर्थ उत्पात खड़ा करने वाले लोगों से वह सहानुभूति करना नहीं चाहती थी।'

यही तारा 'खुशामद में' सराहना के लिए रावत की ओर आँख उठाकर मुस्करा देती है। आगे भी लिखा है, 'नये उठते संगठनों में से राष्ट्रीय स्वयं सेवक संघ और कम्युनिस्ट पार्टी ने विद्रोह खड़ा करके कांग्रेस सरकार को उन्हें कुचल डालने का कानूनी अवसर दे दिया था।' मजे की बात यह है कि पुरी ने गाँधीजी की हरिजन टिप्पणियों के साथ कम्युनिस्टों के पत्र 'क्रासरोड' में प्रकाशित पूंजीपतियों के प्रति सरकार के पक्षपात की नीति की आलोचना के लेखों को संक्षिप्त और सरल बनाकर, सर्वसाधारण के दृष्टिकोण से 'नाजिर' में पेश करने का काम कनक को सौंप दिया था। कम्युनिस्ट पार्टी के अखबार की सामग्री से अपना बिजनेस चमके तो इसमें कोई दोष नहीं है; जब वर्ग-स्वार्थ पर आँच आये तब कहना चाहिए कि उसने सरकार को दमन-चक्र चलाने पर मजबूर किया।

अन्तिम बात जातीय समस्या के बारे में। यशपाल जी पंजाबी भाषा को हिन्दी की बोली मानते हैं, स्वतन्त्र भाषा नहीं। उपन्यास में उन्होंने जहाँ पंजाबी का प्रयोग किया है, साधारणतः वहाँ उसका हिन्दी अनुवाद भी दे दिया है। पंजाबी का विरोध करने वाले हिन्दुओं के बारे में उन्होंने लिखा है, 'वे पंजाबी बोलते थे, पंजाबी बोली में ही पंजाबी को न सहने के लिए हुँकारते थे।'[१]

भाषा के सम्बन्ध में यशपाल जी के जो भी विचार हों, उन्होंने पात्रों में पंजाबी जातीयता पर गर्व दिखाया है। तारा कहती है, 'पंजाबी तो कहता है मैं तुमसे किस बात में कम हूँ। मेरी तनख्वाह-जायदाद से तुम्हें क्या मतलब ? पंजाबी अपनी कठिनाई या दीनता प्रकट नहीं करना चाहता···।'

यह गर्व उचित है किन्तु कभी-कभी वह दूसरों के प्रति घृणा के प्रदर्शन में भी बदल जाता है। कान्ता कहती है—'यह क्या इन लोगों का कायदा है, दूसरों की स्त्रियों के साथ उठना-बैठना अच्छा लगता है, अपनी स्त्रियों को पर्दे में रखते हैं ?' आगे कहती है—'यू. पी. की औरतें पान में तम्बाकू भी खाती हैं।'

शायद यू. पी. वालों की रुखाई प्रसिद्ध है। गिल कहता है—'उसने यू. पी. वालों की तरह रूखा-सा जवाब दे दिया था।'

एक पंजाबी कहता है—"दरिया में बाढ़ आ जाती है तो तुम्हारे यहाँ के लोग पंजाब भर में माँगते फिरते हैं। किसी पंजाबी को माँगते देखा है ?"

इस जातीय दंभ की जैसी कड़ी आलोचना होनी चाहिए, वैसी इस उपन्यास में नहीं है। कभी-कभी पाठक अनुभव करता है कि उपन्यासकार को भी हिन्दी-भाषी जाति की संस्कृति से विशेष सहानुभूति नहीं है।

१. देखिये, दूसरा भाग, पृष्ठ ४१७

८

पारिवारिक जीवन और नारी

'चंदन चाँदनी' मध्यमवर्गीय पारिवारिक जीवन पर श्रीमती चन्द्रकिरण सौनरेक्सा द्वारा लिखा हुआ महत्वपूर्ण यथार्थवादी उपन्यास है।

मुख्य पात्र हैं गरिमा और राज। ग़रीब घर में जन्म लेकर गरिमा गृहस्थी का भार ढोती हुई एम. ए. करती है और उसके लिए योग्य वर नहीं मिलता। राज अपेक्षाकृत खाते-पीते घर का है, कलाकार है, नृत्य, संगीत और अभिनय कला का प्रेमी है। कला की पूछ नहीं है; बड़ी मुश्किल से बी. ए. पास करती है। राज और गरिमा घर वालों की इच्छा के विरुद्ध विवाह करते हैं। गरिमा नौकरी करती है, फिर दफ्तर के साहब के प्रेम के कारण नौकरी छोड़ देती है। उधर राज पत्नी के स्वतंत्र जीवन से असन्तुष्ट कला की साधना में विफल होकर नौकरी करता है। (नौकरी बेचारे ने पहले भी की थी लेकिन छूट गई थी।) रूठने नाराज होने की भूल पर पछताते हुए बिरहव्यथित पति-पत्नी के मधुर मिलन से उपन्यास का अन्त होता है।

अमृतलाल नागर के उपन्यास और यशपाल के 'झूठा-सच' के अलावा मध्यमवर्गीय पारिवारिक जीवन पर इतना शक्तिशाली उपन्यास हिन्दी में शायद ही दूसरा हो। नागर जी और यशपाल जी के उपन्यासों में महिलाओं के उत्पीड़न के विशद चित्रण हैं, उनमें पाठक की सहानुभूति उभारने की बहुत बड़ी क्षमता है। लेकिन 'चन्दन चाँदनी' एक लेखिका की रचना है और यह लेखिका श्रीमती महादेवी वर्मा और श्रीमती सुमित्राकुमारी सिन्हा की भावुकतापूर्ण काव्य-परम्परा से बहुत फासले पर है। उसके पैर मजबूती से यथार्थवादी भूमि पर जमे हुए हैं।

उपन्यास की कहानी का सम्बन्ध मुख्यतः दो कायस्थ-परिवारों से है। किन्तु इन परिवारों में उत्तर भारत के नब्बे फी सदी शहरी परिवार अपनी तस्वीर देख सकते हैं। राज का परिवार —भरा-पूरा परम्परावादी संयुक्त परिवार—टूट रहा है। यह टूटने की क्रिया विस्तार से—हर तरह के अन्तर्विरोधों, सतह से नीचे छिपे हुए भीतरी संघर्षों पर निगाह जमाकर—चित्रित की गई है। ऊपर से जुड़े हुए

परिवार में आर्थिक विषमताएँ विचित्र रूपों में नये-नये संघर्षों को जन्म देती हैं।

दमे के मरीज नौकरी पेशा अधबैसू गृहपति, बहुसंख्यक सन्तानों की उत्पत्ति से जर्जर देह वाली तरुणी और प्रौढ़ा माताएँ, असली गहने, नकली गहने, और बिना गहने वाली स्पर्धारत रमणियाँ, हँसते-खेलते, रोते-झींकते, जिगर-बढ़े पेट वाले और स्वस्थ बच्चे, साँवली, गोरी पतिव्रता और प्रेमी-बहुला महिलाएँ, हँसी-मजाक, व्यंग्य-बोल, स्त्रियों के वाग्बाण और उनकी विशेष प्रतीकात्मक शब्द-योजना—यहाँ पारिवारिक जीवन का हर भीतरी पहलू निर्ममता से उघार कर रख दिया गया है। कोई भी बात सनसनीखेज नहीं, कथानक में कोई पेचीदगी नहीं, हर चीज साधारण जिन्दगी से उठाकर सँजोये हुए, कवित्वपूर्ण बनाने के लिये (दो एक जगहों को छोड़कर) कोई प्रयास नहीं, फिर भी प्रवाह में इतना बाँकपन, व्यंग्य की इतनी भँवरें, स्पष्ट कथन में इतना तीखापन कि पढ़ने वाले प्रायः हर पृष्ठ पर दो-एक बार चौंक उठें। और कहानी एकदम गठी हुई; कहीं भी व्यर्थ का आत्म-चिंतन या दार्शनिक समस्याओं पर तूल पकड़ने वाली बहस नहीं।

समाज में कितना रूढ़िवाद अभी बाकी है? नयी कविता और नयी कहानी में चित्रित जीवन से भिन्न शहरों की नब्बे फी सदी महिलाओं—विशेष कर नवशिक्षित युवतियों—की समस्याएँ क्या हैं? युवतियों के रूप-यौवन से लाभ उठाने के लिए समाज में प्रतिष्ठित—जनजीवन के कर्णधार—कौन से हथकंडे अपनाते हैं? ऊपर से दुश्चरित्र लगने वाली स्त्रियों के सामने कौन-सी मजबूरियाँ हैं, इस दुश्चरित्रता के नीचे भी चरित्र की कैसी निर्मलता छिपी रह सकती है? इन सब प्रश्नों का उत्तर—बहुत ही सधा हुआ और अत्यन्त विश्वासप्रद रूप में—इस यथार्थवादी उपन्यास 'चन्दन-चाँदनी' में दिया गया है।

इस उपन्यास की देवियाँ—न देवियाँ हैं, न महिलाएँ, न केवल रमणियाँ। वे स्त्रियाँ हैं और उनका चित्रण एक स्त्री ने किया है जो घर भीतर की सब बात जानती है। कोई कलई नहीं, कोई मुलम्मा नहीं, कोई भरम नहीं। हकीकत काफी घिनौनी है। उसे बदलने के लिए उसे देखना और अच्छी तरह पहचानना जरूरी है। गरिमा स्त्री है लेकिन नये ढंग की स्त्री। वह भूलों और कमजोरियों से परे नहीं है लेकिन वह निष्क्रिय रहने, आँसू बहाकर चुप रह जाने में विश्वास नहीं करती। वह लड़ती है, अकेले नहीं, संयुक्त मोर्चा बना कर, संघर्ष में हर हथियार से काम लेती है, मौका बदलने पर सास के साथ मिलकर पति पर दबाव डाल सकती है; वास्तव में वह अपने सीमित क्षेत्र में संघर्ष के दौरान दृढ़ता और सूझ-बूझ का जैसा परिचय देती है, वैसा परिचय अपने विस्तृत क्षेत्र में बहुत से राजनीतिक नेता नहीं दे पाते।

महिलाओं की नैतिकता—"थियेटर वे देख सकती हैं परन्तु उसमें पार्ट करने वाली के घर जाने में उन्हें अपमान प्रतीत होता है।"

अप्रत्याशित बुद्धिमत्ता की बातें—"यह संसार ही रंगशाला है। सभी के चेहरों पर रंगे नकाब पड़े हैं।"

गरिमा की आवाज नवजाग्रत, अपने स्वत्वों के लिए लड़ने वाली, चिरवंदिता—फिर भी—चिरलांछिता भारतीय नारी की आवाज है। कहती है—"विश्वास रक्खो नारी अनेक रूपा होती है। ऐसी नारियाँ भी अब भारत में यत्र-तत्र सर्वत्र सुलभ हैं जो परचरचा की अपेक्षा देश और समाज चरचा में रस ही नहीं सक्रिय भाग भी लेती हैं। और बच्चे बनाने व पालने की मात्र आधी जिम्मेदारी ही अपने सिर रखती हैं। मैं उन्हीं में अपनी गिनती करना चाहूँगी।"

देश और समाज की चर्चा उपन्यास में अपेक्षाकृत कम है। कहानी में सामाजिक जीवन के अंश को प्रसार-विस्तार से देखा गया है। किन्तु परिवेश में देश और समाज सदा विद्यमान रहता है। गरिमा का संघर्ष उसका अकेला संघर्ष नहीं है, न बेकार कलाकार राज ही अपने संघर्ष में अकेला है। रूढ़िवादी जमीन छोड़ कर नये मनुष्योचित अधिकारों की भूमि पर नयी समाज-व्यवस्था के निर्माण के लिए देश की विशाल जनता के व्यापक संघर्ष का ही एक अंग राज और गरिमा का संघर्ष है। उपन्यास में यह बात जगह-जगह उभर कर आती है कि सब समस्याओं की जड़ आर्थिक स्वतंत्रता है। आर्थिक दृष्टि से नारी जब तक अपने पैरों पर खड़ी नहीं हो पाती तब तक वह समाज और परिवार में अपनी स्थिति सुधार नहीं सकती।

उपन्यास का अन्तिम अंश उतना समर्थ नहीं है जितना उसका शेष अंश। पाठक को यह दिखाया गया है कि कुछ देर के लिए गरिमा और राज की समस्याएँ हल हो गई हैं। चाँदनी रात में दोनों कबूतरों की तरह गुटरगूँ करते हैं किन्तु अभी वे दोनों भाई-भावज के यहाँ हैं। वहाँ ज्यादा दिन रह नहीं सकते। राज को क्लर्की मिली है किन्तु गरिमा बेकार है। कम तनख्वाह में दोनों का गुजारा हो भी जाय, तो न राज अपनी कला का उपयोग करने की स्थिति में है न गरिमा अपने मनोविज्ञान का अध्ययन करने की स्थिति में। उधर गरिमा के परिवार का क्या हाल होगा? छोटे बच्चे, बाप बीमार; वह उन्हें भुला तो नहीं सकती।

जिस पैमाने पर उपन्यास की कहानी उठाई और आगे बढ़ाई गई है, उसे देखते हुए 'चन्दन-चाँदनी' का अभी अन्त न होना चाहिए था। यह तो सिर्फ एक मंजिल है। वैसे तो जीवन ही अनन्त है और हम लेखिका से यह माँग नहीं कर सकते कि वह अपनी कथा का विस्तार अनावश्यक करती जाय। किन्तु इस उपन्यास के ढाँचे में ही जितनी बारीकी से विभिन्न कथासूत्र पिरोये गये हैं, उन्हें देखते हुए इन सूत्रों को सुलझाने का काम हलका ही लगता है।

इस कमजोरी के बावजूद उपन्यास का महत्व असंदिग्ध है। साधारण जिन्दगी में भी निर्भीक, कितनी हृदय द्रावक घटनाएँ होती हैं, कितने कठिन संघर्ष का

सामना आज की स्वतन्त्रचेता नारी कर रही है— इन सब का चित्रण सिद्ध कलाकार की कलम से हुआ है। जगह-जगह हास्यविनोद के छींटे, अचानक मर्म को छूने वाला व्यंग्य, वाक्यों के भीतर अनायास रची हुई कहावतें और वह समझ जो बहुत कुछ देखने और ठोकरें खाने के बाद इन्सान में पैदा होती हैं —यह सब इस उपन्यास में है जिससे हिन्दी के श्रेष्ठ यथार्थवादी उपन्यासों में उसकी गिनती होगी। अँधेरे बन्द कमरों में घुटने वालों को इससे प्रकाश की एक किरण भी मिलेगी।

९

कथा साहित्य और श्रमिक जीवन

इधर विहार के जनजीवन से सम्बन्धित अनेक सुन्दर उपन्यास निकले हैं। हिन्दी भाषी प्रदेश का पूर्वी क्षेत्र कथा-साहित्य में अपनी देन की कमी को मानो पूरा कर रहा है। हिमांशु श्रीवास्तव का **लोहे के पंख** 'बलचनमा' का जोड़ीदार उपन्यास है। दोनों के शिल्प में भी काफी समानता है। एक गरीब चमार जमींदार के अत्याचारों की और बाद को अपने मजदूर जीवन की कहानी अपनी शैली में खुद कहता है। इन उपन्यासों ने हिन्दी में यथार्थवाद की परम्परा को दृढ़ किया है और सबसे बड़ा काम यह किया है कि हिन्दी उपन्यास को जैनेन्द्र-अज्ञेय-यशपाल-अश्क के क्रान्तिकारी रोमांसवाद के दलदल से बाहर निकाला है। इन उपन्यासों में जनजीवन की ताजगी है, अतृप्त यौन आकांक्षाओं के बदले मेहनत करने वाले स्त्री-पुरुषों के वास्तविक दुख-सुख की कहानी है।

हिन्दी में अछूतों से सम्बन्धित उपन्यास बहुत कम हैं। वे लोग भी, जो तुलसीदास से नाराज हैं कि उन्होंने अछूतों को ब्राह्मणों की गुलामी करना सिखाया, अपने उपन्यासों में अछूतों का जीवन चित्रित नहीं करते। हिमांशु श्रीवास्तव ने बहुत ही प्रभावशाली ढंग से उपन्यास के पूर्वार्द्ध में मँगरू और उनके परिवार का जीवन, जमींदार के अत्याचार, समाज में ऊँच-नीच का भेदभाव, अछूतों के साथ पशुओं जैसा व्यहार, उनका गुलामों जैसा जीवन, उनकी अपनी रूढ़ियाँ और हानिकारक रीति-रिवाज आदि चित्रित किए गए हैं। इसमें अनेक पात्र बहुत ही सजीव और उभरे हुए हैं। पात्र वातावरण में खो नहीं गए; वातावरण का चित्रण पात्रों में प्राण-प्रतिष्ठा करता है।

उपन्यास में दो भिन्न स्थानों का वातावरण है, गाँव के किसानों का और उसके बाद शहर के मजदूरों का। हिमांशु श्रीवास्तव ने यह बहुत बड़ा कमाल किया है कि उपन्यास के उत्तरार्द्ध में इस दूसरे वातावरण को चित्रित करते हुए अपनी कला का स्तर बहुत कुछ कायम रखा है। उपन्यास के नायक के साथ हम कारखाने में, मजदूरों की बस्ती में, मैनेजर या मजदूर सभा के दफ्तर में मजदूर

को अपने और देश के लिए संघर्ष करते और अपनी चेतना विकसित करते हुए देखते हैं। इस उपन्यास की यह बहुत बड़ी सफलता है कि वह वर्ग-उत्पीड़न के प्रति पाठक को सचेत करता है और भारतीय समाज के उस यथार्थ पर ध्यान केन्द्रित करता है जिस पर रोमांसवादी प्रगतिशील लेखक पर्दा डालते हैं।

हिन्दी के अनेक उपन्यासकारों में इधर इस धारणा के भी दर्शन हुए हैं कि राजनीतिक पार्टियाँ सबकी सब बेईमान हैं, ये पार्टियाँ जनता को धोखा देने के लिए ही हैं। यह धारणा इस उपन्यास में भी है और उसके अन्तिम अंश को कमजोर बनाती है। पार्टियों को दूर से देखने और उनकी आलोचना करने में मँगरू कम बोलता है, उपन्यास लेखक अधिक। लेखक को हर पार्टी में बुरे आदमी दिखाई देते हैं, अच्छा आदमी एक भी नहीं दीखता। यह दृष्टिकोण एकांगी है। इस कमजोरी के अलावा दो उल्लेखनीय दोष ये हैं: आरम्भ में कथावस्तु का गठन कमजोर है; यथार्थवाद के नाम पर लेखक ने दो-चार गालियाँ भी यथावत् लिख दी हैं। यह गालीवाला यथार्थवाद मुल्कराज आनन्द की विशेषता है। हिन्दी-लेखक इस बचकानेपन से बचें तो अच्छा हो।

ये दोष गौण हैं। हिन्दी कथा-साहित्य के विकास में 'लोहे के पंख' एक महत्वपूर्ण कदम है। लेखक ने सैकड़ों छोटी-मोटी घटनाओं, जनता के व्यंग्य-वाक्यों, उसके मुहावरों का अध्ययन करके उपन्यास को सजीव बनाया है। उपन्यास के अनेक स्थल अत्यन्त मर्मस्पर्शी हैं। मँगरू का बाप घायल है। पुश्तदरपुश्त उसका परिवार जमींदार की गुलामी करता रहा है। मँगरू चाहता है कि बाप के इलाज के लिए ठाकुर से डाक्टर के नाम चिट्ठी लिखवा ले। लेकिन उसका बाप कहता है, "आखरी वक्त यह दाग मत लगवाओ।···हाँ, दाग नहीं तो और क्या ? तीन पुसुत तक हम लोग इनके दरवाजे की धूर बने रहे हैं। अब ठाकुर हम लोगों का उद्धार कर फेंक दें, वही अच्छा है।"

मँगरू की पत्नी के घरवाले उसकी तरह बेहद तंगी में नहीं हैं। वह चाहे तो मायके जाकर भूख और गरीबी से जान बचा सकती है लेकिन वह अपने पति को छोड़ कर जाना नहीं चाहती। भूखों मरते अच्छा नहीं लगता "मगर जब रामजी तुम्हारा दिन लौटायेंगे, तो मेरे बदले और कौन सुख करेगा ? मैं भाई-बाप के दरवाजे नहीं जाऊँगी।" मँगरू अपने मित्र टीपू की पत्नी से कुछ उधार माँगने जाता है। घर की मालकिन सास हैं। टीपू की पत्नी मँगरू से कहती है, 'ए बबुआ, घर की मालकिन तो 'वे' हैं। दो पैसे चाहे चार पैसे सब उन्हीं के पास रहता है। मैं तो काम करना जानती हूँ, मेरे पास कहाँ से आयेगा ? जब कभी तुम्हारे भाई आते हैं, तो दो-चार आने दे देते हैं। वही बटोर कर रख दिया है। अगर तुम चाहो तो उसे ले जाओ। अगर उससे तुम्हारा भला हो जाय, तो मैं समझूँगी कि मेरा चोरउका [सास ननद से छिपाकर रखा गया] पैसा भी स्वारथ हो गया।"

मँगरू के बाप की मृत्यु की घटना बहुत करुण है। उसके दादा ने ठाकुर के लिए खून बहाया था; बाप अस्पताल में खून न मिलने से संसार से विदा हो जाता है। मँगरू के साथी मजदूर झपसी की दुर्घटना से मृत्यु, उसकी पत्नी का रो-रोकर कहना, "कइसे चुपे-चुपे भगल हो रजवा", मजदूरों का भाईचारा, एक-दूसरे की सहायता, हड़तालें, भुखमरी, नेताओं की ठगविद्या—इन सबके चित्रण से लेखक ने दिखाया है कि मजदूरों को अपनी मुक्ति के लिए कितना भगीरथ प्रयत्न करना पड़ता है और आगे करना पड़ेगा। इस दुख और संघर्ष में जन-साधारण का व्यंग्य-विनोद नष्ट नहीं हुआ, वह उनके जीवन को अन्तर्धारा की तरह सरस बनाये रहता है। कुल मिलाकर जनसाधारण के जीवन और संघर्ष को चित्रित करने वाला यह एक बहुत सफल उपन्यास है।

१०

किसान-जीवन का चित्रण और भावुकता

मार्कण्डेय के **भूदान** संग्रह की आठ कहानियों में ग्रामीण जीवन के विभिन्न चित्र हैं। 'माई' अपने एक बच्चे को शारीरिक और मानसिक रूप से रोगी बनाने के लिए बहुत कुछ जिम्मेदार है। लेकिन जब और सब अस्वस्थ मन के बालक से परेशान हो जाते हैं, तब वह उसे अपनाये रहती है, उसके लिए दुख सहती है, साथ ही उसका रोग दूर करने में असमर्थ भी रहती है। 'आदर्श कुक्कुट गृह' में विकास योजनाओं पर व्यंग्य है। कलक्टर साहब आते हैं, कुक्कुट गृह का उद्‌घाटन करते हैं, मुर्गे-मुर्गियों के स्वामी सुनहले सपने देखते हैं और साहब और उनके साथी-संगी उन सुभोज्य पक्षियों को उड़ा जाते हैं। सत्ता धनी वर्ग के हाथ में है; गरीब जनता के पास कोई अधिकार नहीं है। इसलिए विकास-योजनाएँ गरीब जनता के लिए विनाश-योजनाएँ हो जाती हैं। 'भूदान' कहानी में गरीब किसान अपनी जमीन से हाथ धो बैठता है और ठाकुर साहब ने जो जमीन भूदान में दी थी, वह गोमती के पेट में चली जाती है। 'उत्तराधिकार' में सामन्ती परिवारों की यौन विकृतियों और भ्रष्टाचार का अच्छा चित्रण है। 'बिन्दी' में नारी के असफल प्रेम, उसके घुटन भरे जीवन का चित्र है। इस संग्रह की सबसे अच्छी कहानी 'शवसाधना' है। आजकल साहित्य में सिद्धों, नाथपंथियों और तरह-तरह के कनफटे जोगियों की प्रगतिशीलता का जोर है। उनके सहधर्मियों को यह कहानी अवश्य पढ़नी चाहिए। इसमें एक संत हैं जो समाज से घोर विद्रोह करते हैं। वह साधुओं का धर्म लोक धर्म से परे मानते हैं। एक चेला पटाते हैं, उसकी पत्नी हथियाने के लिए। फिर एक दूसरी महिला पर डोरे डालते हैं किन्तु इस बार उनका चेला इस भावी शिष्या को लेकर चम्पत हो जाता है। बाबाजी की प्रथम शिष्या गर्भवती है और वह स्वयं जटाएँ काटकर भागने के फेर में हैं।

मार्कण्डेय की कहानियों की विशेषता उनकी करुणा और व्यंग्य है। करुणा कभी-कभी हलकी भावुकता के स्तर की होती है जिससे कहानी पढ़कर हलकी-सी वेदना का अनुभव होता है लेकिन चरित्र या घटनाएँ हृदय पर अंकित नहीं रह

जातीं। कभी-कभी बात सीधे न कहकर व्यर्थ ही उलझाने, अनावश्यक विस्तार या निरर्थक बारीकियों को चित्रित करने और कहीं-कहीं भाषा को अतिशय लाक्षणिक बनाने की प्रवृत्ति भी है (जैसे "चमरौटी की गरीबी अलाव के सहारे दाँत किटकिट सी ठिठुर रही है।")। व्यंग्यपूर्ण कहानियों में अक्सर कथा शिल्प स्वच्छ, चरित्र उभरे हुए और भाषा अधिक प्रवाहपूर्ण होती है। कुछ कहानियों में व्यंग्य और करुणा का सुन्दर मिश्रण भी दिखाई देता है।

इन कहानियों में अभी पुराने समाज के ही चित्र हैं जिसमें विघटन और विनाश की प्रक्रिया तो देखी जाती है किन्तु नए संघर्षों और निर्माण की शक्तियाँ उसमें जैसे हैं ही नहीं, हैं तो सो रही हैं। किन्तु वास्तविकता यह है कि गाँवों का जीवन अब वैसा ही नहीं है जैसा वह कहानी लेखक के बचपन में था। नये संघर्ष फूट रहे हैं और नवनिर्माण की शक्तियाँ गतिशील हैं। मार्कण्डेय जी से समाज के इस पहलू को भी देखने और गाँवों का अधिक भरापूरा चित्रण करने की आशा की जा सकती है।

११

मध्यवर्ग की यंत्रणा

अमरकान्त के संग्रह 'जिन्दगी और जोंक' में 'संत तुलसीदास और सोलहवाँ साल' जैसी कहानियाँ हैं जिन्हें पढ़कर हँसते-हँसते पेट में बल पड़ जाते हैं। एफ-ए. की परीक्षा में असफलता, पत्नी की याद और योगसाधना, फिर वसन्त और व्रत-भंग। मस्ती में कहानी लिखी गई है। और डिप्टी कलक्टरी, बूढ़े बाप के तमाम अरमान कि बेटा डिप्टी कलक्टर हो जाय, उसका कर्ज लेना, बेटे की हर सुविधा का ध्यान रखना, बेटे का नाम भी आना लेकिन दस लिये जाने वाले उम्मीदवारों से नीचे! निम्न मध्यवर्ग की गरीबी, व्यक्तिगत सम्पत्ति के संस्कार, ऊँचे-ऊँचे सपने और जिन्दगी की ठोकरें—यह सब यथावश्यक सहानुभूति और व्यंग्य से चित्रित करने में अमरकान्त उस्ताद हैं। उनकी कला की विशेषता यह है कि वह भर्ती के शब्दों का प्रयोग नहीं करते, साधारण घटनाओं के चित्रण, खास कर संवाद द्वारा चरित्र उभार देते हैं।

सामाजिक उत्पीड़न के अलावा उन्होंने पात्रों की मनोवैज्ञानिक समस्याओं पर भी ध्यान दिया है। 'जिन्दगी और जोंक' में एक ओर मध्यवित्त बाबुओं की शोषण वृत्ति का चित्रण है जो गोपाल उर्फ रजुआ से गुलाम की तरह काम लेते हैं; दूसरी ओर अनेक भाभियों से उसकी ठठोली, पगली से उसका प्रेम और पगली के चले जाने पर उसकी मनोवृत्ति में परिवर्तन—यह सब ऊँचे दर्जे के कलाकार के अनुरूप चित्रित किया गया है। सभी कहानियाँ एक स्तर की नहीं हैं लेकिन इनमें काफी विविधता है, और जिनमें यथार्थवाद का रंग गहरा है, वे बहुत ही सुन्दर बन पड़ी हैं।

१२

अभिजात-वर्गीय कृत्रिमता

अभिजात-वर्गीय जीवन की कृत्रिमता, नारी का उत्पीड़न, रेशमी कपड़ों में लिपटी हुई जघन्यता, यह है राजेन्द्र यादव की 'कुलटा' की कहानी। चेखव की कला का यह भारतीय संस्करण है। किन्तु विस्तार अधिक है। राजेन्द्र यादव ने कहानी में एक जगह लिखा है, "मुझे रह-रहकर लगता जैसे हर बेकार की बात के प्रति आवश्यकता से अधिक दिलचस्पी दिखाकर वे अपना समय काट रहे हैं।" कहानी पढ़ते समय हमें स्वयं कहानी लेखक के बारे में लगा कि वह बेकार की बातों से बहुत ज्यादा दिलचस्पी दिखलाते हैं।

मिसेज तेजपाल ने कोई चीज प्लेट पर काटी तो छुरी बज उठी। वे रह-रह कर बाल झटकने के बहाने मुझे (राजेन्द्र यादव को) देखतीं। उनके कान का आसमानी नग खूबसूरत लगता था। यही नहीं, वे नग "दिल के किसी कुहरिल अंधेरे के पार तारों की तरह टिमटिमाते रह गये।" कुहरिल ? ! उन्होंने अपने शरीर को "ऐसा लचीला, गदरीला और त्वचा को ऐसा स्निग्ध पारदर्शी बना लिया है कि ख्वामख्वाह उसे छू कर देखने की इच्छा मन में जागती थी।" गदरीला ?

उखड़े हुए लोगों के बदले यहाँ जमे हुए लोग हैं। प्रतीक-चित्रण की अतिशयता। कहीं-कहीं लेखक की सादगी देखकर उसकी उम्र पूछने को जी करता है। "अरे वे तो गाने लगीं। मैं मुस्करा उठा। नीचे का पेड़ हमारे फ्लैट के बराबर उठा था। इस कुहुक को सुनकर पेड़ पर बोलती कोयल सहसा चुप हो गई।"

"और मैं सहसा बुझ गया।"

यह फन तो चेखव के पास भी नहीं था। 'उखड़े हुए लोग' के बाद 'कुलटा' एक कदम आगे न हो कर दो कदम पीछे है।

१३

कथारूप में मगध का प्राचीन इतिहास

श्री शिवसागर मिश्र ने आज के यथार्थ समाजिक जीवन की भूमि छोड़कर प्राचीन मगध के राजनीतिक-सांस्कृतिक जीवन पर उपन्यासों की शृंखला आरम्भ की है। इस शृंखला के उपन्यासों—'राजतिलक' और 'मगध की जय'—के बल पर उन्होंने ऐतिहासिक उपन्यासकारों की सूची में अपना नाम स्वर्णाक्षरों में नहीं तो रजतअक्षरों में अवश्य लिखवा लिया है।

'राजतिलक' में उनका हाथ कम सधा हुआ है। कथा सूत्र बार-बार टूट जाता है। उनकी भाषा और शैली में कुछ दोष ऐसे हैं जो दूसरे उपन्यास की अपेक्षा यहाँ अधिक हैं। सारे पात्र रात में घूमते, भागते, कार्य करते दिखाई देते हैं मानो हम कोई सनसनीखेज फिलम देख रहे हों।

दोनों उपन्यासों के बारे में एक सामान्य बात कही जा सकती है---वह यह कि इतिहास कुछ महापुरुषों के पराक्रमी कार्यों की गाथा मात्र नहीं है। उनकी विशिष्ट भूमिका स्वीकार करते हुए उन परिस्थितियों पर भी ध्यान केन्द्रित करना आवश्यक है जिनमें रहकर उन महापुरुषों के पराक्रमी कार्य सम्भव होते हैं। मगध साम्राज्य का निर्माण, छोटे-छोटे जनपदों के अलगाव का दूर होना किन्हीं एक-दो महापुरुषों के स्वप्न का फल न था। इस अलगाव को दूर करने का मूल प्रेरणा-स्रोत थीं सामाजिक जीवन की नवीन परिस्थितियाँ, पुराने गणराज्यों में सम्पत्ति का विकास, बड़े विनिमय पर पैमाने की आवश्यकता, उत्पादन में प्रगति, आर्थिक जीवन को नये पैमाने पर संगठित करने के लिए जनगण का विशद भौगोलिक आधार पर एकीकरण। इस पृष्ठभूमि का चित्रण न मिलने से महापुरुषों के कार्य दैवी चमत्कार जैसे लगते हैं।

लेखक का विचार है कि प्राचीन काल पर उपन्यास लिखते समय भाषा को भरसक तत्सम शब्दावली से भर देना चाहिए; इसमें प्राचीनता का वातावरण निर्मित करने में सुविधा होगी। मिश्रजी की शैली कहीं-कहीं इतनी कृत्रिम हो गयी है कि प्राचीन वातावरण के बदले हमें पारसी रंगमंच या सोहराब मोदी

की भूमिका वाले घटिया ऐतिहासिक फिल्मों की याद आती है। "द्रुतगति से सफलता के शिखर का आरोहण करता चला जा रहा है।"—इस तरह के वाक्यों में स्वाभाविकता खत्म हो गयी है। 'शिरोच्छेद' जैसे चिन्त्य प्रयोगों की कमी नहीं है। बोलचाल के स्तर पर 'आँखों की अग्नि लपटें मारने लगी', 'विजय गर्व का उल्लास ओठों तक लबालब भरे हुए'—जैसे भद्दे टुकड़े भी इधर-उधर बिखरे हुए हैं। शब्द चयन, वाक्य-रचना, मुहावरों के प्रयोग आदि के बारे में अधिक सचेत रहना आवश्यक है।

इन दोनों उपन्यासों के कथागठन में सबसे बड़ा दोष यह है कि जिस पात्र की जहाँ जरूरत हुई, वह तिलस्मी जासूसी ढंग से तुरत प्रकट हो जाता है। प्रकट होकर दूसरों के साथ वाक्य पर अति नाटकीय ढंग से टिप्पणी करके पाठक को चकित कर देता है। विरुद्धक अपनी बलिष्ट भुजा 'हवा में उछालता' हुआ बोला - —"मेरे समक्ष से दूर हो, अन्यथा इसी खड्ग से तुम्हारा शिरोच्छेद कर दूंगा।" और 'उसी क्षण एक गम्भीर वाणी गूंज उठी; बहुत सुन्दर!' विरुद्धक और साथ के अन्य व्यक्ति ने "चकित होकर देखा, महामात्य दीर्घकारायण चले आ रहे थे।" वरुणदत्त और धनंजय मन्त्रणा कर रहे हैं और "महामात्य वर्षकार का गम्भीर आदेश पाकर काण्डपट मण्डप के आर-पार गूंज उठा"---"तो इसकी व्यवस्था भी शीघ्र होनी चाहिए।" ठीक अवसर पर वह प्रकट इसलिए हुए कि "वे द्वार पर से अपने पिताजी की योजना सुन चुके थे।" अकस्मात् प्रकट होने की यह क्रिया जरूरत से ज्यादा दोहराई गयी है।

'राजतिलक' की अपेक्षा 'मगध की जय' में शिवसागर जी का हाथ ज्यादा सधा हुआ है। उनकी कला विकासमान है। भाषा और कथागठन के प्रति अधिक सतर्क होकर वे और भी प्रभावशाली उपन्यास लिख सकते हैं, इस विचार से मैंने उपर्युक्त दोषों की चर्चा की है। उनके उपन्यासों में बहुत-सी खूबियाँ हैं और उनकी कथाकार प्रतिभा सन्देह से परे है। इसलिए उनके दोषों के बारे में चुप रहना उनके प्रति शत्रुभाव निबाहना होगा।

राहुल जी ने 'सिंह सेनापति' कोटि के जो उपन्यास लिखे थे, उनसे शिवसागर जी की रचनाओं को मैं आगे बढ़ा हुआ कदम मानता हूँ। ये उपन्यास प्रसाद जी के नाटकों की परम्परा में हैं। उन नाटकों से परिचित पाठकों को यहाँ बहुत से पात्र पहले के जाने-पहचाने मालूम होंगे। मुख्य बात यह है कि शिवसागर जी मगध के वृहत्तर राज्य निर्माण को भारतीय जन-जीवन के लिए आवश्यक मानते हैं। वह राष्ट्रीय एकता और प्रजाहित को सामने रखकर जनपदों के विघटन की प्रक्रिया पर विचार करते हैं। मगध का यह राज्य-निर्माण सदा आदर्शों के अनुकूल, अहिंसात्मक ढंग से बल और द्वन्द्व का सहारा लिए बिना नहीं हुआ। विशेष रूप से, 'मगध की जय' के अन्त में हिंसा का भयावह चित्र इस

जय को रक्तरंजित कर देता है। इतिहास के प्रति यह एक जागरूक शोधकर्त्ता का दृष्टिकोण है।

मिश्र जी ने जायसवाल जैसे इतिहासकारों की परम्परा अनुसरण करते हुए सामन्ती युग के अभ्युदयकाल में राजा पर जन-समाज का नियन्त्रण दिखाया है। राजा कहने से आजकल निरंकुश स्वेच्छाचारी शासक का चित्र सामने आ जाता है। यह चित्र मगध साम्राज्य के अभ्युदयकाल में देखना इतिहास के साथ अन्याय करना होता। शिवसागर जी के उपन्यासों से हिन्दी पाठक सामन्ती व्यवस्था के अभ्युदयकाल में समाज के भीतर प्रचलित जनतान्त्रिक पद्धति को अच्छी तरह समझ सकेंगे।

यशपाल जी के 'दिव्या' जैसे उपन्यासों से भिन्न यहाँ लेखक ने दासों और उनके स्वामियों के अन्तर्विरोध को उभार कर पेश किया है। हाट में 'सैकड़ों नग्न-अर्द्धनग्न दास-दासियाँ बिकने को एकत्र' हैं। इस हाट में 'सरमा को अर्द्धनग्न करके ग्राहक के समक्ष प्रदर्शित करने का उद्यम' किया जाता है। और मेरी जानकारी में हिन्दी कथा-साहित्य में पहली बार बिकने वाला दास (या दासी) मानवोचित सम्मान के लिए प्रतिरोध करता है। सरमा के प्रतिरोध का वर्णन पढ़कर इन उपन्यासों में चित्रित अन्य शूर सामन्तों की वीरता हेय मालूम होती है। 'जब दास-विक्रेता के भृत्यों ने सरमा को नग्न करना चाहा, तब सरमा ने अचानक सिंहिनी की भाँति उछलकर एक भृत्य के दाहिने हाथ का मांस नोच लिया।···दास-विक्रेता को जब इस घटना की सूचना मिली, तब वह स्वयं क्रुद्ध साँड़ की तरह हँकाड़ता हुआ वहाँ आ पहुँचा। उसके हाथ में छोटी-सी लपलपाती हुई हेति थी।···सरमा दरवार से सटी हुई खड़ी रही। दास-विक्रेता हेति चमकता हुआ, गालियाँ देता हुआ भयभीत मन से सरमा के पास पहुँचा ही था कि वह अचानक दास-विक्रेता पर टूट पड़ी।'

भारतीय इतिहास में यह सब भी है किन्तु कितने इतिहासकारों और उपन्यास लेखकों ने इस पर ध्यान दिया है। यह कहना अनुचित न होगा कि श्री शिवसागर मिश्र ने यहाँ प्राचीन इतिहास का नया मूल्यांकन करते हुए एक प्रगतिशील कथा-लेखन परम्परा का सूत्रपात किया है।

यह बात दास प्रथा के चित्रण से ही सिद्ध नहीं होती। उन्होंने भगवान् बुद्ध देव के शान्ति प्रवचनों के साथ कापालिकों की वीभत्स रस पंचमकार साधना के चित्र भी दिये हैं। 'वकघोप सड़े हुए शव पर बैठे हुए थे। शव का सिर कटा हुआ था। अग्नि में चर्बी की आहुति पड़ते ही आग की लपटें साँप की जिह्वा-सी लपलपाने लगतीं।' अन्यत्र-—'भैरवी की विशाल काली मूर्ति के पास, नीचे धरती पर, विश्वतारा की मूर्च्छित नग्न देह यष्टि पड़ी थी।···मूर्ति के चारों ओर चर्बी से भरे हुए दिये का मद्धिम प्रकाश फैल रहा था। बहुत-से कापालिक मूर्ति के चारों

ओर नाच रहे थे, सुरापान करके शरीर कँपा रहे थे, लंगड़ाकर दौड़ रहे थे, काफी जन-सदृश चेष्टाएँ कर रहे थे।' इसी वीभत्सता को निर्मूल करती हुई मगध की नवीन संस्कृति का प्रसार होता है और उसी के साथ जनपदीय कलह और विघटन के स्थान पर मगध राज्य की जय होती है।

'मगध की जय' में अनेक करुण प्रसंग हैं। जीवक और सालवती—माता, पुत्र—का मिलन, अनुला की व्यथा, गर्भिणी देवदत्ता की प्रच्छन्न ईर्ष्या (नगर वधू के प्रति) और नगर वधू प्रथा के प्रति अजातशत्रु और बिम्बसार का संघर्ष, सरमा और जीवक का मिलन आदि अनेक प्रसंग ऐसे हैं जहाँ कथा-रस परम उत्कर्ष में दिखायी देता है। वीभत्सता, करुणा, शूरता के विभिन्न चित्रों में लेखक ने अपने वर्णन कौशल और रचना-शक्ति का उदात्त परिचय दिया है।

कुल मिलाकर इन उपन्यासों से न तो प्राचीनता के प्रति अन्ध आसक्ति जागृत होती है, न वर्तमान जीवन के प्रति कुण्ठा या उदासीनता का भाव उत्पन्न होता है। प्रसेनजित, बिम्बसार आदि की विलासप्रियता का चित्रण करके लेखक ने अजातशत्रु की भूमिका समझने में हमारी सहायता की है। कापालिकों की वीभत्स लीला दिखाकर उसने वैष्णव धर्म की प्रगतिशीलता के दर्शन कराये हैं, लिच्छवि-परिषद की कार्यवाही का चित्र खींचकर उसने भूले हुए इतिहास को सजीव कर दिया है।

वर्तमान काल प्राचीन से विलग नहीं है। वर्तमान परिस्थितियों और समस्याओं को प्राचीन समाज पर आरोपित न करके भी लेखक ने प्राचीन और नवीन की कड़ी जोड़ दी है। और हेमजित के ये शब्द जितना उस काल के लिए सत्य थे उतना आज के लिए भी हैं। 'नगर घिर गया है। घर का भेदी शत्रु मिल गया है। राजा चिन्ताग्रस्त और निष्क्रय है। शत्रु का सैन्यबल अपार है। वह दुर्ग के तिहरे परकोट तोड़कर भीतर घुस आयेगा। किन्तु भट्टिय हेमजित आत्मविश्वास से कहता है, दुर्ग के परकोट टूट जाने से देश पराधीन नहीं होता चन्दा। देश पराधीन होता है नागरिक की एकता टूट जाने से, उनका उत्साह एवं राज्यभक्ति समाप्त हो जाने से! वत्सराज तो क्या, स्वयं इन्द्र भी, अनुशासन प्राणवान एवं एकता के सूत्र में आबद्ध देश का कुछ नहीं बिगाड़ सकते।'

इतिहास की यह सीख हमारे लिए आज भी महत्वपूर्ण है।

विवेचना

१

शास्त्र और समाज

पं. हजारीप्रसाद द्विवेदी ने 'विचार और वितर्क' में वर्तमान समाज की आवश्यकताओं को ध्यान में रखते हुए शास्त्र को उसके अनुकूल बनाने की चेष्टा की है। हमें देखना है कि वर्तमान समाज की ये आवश्यकताएँ क्या हैं और शास्त्र कहाँ तक उनके अनुकूल हो सकता है।

'विचार और वितर्क' में एक तरह के लेख मध्यकाल और वैष्णव कवियों के ऊपर हैं, दूसरी तरह के लेख कुछ आधुनिक कवियों और लेखकों पर और कुछ संस्कृत साहित्य पर हैं। तीसरी तरह के चिन्तनपूर्ण लेख अपने ढंग के निराले हैं। जैसे 'जब कि दिमाग खाली हो और दिल भरा हो'। आधुनिक साहित्यकारों में प्रसाद जी, आचार्य द्विवेदी, प्रेमचन्द आ जाते हैं। चिन्तनशील लेखों में काल्पनिक चित्रों की बहुतायत है और इन्हीं के द्वारा लेखक अपनी बात समझाता है। कुल मिलाकर यह संग्रह जैसा विचारोत्तेजक है, वैसा ही वैचित्र्यपूर्ण और सरस भी है। इसमें कुछ निबन्ध श्री व्योमकेश शास्त्री के हैं लेकिन वे कौन से हैं इसका उल्लेख नहीं किया गया।

हिन्दी के आलोचना-साहित्य से जिन पाठकों का थोड़ा भी परिचय है, वे जानते हैं कि द्विवेदीजी मध्यकालीन वैष्णव कवियों के परम भक्त हैं। उनकी रचनाओं से यह स्पष्ट है कि उनके मध्यकालीन साहित्य के आकर्षण का कारण आध्यात्मिक न होकर सामाजिक है। इन्हीं वैष्णव कवियों ने शास्त्र-सम्मत समाज-व्यवस्था को धक्का देकर मनुष्यमात्र की महत्ता की घोषणा की थी। द्विवेदीजी ने इस तथ्य का यथेष्ट निर्लिप्त भाव से विवेचन किया है। उनके चिन्तन को देखते हुए यह मानना पड़ता है कि उनका मानसिक विकास शास्त्र और प्राचीन रूढ़ियों की चहारदीवारी को तोड़ता हुआ नवीन समाज-हितकर लक्ष्य की ओर बढ़ता गया है। इसीलिए जिन लेखों में भक्तिपूर्ण भावुकता अधिक है, उनके बारे में संदेह होने लगता है कि ये व्योमकेश शास्त्री के तो नहीं हैं।

'हिन्दी का भक्त साहित्य' नाम के निबन्ध में द्विवेदीजी ने मध्यकालीन समाज-व्यवस्था का उल्लेख किया है। इस व्यवस्था में यह गुण था कि वह अपनी चीजों को बाहर फेंक सकती थी लेकिन बाहर की चीज को अपने अन्दर समेट न सकती थी। इस तरह समाज के बहिष्कृत लोगों द्वारा नई-नई जातियाँ बनती जाती थीं; लेकिन, 'अब सामने एक सुसंगठित समाज था जो प्रत्येक व्यक्ति और प्रत्येक जाति को अपने अन्दर समान आमन देने की प्रतिज्ञा कर चुका था। एक बार कोई भी व्यक्ति उसके विशेष धर्ममत को यदि स्वीकार कर ले तो इस्लाम समस्त भेद-भाव को भूल जाता था। वह राजा से रंक और ब्राह्मण से चण्डाल तक सबको धर्मोपासना का समान अधिकार देने को राजी था। समाज का दण्डित व्यक्ति अब असहाय न था। इच्छा करते ही वह एक सुसंगठित समाज का सहारा पा सकता था।' इस भूमिका के साथ वैष्णव कवियों के साहित्य का अध्ययन करने की जरूरत है। हिन्दी के अधिकांश आलोचक मुस्लिम समाज के उस एक रूप को भूल जाते हैं जो जनतांत्रिक भी था। गोस्वामी तुलसीदास और अन्य भक्त कवियों का महत्व घोषित करते हुए वे कहते हैं कि इन्होंने इस्लाम के आक्रमण से हिन्दू समाज की रक्षा की। शास्त्रों की निरंकुशता और उनके एकच्छत्र शासन को चुनौती देकर हिन्दू समाज में जनवादी भावनाएँ फैलाकर उन्होंने उसकी रक्षा की। परन्तु इन आलोचकों के विचार से भक्त कवियों ने उसी प्राचीन समाजव्यवस्था की रक्षा की जो भीतर से खोखली होने के ही कारण अब ज्यादा दिनों तक जीवित न रह सकती थी। आज के विषम वातावरण में अपने 'विरोधियों' की उन बातों को हम स्वीकार नहीं करना चाहते जिनसे हमारा हित भी हो सकता है। अपने भक्त कवियों को धर्म का ऐसा कवच पहनाकर खड़ा करते हैं मानो उनका आविर्भाव धार्मिक विद्वेष बढ़ाने के लिए ही हुआ हो, मानो हिन्दू समाज में ऐसे अवगुण न रहे हों जिन्हें दूर करना ज्यादा आवश्यक था, मानो इन संत कवियों में हिन्दू और मुसलमान दोनों ही न रहे हों! जिन मुसलमान संतों ने हिन्दू संतों के स्वर में स्वर मिलाकर बानी कही है, उनके लिए तो हम यह समझ लेते हैं कि ये तो नाम के मुसलमान हैं, काम तो सब हिन्दुओं के हैं। शायद बहुत से धार्मिक पाठकों के कोमल हृदय को यह पढ़कर धक्का लगेगा कि प्रसिद्ध संत दादू का वास्तविक नाम दाऊद था।

द्विवेदीजी ने हिन्दुस्तान की उन दलित-पीड़ित जातियों की ओर हमारा ध्यान आकर्पित किया है जो अपनी सजीवता के बल पर कबीर, रज्जब आदि संतों को जन्म दे सकी थीं। उन्होंने इस बात की भी सिफारिश की है कि किन परिस्थितियों में भक्ति-आन्दोलन शुरू हुआ, इस बात को जानने का मुख्य साधन इन्हीं जातियों के लोकगीत, कथानक और लोकोक्तियाँ हैं। दुर्भाग्य से इस ओर अभी काम नहीं हुआ। इसका कारण साहित्य के प्रति हमारा अध्यात्मवादी दृष्टिकोण है। हम

समझते हैं कि कबीरजी ने समाधि लगाई और बस, अनहद नाद सुनने लगे। वह तो फकीर हैं जिन्होंने समाज और दुनिया से नाता तोड़ लिया है, उन्हें समझने के लिए नीची और अछूत जातियों के रीति-रिवाज, उनके गीत और कहावतें जानने की क्या जरूरत है? अगर पढ़ें भी तो मनुस्मृति और योगदर्शन पढ़ना चाहिए। हम यह भूल जाते हैं कि इन सन्त कवियों ने शास्त्रों को जो चुनौती दी थी, उसका आधार समाज के निम्न वर्गों की दबी और कुचली हुई जनवादी परम्परा थी।

शांतिनिकेतन के प्रसिद्ध आचार्य और वैष्णव साहित्य के अद्वितीय ज्ञाता श्री क्षितिमोहन सेन के 'दादू' ग्रन्थ की आलोचना करते हुए द्विवेदीजी ने बताया है कि चालीस वर्षों तक गाँवों की यात्रा करके उन्होंने संतवाणियों का संग्रह किया है। उनके इस अध्यवसाय और तपस्या के प्रति अभी हम लोगों ने कृतज्ञता भी प्रकट नहीं की। उन्होंने जो शोध-कार्य किया है, उससे प्रेरणा पाकर हम अन्य संतों और साहित्यकारों के बारे में शोध करें, यह तो बहुत दूर की बात है। हमसे अभी इतना भी नहीं हुआ कि हम उन्हीं के कार्यों से हिन्दी-भाषियों को परिचित करायें। आचार्य सेन ने यथासम्भव संगृहीत ग्रन्थों की अपेक्षा जीवित लोगों के मुँह से बानी सुनकर उसे एकत्र किया है। अपनी आलोचना के अन्त में द्विवेदीजी ने श्री रवीन्द्रनाथ ठाकुर से एक लम्बा उद्धरण दिया है जिसमें वैष्णव कवियों के महत्व पर प्रकाश डाला गया है। महाकवि ने वर्तमान समाज की तुलना रेगिस्तान से की है लेकिन याद दिलाया है कि शुष्क धरती के नीचे भी जल बहा करता है। 'मर्मी कवियों की वाणी का स्रोत समाज के अगोचर स्तर से बह रहा है। शुष्कता के बन्धन को तोड़ने का सच्चा उपाय उस प्राणमयी धारा में ही है।'

यह समझना भूल होगी कि द्विवेदीजी प्राचीन शास्त्रीय परम्परा के विरोधी हैं। वास्तव में उन्हें उस पर जरूरत से ज्यादा अभिमान है। 'पण्डितों की पंचायत' में उन्होंने एक ऐसी सभा का जिक्र किया है जिसमें एकादशी के बारे में बहस हो रही थी। इस घटना से शुरू करके उन्होंने प्राचीन गणित और ज्योतिष पर अपने विचार प्रकट किये हैं। उन्होंने बताया है कि म्लेच्छ और यवन कहे जाने वाले गणितज्ञों से भारतीय ज्योतिष ने बहुत कुछ लिया है। शास्त्रों की टीकाएँ और तिलक करने की परिपाटी की उन्होंने निन्दा की है परन्तु यह माना है कि वह बिलकुल गलत नहीं थी। नयी सभ्यता और नये विचारों के सम्पर्क से भारतीय चिन्तन में उथल-पुथल हुई। उनका विचार है कि भारतीय संस्कृति की परम्परा इतनी पुष्ट है कि इस उथल-पुथल से उसका कुछ भी न बिगड़ेगा। वह कहते हैं—'मेरे सामने छः हजार वर्षों की और सहस्रों योजन विस्तृत देश की विशाल संस्कृति खड़ी है, उसके इस वृद्ध शरीर में जरा भी बुढ़ापा नहीं है, वह किसी चिर नवीन प्रेरणा से परिचालित है। उसके मस्तिष्क में सहस्रों वर्षों का अनुभव है, लेकिन थकान नहीं है, उसकी आँखों में अनादि तेज झलक रहा है, पर आलस्य नहीं है! वह अपूर्व

शक्ति और अनन्त धैर्य को अपने वक्ष-स्थल में वहन करती आ रही है।' इन वाक्यों के ऊपर उनकी टिप्पणी हम बगल के दूसरे लेख 'जब कि दिमाग खाली हो' में देख सकते हैं। एक पठान हींगवाला गुरुदेव के बारे में प्रश्न करता हुआ कहता है—ईसाई भी नहीं, मुसलमान भी नहीं, तो फिर क्या हिन्दू हैं ? द्विवेदीजी अफसोस के साथ कहते हैं कि पाणिनि की सन्तान आज हींग बेचती है और उसके पूर्वजों की सर्वश्रेष्ठ वस्तुएँ उसके लिये त्याज्य हैं। वह सोचते हैं कि एक समय था जब कि इस जाति की संस्कृति महापर्वतों को लाँघकर और महासमुद्रों को तैरकर भी विजय-ध्वजा फहरा सकी थी। उन्हें भरोसा है कि 'अभी रक्त तो बचा है।' आज नहीं, तो कल वह अपना प्रभाव फैलायेगा ही। इससे प्रकट है कि अपनी प्राचीन संस्कृति की जिस तेजोमयी मूर्ति की उन्होंने कल्पना की थी वह काफी धुंधली हो गयी है। उन्हें इस बात से दिल को तसल्ली देनी पड़ रही है कि आर्य रक्त एक दिन अपना असर दिखायेगा ही। जबकि आर्य रक्त का यह रंग है कि किसी की खोपड़ी मंगोल है तो नाक द्रविड़ों जैसी है। ओठ नीग्रो जैसे हैं तो पूर्ण आकार-प्रकार एकदम समन्वयवादी है।

द्विवेदीजी ईमानदारी से कहते हैं कि आज की स्थिति उसी समृद्ध मध्यकालीन सभ्यता का परिणाम है जिसमें एक ओर शासक-वर्ग के लिए रमणी के स्पर्शमात्र से अशोक खिल पड़ते थे, भूर्ज-पत्रों पर उसके लिए किन्नर-वधुएँ अनंग-लेख लिखती थीं लेकिन दूसरी ओर 'उसके जनपद पंगु थे।' काव्य और कामसूत्र शासक वर्ग के लिए लिखे गये, पुराण और स्मृतियाँ जनपद-निवासियों के लिए। 'एक विलासिता की ओर खिंचता गया, दूसरा शास्त्रवाक्यों की ओर। एक रस का आश्रय बनता गया, दूसरा मजाक और अवहेलना का विषय। खाई बढ़ती गयी। हूणों ने इसका फायदा उठाया, शकों ने फायदा उठाया, तातारों ने फायदा उठाया, मुसलमानों ने फायदा उठाया, अंग्रेजों ने फायदा उठाया और खाई बढ़ती ही गयी, बढ़ती ही गयी।' जब हम अपनी प्राचीन संस्कृति के विराट् तेजोमय शरीर की कल्पना से पुलकित हो उठें और जब भूर्ज-पत्रों के अनंग-लेख और अलका के अलक्तक से रंगे हुए मार्ग हमारे हृदय में रस-संचार करें, तो हमें यह न भूल जाना चाहिए कि इस रस-संचार ने समाज के एक बहुत बड़े वर्ग और शासकों के बीच आकाश-पाताल का अन्तर पैदा कर दिया था। हिन्दुत्व के किले की रक्षा का प्रबन्ध यों किया गया कि बड़ी-बड़ी बुर्जों के बीच में दीवाल तोड़कर खाई बना दी गयी। इसका अभी-अभी ताजा अनुभव हुआ, अमृतबाजार पत्रिका में यह समाचार पढ़कर कि बाँदा जिले में गल्ला-वसूली के सिलसिले में पाणिनि और समुद्रगुप्त के वंशजों को मानव-मूत्र पिलाया गया। उस परम्परा को सुरक्षित करने के लिए हम कितने उत्सुक हैं, यह इसी बात से प्रकट है कि इन जल्लादों के लिए हमारे 'प्रतिनिधि' लम्बी-लम्बी रकमें पास करते जा रहे हैं जबकि स्कूल के मामूली

शिक्षकों के लिए उनके यहाँ चार टके भी नहीं जुड़ते।

द्विवेदीजी ने इन वाक्यों से अपने लेख का अन्त किया है—'मैं बार-बार सोच रहा हूँ। खाई क्या और भी बढ़ती नहीं जा रही है? मगर शास्त्रों को इससे कोई मतलब नहीं। और मुझमें इतना साहस नहीं कि प्रसंग पर नये सिरे से सिर खपाऊँ। जब दिमाग खाली हो और दिल भरा हुआ हो, तो इतना ही सोच लेना क्या गनीमत नहीं है?' इस ईमानदारी के आगे हम सिर झुकाते हैं। जहाँ जानबूझकर अपनी असमर्थता स्वीकार की जाय, वहाँ ज्यादा कुछ कहने-सुनने की गुंजायश नहीं रहती। लेकिन यह सवाल एक व्यक्ति का नहीं है। असलियत यह है कि द्विवेदीजी समझते हैं कि उन्हीं का नहीं, बल्कि पूरे समाज का दिल तो भरा हुआ है, लेकिन दिमाग खाली है। इसीलिए उनकी समझ में समाज के विचारों में जो क्रान्तिकारी परिवर्तन हो रहे हैं, वे भयंकर हैं। 'भयंकर इसलिए कि अभी तक यह समाज इस क्रान्तिकारी विचार के महाभार को संभालने के योग्य नहीं हुआ है—उसके पैर लड़खड़ा रहे हैं। उसके कंधे दुर्बल हैं, उसकी छाती धड़क रही है।' जनता की क्रान्तिकारी फौज के लिए यह समझना कि उसके पैर लड़खड़ा रहे हैं और वह लड़ने के नाकाबिल है, यही मानी रखता है कि अभी कुछ दिन तक और हमें पण्डितों की पंचायत में एकादशी के व्रत की चर्चा करनी चाहिए।

'नयी समस्या' शीर्षक लेख में साहित्य और समाज के सम्बन्ध की विवेचना करते हुए द्विवेदीजी स्वीकार करते हैं कि साहित्य का ध्येय मनुष्य जीवन को सुखी बनाना है। वह जानते हैं कि मनुष्य बिना रोटी-कपड़े के त्राहि-त्राहि कर रहा है और इस मसले को हल करना अच्छा काम है। लेकिन 'इसके बाद भी उसका मनुष्य होना बाकी रह जाता है।' और 'साहित्य वही काम करता है; साहित्य का यही काम है।' हमारा निवेदन है कि जब तक अन्न-वस्त्र की समस्या नहीं सुलझती, तब तक यह सारी मनुष्यता की बातें सिर्फ खयाली पुलाव ही रहेंगी।

समाज और साहित्य की समस्या पर टिप्पणी के रूप में उनका एक दूसरा लेख है 'गतिशील चिन्तन'। इक्के पर लेखक सवार है और वह उन दिनों की याद करता जाता है जब समुद्रगुप्त रथ पर चढ़कर विजय यात्रा के लिए चलते थे। लेकिन वह सम्राट् थे और लेखक साम्राज्य का घोर शत्रु है। फिर वह सोचते हैं कि समाजवाद एक लोकप्रिय और आकर्षक सिद्धान्त क्यों है, लेकिन इसके साथ ही उनके मन में यह सवाल उठता है कि पेटेन्ट दवाइयाँ इतनी लोकप्रिय क्यों है? इस शंका से उन्होंने अपने प्रश्न का उत्तर भी दे लिया है। जिस तरह पेटेन्ट दवाइयों के विज्ञापन में कहा जाता है कि वे सभी रोगों को दूर कर देंगी, लेकिन उनसे होता-हवाता कुछ नहीं है, उसी तरह समाजवाद भी सबसे मीठे-मीठे वादे करता है, लेकिन करता-कराता कुछ नहीं है। ग्रामीण जनता के अन्धविश्वासों का वे जिक्र करते हैं जहाँ अब भी हिस्टीरिया की दवा ओझे का डण्डा है। (शास्त्रकारों की

विराट् परम्परा में वह ओझा भी तो एक कड़ी का काम करता है।) और कभी इन गाँवों में यह समाचार बड़ी तेजी से फैल गया था कि गांधीजी को अहमदाबाद में तोप से उड़ा दिया गया है और वह दिल्ली में लाट साहब के घर के सामने चर्खा कातते पाये गए। द्विवेदीजी कहते हैं, 'आज जब मेरे सारथी ने सरकार की हार को विश्वास के साथ मान लिया है तो में सोच रहा हूँ, तोप वाली बात में और मजदूरों के राजवाली बात में क्या कोई समानता नहीं है? दोनों ही आकाश कुसुम हैं!' आज सन् ४६ में हिन्दुस्तान की जनता ने जिस तरह और जितनी आर्थिक और राजनीतिक लड़ाइयों में हिस्सा लिया है, उससे शायद यह प्रकट हो जाएगा कि उसने सरकार की हार पर ऐसा पूर्ण विश्वास भी नहीं कर लिया है जैसा द्विवेदीजी ने पहले समझा था, और मजदूरों के राज को आकाश-कुसुम समझकर जनता इस बात के लिए तैयार नहीं है कि विदेशी साम्राज्यवादी और देश के मुनाफाखोर निश्चिन्त रूप से उसकी छाती पर मूंग दलते रहें।

यद्यपि द्विवेदीजी समाजवाद के साथ नहीं हैं, या यों कहें कि वे उसे इतना सुन्दर मानते हैं कि उन्हें विश्वास नहीं होता कि ऐसा सुन्दर फूल धरती पर भी खिल सकता है, फिर भी साहित्य और संस्कृति के बारे में उनका दृष्टिकोण उदार है और प्राचीनपंथी आलोचकों से भिन्न है। 'हमारी संस्कृति और साहित्य का सम्बन्ध' नाम के लेख में उन्होंने बताया है कि भारतवर्ष की सभ्यता सम्पूर्णतया आर्य सभ्यता नहीं है। शकों और हूणों के समान आर्य भी बाहर से आने वाले लोगों में से थे। 'आर्यों के आने के पहले इस देश में सभ्यतर द्रविड़ जाति बस रही थी। राजनीतिक रूप में विजित होने पर भी उनकी संस्कृति विजयी हुई। उपनिषदों का बहुधा विज्ञापित अध्यातमवाद आर्य की अपेक्षा आर्येतर अधिक है। वर्तमान भारतवर्ष का धर्ममत अधिकांश में आर्येतर है। सरलता और ओजस्विता के कारण आर्य भाषा की जीत हुई; पर उसके सौंदर्य और सरसता-व्यंजक रूप के लिए आर्येतर जातियों का ऋणी होना ही पड़ेगा। भारतीय दर्शन अनेकांश में आर्येतर सिद्धान्तों से प्रभावित हुआ है।'

इस धारणा को अधिकांश विदेशी पुरातत्वज्ञ और प्राचीन संस्कृति-विशारद स्वीकार करते हैं, फिर भी हिन्दी में ऐसे विद्वानों की कमी नहीं है जो इस तरह की बातों का यह अर्थ लगाते हैं कि उनके आर्यत्व पर कुठाराघात हो रहा है। पुरातत्व की नयी खोजों से कुछ दक्षिण भारतवासियों ने यह परिणाम निकाला है कि भारत के आदिवासी द्रविड़ ही थे और उनकी सभ्यता आर्यों से बढ़कर थी। परन्तु अभी इतिहास या पुरातत्व ने इस बात की गवाही नहीं दी। सर जान मार्शल और अन्य विद्वानों का विचार है कि द्रविड़ भी बाहर से आये थे। भारतवर्ष में और बहुत सी जातियाँ भी रही हैं जिन्हें औस्ट्रोएशियाटिक (Austro Asiatic) कहा जाता है। भाषा विज्ञान की दृष्टि से आर्य द्रविड़, और दक्षिण एशिया की इन भाषाओं का

एक-दूसरे पर प्रभाव बराबर दिखाई देता है। आर्य होने की अहंमन्यता छोड़कर जब हम एक नये सिरे से अपनी संस्कृति का इतिहास लिखेंगे, तभी हम यह समझ पायेंगे कि विभिन्न जातियों ने उसे क्या-क्या दिया है और आगे के प्रसार के लिए उसका मार्ग क्या है। इस सम्बन्ध में द्विवेदीजी ने बहुत मूल्यवान सुझाव हमारे सामने रखे हैं।

उनका कहना है कि अनार्यों का प्रभाव साहित्य और ललित कलाओं में ज्यादा दिखायी देता है। अजन्ता, साँची, भारहुत आदि की चित्रकला के लिए हम बहुत कुछ अनार्य जातियों के आभारी हैं। महाभारत में आर्य उपादान अधिक हैं लेकिन कालिदास के 'यक्ष' सम्भवतः उस जाति के थे जो उत्तर भारत में आसाम तक फैली हुई थी। भारतीय नाट्य-शास्त्र भी आर्यों की विद्या नहीं है। आर्यों ने केवल अभिनीत होने वाले नाटकों में भाषा का प्रयोग किया। बाल-गोपाल की पूजा भी 'जाटों, गूजरों और अहीरों की पूर्वज किसी घुमक्कड़ जाति की देन है।' भारतीय संस्कृति का मूलाधार वह संस्कृति है जो अनेक आर्येतर जातियों के परस्पर सहयोग से बनी है। संस्कृतियों के परस्पर सहयोग और समन्वय के ऐतिहासिक कारण होते हैं। आर्य-भाषा और संस्कृति पर जो अमिट अनार्य चिह्न बने हुए हैं, उसका कारण यह नहीं है कि आर्य समन्वयवादी थे और सुख से उन्होंने यह आदान प्रदान स्वीकार कर लिया था। आज यह कहना बड़ा भला मालूम होता है कि भारतवर्ष एक महा मानव-समुद्र है जिसने शक, हूण, यवन सभी का हृदय से स्वागत किया। परन्तु इतिहास क्या कहता है? इस समन्वय के पहले काफी रक्त बहाया गया। यदि अनार्य संस्कृति अब भी भारतीय संस्कृति का मूलाधार बनी हुई है तो इसका कारण उसका सजीव विरोध है जिसने बलपूर्वक लादी हुई संस्कृति को कभी स्वीकार नहीं किया। द्विवेदीजी के विचार से 'मजहब वह सबसे बड़ा हेतु है जो भाषा को बदलवा देता है।' लेकिन आगे चलकर वह यह भी कहते हैं, 'अपने को हीन समझने वाला जनसमुदाय उच्चतर समझी जाने वाली जाति की भाषा को स्वीकार कर लेता है।' इसे हम धार्मिक से भिन्न एक सामाजिक कारण कह सकते हैं। फारसी और अंग्रेजी शब्दों का चलन इस कारण से भी हुआ कि वे शासक वर्ग की भाषाएँ थीं। गाँव के रहने वाले हिन्दू-मुसलमान दोनों ही उन्हें अपनाने में कभी-कभी झूठे गौरव का अनुभव कर लिया करते थे।

द्विवेदीजी ने आर्येतर जातियों के प्रभाव की जो बात कही है, उसे देखते हुए यह अत्यन्त आश्चर्यजनक होगा यदि ऐसा प्रभाव भाषा पर पड़ा ही न हो। उनका कहना है, 'भारतीय जनता की अनादि काल से चली आती हुई मनोवृत्ति के अनुकूल होने के कारण ही संस्कृत बहुल भाषा इतनी तेजी से बढ़ गयी।' भारतीय जनता की भाषा-सम्बन्धी मनोवृत्ति क्या है, इसका पता लगाने का एक ही तरीका है, और वह यह है कि उत्तर भारत की ग्रामीण भाषाओं का तुलनात्मक अध्ययन

किया जाए। जहाँ तक मुझे ज्ञात है, हिन्दी के विद्वानों का ध्यान इस ओर कम गया है। फिर भी एक बात तो स्पष्ट देखी जा सकती है कि साधु हिन्दी और साधु बँगला की समानता संस्कृत की भूमि पर है जब कि ग्रामीण भाषाओं की समानता संस्कृत से इतर पाली और प्राकृत की भूमि पर है। और यह समानता उत्तर भारत ही तक सीमित नहीं है। भद्रलोक और निम्न वर्ग की भाषा-सम्बन्धी मनोवृत्ति का अन्तर सुदूर दक्षिण तक चला गया है। इसके बहुत साफ ऐतिहासिक कारण हैं। संस्कृत शासक वर्ग और उसके समर्थक भद्रलोक और पण्डित वर्ग की भाषा रही है। इस तरह से भारत की भाषाओं में एक ऊपरी समानता दिखाई देती है। लेकिन रेगिस्तान के नीचे बहते हुए रवि बाबू के स्रोत की तरह एक अन्य प्रकार की भी भाषा-सम्बन्धी समानता और एकता है जो हमारे देश के ग्रामगीतों के संगीत की तरह विभिन्न जातियों और समाज के निम्न स्तरों में व्याप्त हुई है। उसे न पहचानने के कारण साहित्य-सम्मेलन के मंच से बार-बार संस्कृतबहुल भाषा की पुकार सुनायी देती है। यहाँ पर यह कहना अनुचित न होगा कि द्विवेदी जी की भाषा भी बहुत काफी संस्कृतबहुल है और भारतीय मनोवृत्ति जाने दीजिए, आधुनिक हिन्दी-परम्परा से भी वह काफी भिन्न है। इसके आगे दो डग रखने पर ही हम सम्पूर्णानन्दजी की शैली तक पहुँच जाते हैं।

संस्कृतबहुल भाषा लिखने और उसे भारतीय मनोवृत्ति के अनुकूल समझने पर श्री द्विवेदीजी कविता में संस्कृत के नियम-पालन के पक्ष में नहीं हैं। 'कवि के रियायती अधिकार' में उन्होंने बड़े ढंग की सलाह दी है। हिन्दी कवि स्वरों को घटा-बढ़ाकर पढ़ना अनुचित समझते हैं। द्विवेदीजी का कहना है कि इस बारे में उन्हें उर्दू के शायरों की तरह स्वच्छन्द होना चाहिए। यह सही है कि भारतीय मनोवृत्ति संस्कृत के अनुकूल है, लेकिन 'हिन्दी में यह एक भ्रम सा फैला हुआ है कि हम लोगों का उच्चारण विशुद्ध संस्कृत-उच्चारण से मिलता है।' और भी, 'हिन्दी में हम शब्दों को अकारांत रूप में लिखते जरूर हैं, पर पढ़ते हैं हलन्त रूप में। दिवस लिखकर भी हम दिवस् पढ़ते हैं।' इसमें शक नहीं कि दीर्घ स्वरों को बातचीत में हमेशा ही दो मात्राओं का समय नहीं दिया जाता। इसलिए ऐसे दीर्घ स्वरों को जब हम कविता में दो मात्राओं का समय देते हैं तो उसके प्रवाह में अस्वाभाविकता आ जाती है। बोलचाल की हिन्दी में जितना लचीलापन है उसका शतांश भी हम कविता में नहीं ला पाते। इसका कारण यही है कि संस्कृत के उच्चारण को जो हमारी बोलचाल से मिट गया है हम कविता में सुरक्षित रखने का व्यर्थ प्रयास करते हैं। एक बार फिर लोकगीतों का जिक्र करना ठीक होगा जिनकी भाषा के लचीलेपन से साधु हिन्दी बहुत कुछ सीख सकती है।

द्विवेदीजी के कुछ लेख आधुनिक हिन्दी साहित्य पर भी हैं। आचार्य द्विवेदी पर लिखते हुए उन्होंने उनके भाषा संस्कार-सम्बन्धी कार्य की प्रशंसा की है और

उन्हें अवतारी पुरुष कहा है। लेकिन अगर द्विवेदीजी की हिन्दी और उनके आदेशों के अनुसार लिखी हुई हिन्दी-कविता की तुलना भारतेन्दु युग की हिन्दी से करें तो यह जाहिर हो जायगा कि जिस अस्वाभाविक उच्चारण की बुनियाद पर नये हिन्दी के छन्दों में कविता रची गयी है, उसका बहुत बड़ा श्रेय आचार्य महावीर प्रसाद द्विवेदी को है।

कामायनी के लिए उनका विचार है कि 'वह नख से शिख तक मौलिक है' और 'विषय और भाषा का इतना प्रौढ़ सामंजस्य वर्तमान हिन्दी-कविता में दुर्लभ है।' इस कथन का औचित्य परखने के लिये वर्तमान हिन्दी-कविता पर बहुत कुछ कहना-सुनना जरूरी होगा। 'पल्लव', 'तुलसीदास','राम की शक्ति पूजा', 'ग्राम्या' की बहुत-सी कविताओं में विषय और भाषा का जो सामंजस्य दिखाई देता है, उस के आगे 'कामायनी' को यह स्थान देना उचित नहीं मालूम होता। प्रसाद जी की प्रतिभा जैसी नाटकों में प्रस्फुटित हुई है वैसी इस महाकाव्य में नहीं।

प्रेमचन्द का महत्व बतलाते हुए उन्होंने बंगला के अनुवादों और तिलस्माती कहानियों का जिक्र किया है जिनकी लीक छोड़कर प्रेमचन्द जी ने नये ढंग की कथाएँ लिखना शुरू किया था। वह प्रेमचन्द के मानवप्रेम की दाद देते हैं। प्रेमचन्द ने न अतीत गौरव के गीत गाये, न भविष्य की हैरतअंगेज कल्पना की—यह भी उन्होंने प्रशंसा के साथ लिखा है। लेकिन उनकी सहानुभूति सुधारवादी प्रेमचन्द से है, क्रान्तिकारी प्रेमचन्द से नहीं। उस महान् उपन्यासकार ने अपने अनुभव से देखा था कि सुधारवाद काफी नहीं है। जमींदार और किसान के समझौते में त्याग और सेवा तो किसान के पल्ले पड़ती है और मेवा जमींदार के। सुधारवाद से वास्तव में कोई सुधार नहीं हो सकता। इसका असली रूप है आत्मसमर्पण। द्विवेदीजी की राय में प्रेमचन्द में यह बड़ा दोष था कि वे अपने युग की राजनीतिक विचार-धाराओं से प्रभावित हो जाते थे। 'वे देश की मौलिक समस्याओं के समाधान में अपने युग के राजनीतिक नेताओं से बुरी तरह प्रभावित थे। पहले महात्मा गांधी के आदर्शों को और बाद में समाजवाद के सिद्धान्तों को उन्होंने राष्ट्र की बुनियादी समस्याओं के समाधान का उपाय बताया।' गांधीवाद या समाजवाद मानवता के विकास के लिए दो साधनमात्र हो सकते हैं। समाजवाद के प्रसार का कारण यही है कि गांधीवाद उस विकास में सहायक नहीं हो सकता। त्याग और सेवा के नाम पर यदि हम प्रेमचन्द के सुधारवाद को अपना आदर्श मान लेंगे तो हम उनके विकास को नहीं समझ पायेंगे और इस युग के सामने हम एक गलत मिसाल भी रखेंगे। प्रेमचन्द ने अपने साहित्य में जो प्रगति की थी उसकी परिणति समाजवाद में ही हो सकती थी। एक सच्चे कलाकार होने के नाते वह अपने युग के सबसे बड़े यथार्थ से आँखें मूंदकर न रह सकते थे।

द्विवेदीजी का मानववाद आज के यथार्थवाद से आकर टकराता है और फिर

चक्कर खाकर लौट जाता है। उन्होंने बड़ी उदारता से भारतीय संस्कृति की व्याख्या की है और प्राचीन साहित्य से आज की रचनाओं का क्रम जोड़ने का प्रयत्न किया है। उनके बहुत से लेखों में ऐसे सुझाव हैं जिन पर बड़े-बड़े ग्रन्थ लिखे जा सकते हैं। फिर भी शाश्वत सत्य का ऐसा निर्विकार रूप अभी तक हमें नहीं मिला जो अपने युग की सीमाओं में बँधा हुआ न हो। जिसे हम घोर निर्विकार समझते हैं, वह भी विचार करने पर विकारयुक्त साबित होता है। इसलिए अपने युग की विचारधारा से घबड़ाने के बदले हमें यह देखना चाहिए कि वह वर्तमान समस्याओं को कहाँ तक सुलझा सकती है। संस्कृत को भारतीय प्रकृति के अनुकूल कहकर हम ग्रामीण भाषाओं की एकता और समानता की तरफ से आँखें मूँद लेते हैं। समाजवाद को आकाश-कुसुम कहकर हम देश के वर्तमान संघर्ष और संसार की प्रगति से तटस्थ हो रहेंगे। सन्त कवियों ने शास्त्रों के विरोध में जिस परम्परा को जन्म दिया था, उसकी परिणति आज इसी दिशा में सम्भव है।

२

अहं का विस्फोट

अपने आलोचनात्मक लेखों के संग्रह को नगेन्द्रजी ने 'विचार और अनुभूति' का नाम दिया है। अच्छी आलोचना में अनुभूति का अंश होना भी चाहिए; इसके बिना शायद वह रचनात्मक साहित्य की श्रेणी में न आये। नगेन्द्रजी की अनुभूति सन् '३६ के छायावादी की है; उनके विचार सन् '२६ के अधकचरे फ्रायड-भक्तों के। हर फ्रायड-भक्त को अपनी अनुभूति की स्वस्थता में बड़ी शंका रहती है; वह जगह-जगह नगेन्द्रजी में भी मिलती है। छायावादी कवि सन् ३० और ३६ में जहाँ थे, वहाँ से वे—अपने विचारों और अनुभूति दोनों में ही—काफी आगे बढ़ गये हैं। लेकिन नगेन्द्रजी के विचार उन्हें एक कदम आगे ठेलते हैं तो उनकी अनुभूति उन्हें चार कदम पीछे घसीट ले जाती है। इस तरह इस किताब का नाम 'एक कदम आगे तो चार कदम पीछे' भी हो सकता था।

एक कदम आगे, किस तरह—सो भी देखिए। रस के लोकोत्तर आनन्द या 'ब्रह्मानन्द सहोदर' पर उनकी टिप्पणी—'काव्य का सम्बन्ध मानव-मन से है और मन में किसी प्रकार की अपार्थिवता नहीं है।···रस की अलौकिकता भी अन्त में लौकिक ही ठहरती है।'

नगेन्द्रजी को धन्यवाद, जो उन्होंने भौतिकवाद (या भौतिकता) को ऐसी दृढ़ता से पकड़ा। इससे उनके शाश्वतवाद के आगे एक प्रश्नसूचक चिह्न अवश्य लग जाना चाहिए।

छायावादी कविता के बारे में वह कहते हैं—'मुझे आधुनिक काव्य की आध्यात्मिकता में एकदम विश्वास नहीं है।' इस तरह छायावाद और आध्यात्मिकता की भूलभुलैया में वह नहीं पड़े।

नये साहित्य के बारे में कहते हैं—'यह न मानना कृतघ्नता होगी कि भारतीय जीवन में समाजवाद की तरह प्रगतिवाद भी एक जीवित शक्ति है। उसमें उत्साह और चैतन्यता है।' हिन्दी में स्वस्थ साहित्य की रचना कहाँ हो रही है, इसका उन्हें पता है।

इसी तरह उन्होंने गुलेरीजी के स्वस्थ बहिर्मुखी दृष्टिकोण की भी प्रशंसा की है।

इसके बाद जब हम उनके विचारों और अनुभूति को जरा नजदीक से देखते हैं तो काफी उलझन पैदा करने वाली बातें हमारे सामने आती हैं। जहाँ वह मन की पार्थिवता में विश्वास करते हैं, वहाँ यह भी कहते जाते हैं कि आध्यात्मिकता में उन्हें अविश्वास नहीं है और छायावाद की उत्पत्ति जहाँ अतृप्त कामवासना से मानते हैं, वहाँ इसे स्थूल के प्रति सूक्ष्म का विद्रोह भी करार देते जाते हैं। मानो तृप्ति स्थूल होती है और अतृप्त रहना ही सूक्ष्मता का परिचायक है।

नगेन्द्रजी बहुत ऊँचे दर्जे के व्यक्तिवादी हैं। इसलिए उनके सभी सिद्धान्त व्यक्तिवाद से जुड़े हुए हैं।

साहित्य क्या है ?

'साहित्य वस्तुतः आत्माभिव्यक्ति है।'

इस आत्म की व्याख्या कीजिये। साहित्यकार की व्याख्या में वह भी आ जाती है।

'स्वभाव से ही साहित्यकार में अन्तर्मुखी वृत्ति का ही प्राधान्य होता है। वह जितना महान् होगा उसका अहं उतना ही तीखा और बलिष्ठ होगा जिसका पूर्णतः समाजीकरण असम्भव तो नहीं दुष्कर अवश्य हो जायगा।'

इसलिए साहित्य इस दुर्दमनीय अहं की अभिव्यक्ति ठहरा। नगेन्द्रजी के साहित्यकार में अन्तर्मुखी वृत्तियों की प्रधानता होती है और एक तरह से वे साहित्य और इन वृत्तियों को पर्यायवाची मान लेते हैं। अन्तर्मुखी वृत्तियों का मतलब है कि दुनिया से आँखें मूँद लो और अपनी असाधारण प्रतिभा से असाधारण साहित्य की रचना करते रहो।

नगेन्द्रजी साहित्यकार की इस शाश्वत व्याख्या से ही सन्तुष्ट नहीं हुए। उन्होंने अपने इंट्रोवर्ट साहित्यकारों की श्रेणी में गोर्की, इकबाल और मिल्टन को भी बिठाया है। ये महान् साहित्यिक अपने अहं के बल पर ही बड़े बन सके हैं। कहते हैं—'गोर्की, इकबाल, मिल्टन आदि के व्यक्तित्व का विश्लेषण असंदिग्ध रूप से सिद्ध कर देगा कि उनके भी साहित्य में जो महान् है वह उनके दुर्दमनीय अहं का विस्फोट है, साम्यवाद, इस्लाम या प्यूरिटन मत की अभिव्यक्ति नहीं।' अब विश्वसाहित्य का एक नया इतिहास लिखा जाना चाहिए जिसका नाम रखा जाय 'अहं का विस्फोट'। इसमें यह दिखाया जायगा कि संसार के सभी महान् साहित्यकार साम्यवाद, इस्लाम, प्यूरिटन मत जैसी क्षुद्र वस्तुओं से ऊँचे उठकर विशुद्ध रस के तल पर (या रसातल पर) अपने अहं का बैलून फोड़ते रहे हैं। यदि कोई कहे कि इतिहास से यह सिद्ध नहीं होता तो हम नगेन्द्रजी की एक दूसरी उक्ति से उसका मुँह बन्द कर देंगे और वह यह कि आलोचना भी तो आत्माभिव्यक्ति है;

उसमें विज्ञान क्या कहता है, इतिहास क्या कहता है, इन क्षुद्र सत्यों की ओर कहाँ तक ध्यान दिया जाय। आलोचक का कर्तव्य है—'आलोच्य वस्तु के माध्यम से अपने को अभिव्यक्त करना जिसके बल पर ही आलोचना साहित्य पद को प्राप्त हो सकती है।' यही एक प्रकार है जिससे गोर्की, इकबाल और मिल्टन का आलोचक उन्हीं के बराबर आसन पर बैठने का अधिकारी हो सकता है। उसकी आलोचना तभी साहित्य (या निर्वाण) पद को प्राप्त कर सकती है जब उसके अहं के विस्फोट का शब्द गोर्की, इकबाल वगैरह से किसी कदर भी घट कर न हो।

नगेन्द्रजी ने जहाँ फ्रायड की तरह अतृप्त कामवासना को साहित्य की प्रेरणा माना है, वहाँ एडलर का यह मत भी उद्धृत किया है कि मनुष्य की हीन भावना (inferiority complex) ही साहित्य की प्रेरक शक्ति है। 'एडलर मानवता की चिरन्तन हीनता की भावना को ही जीवन की मूल प्रेरणा मानता है, साहित्य के मूल कीटाणु क्षतिपूर्ति की कामना में खोजता है।' इस सत्य की पुष्टि के लिये नगेन्द्रजी ने तुलसी बाबा और छायावादी कवियों का उदाहरण दिया है। यदि यह सिद्धान्त सच है तो सोचिये, जो संसार के तमाम महान् साहित्य को अहं का विस्फोट मानता है, वह किस भयंकर क्षति की पूर्ति करना चाहता होगा; उसकी हीन भावना किस अन्धकारमय अतल गह्वर जैसी होगी जिसे भरने के लिये आकाश को छूने वाले पिरैमिड की जरूरत होती है।

नगेन्द्रजी की ट्रैजडी यह है कि वे योरप के व्यक्तिवादी मनोवैज्ञानिकों का अन्धानुसरण करके अभाव और अतृप्ति को ही काव्य की प्रेरणा मानते हैं और यह जानते हुए भी कि अभाव को काल्पनिक तृप्ति से दूर करने वाला साहित्य स्वस्थ नहीं है, वे और किसी तरह के साहित्य का अस्तित्व मानने को तैयार नहीं होते। इस तरह के पलायनवादी, व्यक्तिवादी, निर्जीव और कभी-कभी अस्वस्थ साहित्य को वे तरह-तरह के रंगीन विशेषण पहनाकर विचार और अनुभूति के नाम पर हिन्दी पाठकों के सामने पेश करते हैं।

समस्त साहित्य अतृप्ति और अभाव की काल्पनिक पूर्ति है, इस विषय में उन के निम्न वाक्यों को पढ़ जाइए—

(१) 'और वास्तव में सभी ललित कलाओं के- -विशेषतः काव्य के और उससे भी अधिक प्रणय-काव्य से मूल में अतृप्त काम की प्रेरणा मानने में आपत्ति के लिए स्थान नहीं है।'

(२) 'प्रत्यक्ष जीवन में सौंदर्य-उपभोग से वंचित रहकर ही तो छायावादी कवि ने अतीन्द्रिय सौंदर्य के चित्र आँके।'

(३) 'छायावाद की कविता प्रधानतः शृंगारिक है, क्योंकि उसका जन्म हुआ है व्यक्तिगत कुण्ठाओं से और व्यक्तिगत कुण्ठाएँ प्रायः काम के चारों ओर केन्द्रित रहती हैं।'

नगेन्द्रजी छायावाद के समर्थक के रूप में प्रसिद्ध हैं, उनका समर्थन छायावाद के लिए कितना हितकर है, इसे छायावादी और गैर छायावादी पाठक ऊपर के वाक्यों को पढ़कर समझ सकेंगे।

इस व्याख्या पर शाश्वतवाद का मुलम्मा कैसे चढ़ाया जाता है, यह भी देख लीजिये—

(१) 'उपर्युक्त विवेचन मेरी अपनी धारणाओं के इतना निकट है कि इसमें विशेष आपत्ति के लिए स्थान नहीं है।...सारतः महादेवी के ये निबन्ध काव्य के शाश्वत सिद्धान्तों के अमर व्याख्यान हैं।'

(२) 'छायावाद में आरम्भ से ही जीवन की सामान्य और निकट वास्तविकता के प्रति एक उपेक्षा, एक विमुखता का भाव मिलता है। आज के आलोचक इसे पलायन कहकर तिरस्कृत करते हैं, परन्तु यह वास्तव को वायवी या अतीन्द्रिय रूप देना ही है—जो मूल रूप में मानसिक कुण्ठाओं पर आश्रित होते हुए भी प्रत्यक्ष रूप में पलायन का रूप नहीं है।'

यह अन्तिम वाक्य कई बार पढ़ने लायक है। छायावाद की अतीन्द्रियता 'मूल रूप' में मानसिक कुण्ठाओं पर आश्रित है लेकिन 'प्रत्यक्ष रूप' में वह पलायन का रूप नहीं है। नगेन्द्रजी ने मूल रूप और प्रत्यक्ष रूप में कैसा मौलिक भेद किया है। लेकिन हमें तो मूल रूप से ही मतलब है, भले ही प्रत्यक्ष रूप में छायावाद पलायन न हो, मूल रूप में पलायन होने से ही हमारा काम चल जायगा।

नगेन्द्रजी इसी तरह शब्दों के साथ आँख-मिचौनी खेला करते हैं। छायावाद का विरोध करने के लिए आपका समर्थन पेश कर देना ही काफी है। छायावाद के विरोध में यही बात कही गई है। लेकिन वह आंशिक सत्य ही है। छायावाद स्थूल के प्रति सूक्ष्म का विद्रोह नहीं रहा वरन् थोथी नैतिकता, रूढ़िवाद और सामन्ती साम्राज्यवादी बंधनों के प्रति विद्रोह रहा है। यही उसका मजबूत पहलू है। परंतु यह विद्रोह मध्यवर्ग के तत्वावधान में हुआ था, इसलिए उसके साथ मध्यवर्गीय असंगति, पराजय और पलायन की भावना जुड़ी हुई थी। नगेन्द्रजी ने छायावाद को अंतर्मुखी वृत्तियों का प्रकाशन मानकर उसके प्रगतिशील पहलू को नजरन्दाज कर दिया है। केवल एक जगह उन्होंने इशारा किया है कि छायावादी विद्रोह का एक सामाजिक रूप भी था। उन्होंने स्वीकार किया है कि निराला, नवीन जैसे 'शक्तिशाली व्यक्तियों' में वह मिलता है। छायावाद के इस पहलू की विशेष चर्चा उन्होंने नहीं की। इसका कारण यह है कि ऐसी चर्चा उनकी अनुभूति के क्षेत्र के बाहर जा पड़ती है। इसका प्रमाण यह है कि साहित्य में जब भी वास्तविकता या लोकहित की चर्चा करना जरूरी होता है, तब नगेन्द्रजी या तो पैंतरा बदलकर अलग खड़े हो जाते हैं या उसे देखकर मुँह बनाने लगते हैं या पलायन से उसका सम्बन्ध जोड़ देते हैं!

प्रसादजी के लिए उन्होंने लिखा है—'वे बड़े गहरे जीवन-द्रष्टा थे। आधुनिक जीवन की विभीषिकाओं को उन्होंने देखा और सहा था।' लेकिन इससे परिणाम क्या निकला ? यह कि प्रसादजी पलायनवादी थे और ऐसे व्यक्ति को, गहरे जीवन-द्रष्टा को—पलायनवादी होना ही चाहिए। सुनिये—'ऐसा व्यक्ति, यह स्पष्ट है, संसार की भौतिक वास्तविकता को महत्व न देगा।·· उसका दृष्टिकोण रोमांटिक होना अनिवार्य है। वर्तमान से विमुख होने के कारण—जैसा रोमांटिक व्यक्ति के लिए आवश्यक है—वह पुरातन की ओर जायगा या कल्पनालोक की ओर।' क्या खूब ! जो आधुनिक जीवन की विभीषिकाओं को देखेगा और सहेगा, वह तो पलायनवादी होगा और यथार्थवादी शायद वह होगा जो इन विभीषिकाओं से पलायन करे !

सरस्वती के न्यायालय में प्रेमचन्द पर मुकदमा चलता है और वीणापाणि (अर्थात् नगेन्द्रजी) उन पर जो फैसला देती हैं, वह इस तरह है—'हमारा आदेश है कि आज से श्रीयुत प्रेमचन्द जी स्रष्टा कलाकारों की प्रथम श्रेणी को छोड़कर द्वितीय श्रेणी में आसन प्राप्त करें।' अन्तर्मुखी आलोचक से इससे ज्यादा और क्या आशा की जा सकती थी ? नगेन्द्रजी शुद्ध कविता, शुद्ध रस और शुद्ध सौन्दर्यशास्त्र के प्रेमी हैं। इस कसौटी पर प्रेमचन्द का साहित्य परखा जायगा तो कसौटी के ही अशुद्ध हो जाने का भय है। फिर भी उन्होंने उसे परखा, यही क्या कम है !

नगेन्द्रजी के यहाँ हर चीज शुद्ध है; बानगी देखिए —

(१) 'साहित्य के क्षेत्र में तो शुद्ध मनोविज्ञान···का ही अधिक विश्वास करना उचित होगा।'

(२) 'लोक प्रचलित अस्थायी वादों के द्वारा साहित्य का रस अशुद्ध हो जाता है।'

(३) 'छायावाद निश्चित ही शुद्ध कविता है।' हम अपनी तरफ से यही कह सकते हैं कि नगेन्द्रजी की आलोचना बिलकुल शुद्ध आलोचना होती है।

अस्थायी वादों के द्वारा साहित्य का रस अशुद्ध हो जाता है, इसलिए प्रगतिवाद को रस का सबसे बड़ा शत्रु मानना चाहिए। नगेन्द्रजी पहले तो प्रगतिवाद को मार्क्सवाद का पर्यायवाची शब्द मान लेते हैं; फिर उस पर एकांगिता आदि के दोष लगाते हैं। यह दोनों ही बातें गलत हैं। नगेन्द्रजी समझते हैं कि प्रगतिवाद की यह व्याख्या शायद संकुचित होगी, इसलिए कहते हैं—'शुद्ध प्रगतिवादी दृष्टिकोण तो शायद पंत और नये कवियों में नरेन्द्र ही ने ग्रहण किया है।' प्रगतिवादियों ने 'शुद्ध' पर इतना जोर नहीं दिया जितना नगेन्द्रजी ने। इसके सिवा मार्क्सवाद पर जो एकांगी होने का दोष लगाया गया है, वह भी उन्हीं की आत्माभिव्यक्ति हो सकती है; वस्तुगत सत्य नहीं है। मार्क्सवाद हमें संसार की घटनाओं को उनकी परस्पर सम्बद्धता में देखने के लिए कहता है। वह सामाजिक विकास के नियमों से हमें

परिचित कराता है और उनके प्रकाश में अपने युग की गतिविधि को पहचानने में हमारी सहायता करता है। साहित्य को वह एक सामाजिक क्रिया के रूप में देखता है; उसे कुछ विशिष्ट व्यक्तियों की पूंजी नहीं मानता। वह यह नहीं कहता कि साहित्य से आनन्द नहीं मिलता या छन्द, वर्ण, गति, लय का सौंदर्य साहित्य के लिए कलंक है। लेकिन वह यह मानता है कि जो साहित्य युग की सजीव 'अनुभूति' और प्रगतिशील 'विचारों' को व्यक्त नहीं करता, वह निर्जीव हो जाता है।

नगेन्द्रजी का विरोध मार्क्सवाद से ही नहीं है वरन् 'साहित्य समाज का दर्पण है'—इस साधारण सिद्धान्त से भी है। वह वस्तुनः 'कला कला के लिए' की गुहार मचाने वालों में हैं। कहते हैं—'कला कला के लिए है सिद्धान्त का प्रतिपादक भी वास्तव में शुद्ध आनन्द को ही कला का उद्देश्य मानता है।' इन कलापंथियों के अनुसार कवि वह सहृदय प्राणी नहीं है जिसका हृदय मानव-उत्पीड़न और संघर्षों से आन्दोलित होता है। इनके अनुसार वह अतृप्त वासनाओं का दास है जो दुनिया से मुँह चुराकर काल्पनिक आनन्द की खोज में लगा रहता है। इस तरह की व्याख्या कोई गया गुजरा छायावादी भी न स्वीकार करेगा।

नगेन्द्र को शुद्ध रस की उपलब्धि कहाँ होती है इसे देखकर भी कलापन्थियों की सप्रणता का पता चल जायगा। जब आप नगेन्द्रजी की अतल-भेदी दृष्टि पा जायँगे तब आप सहज ही समझ जायँगे कि 'पूर्व और परिश्रम की दृष्टि में जो जघन्य पाप है—बहिन के प्रति रति—उसको पवित्र रूप में देने के लिए हृदय में कितने सतोगुण की आवश्कता हुई होगी।' और शेखर के आनन्द में मगन होकर आलोचकजी आत्माभिव्यक्ति करते हैं—'इस अन्तिम रसस्थिति पर पहुँचकर मेरा मन यात्रा के सभी श्रम को भूलकर लेखक के प्रति एक अमिश्रित कृतज्ञ-भाव से भर जाता है! क्या आप मुझसे सहमत नहीं हैं?'

आपसे सहमत वही होगा जिसने आपका सा हृदय पाया होगा; साधारण पाठकों में तो इस अनुभूति का अभाव ही होता है। इसी कारण आप प्रेमचन्द के स्वस्थ पात्रों को अस्वाभाविक ठहराते हैं और जैनेन्द्र और शेखर के मरीजों में रस का अनुभव करते हैं।

नगेन्द्रजी के लेखों के बारे में कहने को (और सुनने को भी) अभी बहुत कुछ है लेकिन यहाँ मेरा उद्देश्य उनकी आलोचना की बुनियादी कमजोरियों की तरफ संकेत करना भर है। उनका दृष्टिकोण समाज-हित से दूर अहंकार का पोषक है इसलिए वे सम्पूर्ण साहित्य को अतृप्त कामवासनाओं से उत्पन्न होने वाली कपोल-कल्पना बना देते हैं। प्रगतिशील साहित्य सप्राण है, इसे वह मानते हैं लेकिन वह पलायनवादी साहित्य का पल्ला नहीं छोड़ सकते क्योंकि उससे शुद्ध रस की सृष्टि होती है। शुद्ध रस की खोज में वह रोगी पात्रों के नजदीक खिचते चले जाते हैं। यहाँ तक कि उनकी आलोचना उनके अपने रोग की अभिव्यक्ति बन जाती है।

इसमें कोई सन्देह नहीं कि मध्यवर्ग के अधिकांश युवक हीन भावना से पीड़ित हैं। उनके जीवन में अभावों का समुद्र लहरा रहा है। लेकिन वे इन अभावों को दूर करना नहीं जानते और झूठी-सच्ची भूख का अन्तर भी नहीं पहचानते; इसलिए वह समूचे साहित्य को अहं का विस्फोट कहकर अपनी अकल का गुब्बारा फोड़ देते हैं।

· नगेन्द्रजी परस्पर असंगत बातों का समर्थन करते हैं, इसलिए उनका तर्क लचर होता है। वाक्यों में असम्बद्धता भी रहती है। कहीं-कहीं उनकी दलीलें देखने लायक होती हैं। शुक्लजी और रिचार्ड्स की तुलना करते हुए लिखते हैं—'दोनों अध्यापक हैं अतः दोनों की शैली विश्लेषणात्मक है'। और नगेन्द्रजी भी अध्यापक हैं, अतः उनकी शैली रिचार्ड्स और शुक्लजी की शैली के कान काटती है। शुक्लजी से निकालिए एक भी ऐसा वाक्य जैसे—'ध्रुवस्वामिनी का सारभूत प्रभाव तो पूर्णतः एकसार है।' अच्छा हुआ, शान्तिप्रियजी अध्यापक न हुए; अभी नगेन्द्र जी अकेले हैं, फिर दो हो जाते तो इस विश्लेपणात्मक शैली से हिन्दी की रक्षा करना असंभव हो जाता।

३

हिन्दी साहित्य पर तीन नये ग्रन्थ

इधर तीन-चार वर्षों में हिन्दी साहित्य पर तीन थीसिस प्रकाशित हुए हैं जिनका ध्येय १९वीं और २०वीं शताब्दी के हिन्दी साहित्य पर विशेष प्रकाश डालना है। पहला डा. लक्ष्मीसागर वार्ष्णेय का 'आधुनिक हिन्दी साहित्य' (१८५०-१९०० ई.)है। दूसरा डा. केसरीनारायण शुक्ल का 'आधुनिक काव्यधारा'। तीसरा डा. श्रीकृष्णलाल का 'आधुनिक हिन्दी साहित्य का विकास' (१९००-१९२५ ई.)है।

डा. शुक्ल के थीसिस का विषय केवल कविता है; परन्तु उन्होंने उसकी पृष्ठ-भूमि का उल्लेख करते हुए १९वीं शताब्दी के साहित्य पर भी बहुत-कुछ कहा है। डा. श्रीकृष्णलाल के थीसिस में आधुनिक हिन्दी कविता आ ही जाती है, इसलिए इन तीन ग्रन्थों में कई बातें समान हैं। इनमें साहित्य को समाज की गतिविधि के साथ परखने का प्रयास है परन्तु इतिहास को समझने और उसकी पृष्ठभूमि में साहित्य का मूल्य आँकने में अभी काफी उलझनें हैं। इसके सिवा ये तीनों ग्रन्थ शुक्लजी से बहुत कम आगे बढ़ सके हैं और शुक्लजी का इतिहास पढ़ने पर इन तीनों ग्रन्थों के पारायण से हिन्दी-साहित्य का ज्ञान कितना बढ़ेगा, यह सन्देह का ही विषय रह जाता है।

१

पहले 'आधुनिक हिन्दी साहित्य' को लेते हैं क्योंकि इसमें १९वीं सदी के साहित्य का भी अध्ययन किया गया है। विषय प्रवेश के उपरान्त लेखक ने 'पूर्व-परिचय' में ब्रिटिश शासन और हिन्दी गद्य के विकास पर प्रकाश डाला है। आगे धार्मिक और सामाजिक आन्दोलन का उल्लेख है। पुनः गद्य, जीवनी-साहित्य, हिन्दी-ईसाई साहित्य, उपन्यास, नाटक और कविता पर विचार किया गया है। 'परिशिष्ट' में लेखक ने रीतिकालीन साहित्य की विवेचना की है।

ऐतिहासिक पृष्ठ-भूमि देने का चलन अभी हाल में नहीं हुआ। यह प्रथा पुरानी है। परन्तु अब उन कारणों पर भी ध्यान देना चाहिए जिनसे बड़े-बड़े

सामाजिक और राजनीतिक आन्दोलन सम्भव होते हैं। अब इतना कह देना काफी नहीं है—"आध्यामिकता के मूल तत्वों की भित्ति पर खड़ा हुआ वृहद् हिन्दू-जीवन प्राणहीन हो गया था। कालस्रोत ने उसका जीवन निस्तेज और निस्पन्द कर दिया था।" कालस्रोत का उल्लेख तो बाबा आदम से होता चला आ रहा है। इतिहास के वैज्ञानिक अध्ययन के नाम पर कालस्रोत का नाम लेना अपने अवैज्ञानिक भाग्यवाद का परिचय देना है।

डा. वार्ष्णेय की दृष्टि इतिहास के महापुरुषों की ओर जाती है, परन्तु उन व्यापक आर्थिक कारणों को वे नहीं देख पाते जिनसे इन महापुरुषों का कार्य सम्भव होता है। उनके अध्ययन का परिणाम कुछ-कुछ इस प्रकार है—एक समय हिन्दू समाज गौरव के उच्च शिखर पर था। समय के प्रवाह से वह खाई में आ गिरा। वहाँ से उसे स्वामी दयानन्द और राजा राममोहन ने उबारा। "पर १९वीं शताब्दी में ब्राह्म समाज और आर्यसमाज के प्रचार से अनेक हिन्दू धर्मावलम्बी जो ईसाई या मुसलमान हो गए थे, फिर से हिन्दू-धर्म की गम्भीर छाया के नीचे आ गए।" इस दृष्टिकोण में धार्मिकता अधिक है, ऐतिहासिकता कम। इस प्रकार तो राजा राममोहन और स्वामी दयानन्द के कार्यों का जो राजनीतिक और सामाजिक महत्व है, उसे भी हम न समझेंगे।

इसी प्रकार भक्तिकाल में सूर और तुलसी के साहित्य और उनकी विचारधारा की ऐतिहासिक पृष्ठभूमि न समझने के कारण डा. वार्ष्णेय ने लिखा है कि धर्म ने "समाज के अस्तित्व को बनाए रक्खा" परन्तु "उसके बाद वह (समाज) जैसा था वैसा ही बना रहा।" और भी "उसे अवतारवाद का पाठ पढ़ाया गया। सन्तों ने अनहद का राग अलापा, तुलसी ने अवतारवाद की शिक्षा दी और सूर ने बच्चों से जी बहलाया।"

वास्तव में तुलसी ने जो रूप समाज को देना चाहा था, वही रूप उसका पहले भी न था। सामन्तवाद के कट्टर वातावरण में सन्त कवियों ने जिस उदार सामाजिक भावना को जन्म दिया, उसे लेखक ने बिलकुल भुला दिया है।

इस भ्रम के कारण ही उसने शृङ्गारी-साहित्य को अत्यधिक आध्यात्मिकता की प्रतिक्रिया मानकर उसकी सफाई पेश की है और नए हिन्दी साहित्यिकों द्वारा जो उसकी उपेक्षा हुई है, उससे अपनी 'मर्मान्तक पीड़ा' का उल्लेख किया है।

राज-दरबार में नारी को क्या समझा जाता था, इसे बताने की आवश्यकता नहीं है। लेखक ने उस विलासी मनोवृत्ति को—जिसके अनुसार नारी एक क्रीत दासी से बढ़कर कुछ नहीं है—एक मनोवैज्ञानिक तथ्य सिद्ध करने का प्रयत्न किया है। जितना अवैज्ञानिक प्रयोग 'मनोवैज्ञानिक' और 'वैज्ञानिक' शब्दों का होता है, उतना और किन्हीं शब्दों का नहीं। उदाहरण के लिए लेखक के अनुसार भारतेन्दुकाल में शृंगारी कविताओं के संग्रह निकलने लगे थे और इस काल में

प्राचीन और तत्कालीन शृङ्गार साहित्य का वैज्ञानिक अध्ययन भी शुरू हो गया था।

संक्षेप में यह मनोविज्ञान इस प्रकार है। "मनोविज्ञान के आधुनिक विद्वानों की सम्मति में भी स्त्री एक प्रेमी के बाद दूसरा प्रेमी चाहती है। यह समझना चाहिए कि इस प्रेम में विलासिता का अंश ही अधिक रहता है।"

विवाह हो जाने के बाद स्त्री-पुरुष एक-दूसरे के लिए साधारण रह जाते हैं। "इस मनोवैज्ञानिक सत्य के प्रकाश में परकीया व्यभिचारिणी नहीं ठहरतीं। वैसे भी व्यभिचारिणी कही जाने वाली किसी स्त्री को घृणा और क्रोध की दृष्टि से देखना स्त्री जाति की मूल प्रकृति से अनभिज्ञता प्रकट करना है।"

सामन्तवादी और पूंजीवादी समाज के बन्धनों से यदि कुछ या अनेक स्त्री-पुरुषों को दमित इच्छाएँ व्यभिचार की ओर ले जाती हैं तो इससे यह 'शाश्वत सत्य' कैसे सिद्ध हो गया कि यह स्त्री या पुरुष की 'मूल-प्रकृति' है ? स्त्री और पुरुष की प्रकृति बहुत कुछ उनके सामाजिक विकास के अनुसार बनी है। सामाजिक व्यवस्था की असंगतियों के कारण मानव-प्रकृति में भी असंगतियाँ उत्पन्न होती हैं। इन असंगतियों को न समझ कर लेखक ने सामाजिक व्यवस्था की एक असंगति को मनुष्य की मूल प्रकृति मान लिया है। असभ्य अवस्था से सामन्तवाद और क्रमशः पूंजीवाद और समाजवाद की ओर बढ़ने में कौन-सा तत्व कम हुआ है, कौन-सा बढ़ा है, यह अब सिद्ध करने की आवश्यकता नहीं रह गई।

१९वीं सदी के साहित्य में जन-आन्दोलन के प्रथम चिन्ह दिखाई पड़ते हैं। लेखक ने भारतेन्दुकालीन साहित्यिकों की राजभक्ति का उल्लेख करते हुए उन्हें उत्तमवर्ग और उच्च मध्यम वर्ग का बतलाया है। अधिकांश हिन्दी के लेखकों का जीवन उस समय कितने कष्टों में बीता था, इसे सभी जानते हैं। हिन्दी लेखकों ने हिन्दी सेवा के लिए सब कुछ कैसे फूंकताप दिया, इसे भी हम जानते हैं। अनजाने में उन्होंने उच्च वर्गों का प्रतिनिधित्व किया हो, यह दूसरी बात है। लेखक के विचार से 'राजनीतिक भय के कारण उन्हें चुप रह जाना पड़ा।' चार पृष्ठ बाद लेखक ने प्रतापनारायण मिश्र की 'सर्बसु लिए जात अँगरेज' आदि पंक्तियाँ भी उद्धृत की हैं। राजनीतिक भय अवश्य था लेकिन हिन्दी लेखक दण्ड भय से चुप नहीं बैठे। उन्होंने देशदशा का स्पष्ट वर्णन किया। और अँगरेजों को ठेठ भाषा में सीधी-सीधी सुनाई। राज भक्ति का कारण झूठे वादे थे, लेकिन इस मरीचिका को भंग होने में देर न लगी थी।

साहित्य के विभिन्न अंगों की चरचा में लेखक ने अनेक स्थलों पर एकांगी या काम चलाऊ आलोचना से काम लिया है। यह सभी जानते हैं कि भारतेन्दुकाल का सबसे विकसित और पुष्ट साहित्यिक रूप निबन्ध का है। लेखक ने दो पृष्ठों में इस प्रसंग को समाप्त कर दिया है। वास्तव में लेखक निबन्ध साहित्य से भली-

भाँति परिचित नहीं है क्योंकि निबन्धों के संग्रह अभी प्रकाशित होने को हैं। परन्तु यदि कोई भारतेन्दु युग के निबन्ध-साहित्य को नहीं जानता तो वह भारतेन्दु युग को भी नहीं जानता।

नाटकों के बारे में वार्ष्णेयजी ने सामाजिकता और सामयिकता का इस प्रकार उल्लेख किया है मानो इनसे उच्चकोटि के साहित्य का कोई बैर हो। प्रहसनों की निन्दा के लिए उन्होंने काफी पृष्ठ दे दिये हैं परन्तु उस समय के नाटकों की सफलता का मूल्यांकन नहीं किया। कविता में रीति-कालीन परम्परा पर चलते हुए भी उस समय के लेखकों ने एक नये जन-साहित्य की नींव डाली थी। इसके सिवा भारतेन्दु, प्रेमघन आदि ने कविता में नयी व्यक्तित्व-व्यंजना (नगद दमाद अभिमानी के आदि) और वर्णनात्मक रचनाएँ भी कीं। लेखक ने इनका भी यथोचित मूल्यांकन नहीं किया।

इन सब कारणों से पुस्तक को पढ़ लेने के बाद यही धारणा होती है कि लेखक के 'मनोविज्ञान' के सिवा इसमें नवीन सामग्री बहुत नहीं हैं जो हिन्दी-साहित्य के अध्ययन को आगे बढ़ाये।

२

'आधुनिक काव्य-धारा' को पढ़कर सहसा हिन्दी के आलोचना साहित्य पर अभिमान हो आता है। वह इस कारण कि इससे अच्छी किताबें आये दिन हिन्दी-माता के भण्डार की श्रीवृद्धि किया करती हैं। शब्दाडम्बर खूब है, गनीमत है कि अर्थाडम्बर का अभाव है।

इस पुस्तक में रीतिकाल और भारतेन्दु-युग के काव्य-साहित्य का विहंगा-वलोकन करने के बाद लेखक ने द्विवेदी युग और उसके बाद की कविता का मूल्यांकन किया है।

रीतिकालीन साहित्य की निन्दा करने में लेखक ने उन्हीं बातों को दुहराया है जिन्हें और लेखक भी कह चुके हैं। परन्तु इसे दोष नहीं माना जा सकता। दोष यह है कि एक ही बात को इस पुस्तक में भी कई बार दोहराया गया है।

भारतेन्दु-युग की विवेचना करते हुए लेखक ने नये साहित्य की पृष्ठभूमि की अधिक स्पष्ट व्याख्या की है। 'कालस्रोत' से सन्तोष न करके उन्होंने लिखा है कि "सन् सत्तावन के उपद्रव से बहुत से रजवाड़े लुप्त हो गये थे और अनेक देशी रजवाड़ों की शक्ति क्षीण हो गई थी। कवियों के आश्रयदाता भी नहीं रह गये थे, इसलिए जहाँ रीतिकाल के कवि अपने लौकिक पालकों को प्रसन्न करके पुरस्कार पाने के लिए लालायित रहते थे, वहाँ इस उत्थान के कवियों और लेखकों को केवल जनता से ही प्रशंसा की आशा थी।" वास्तव में भारतेन्दु-युग में जो नव-जागरण दिखाई देता है, उसका मूल कारण सामन्तवाद का ह्रास और

साहित्य का उससे सम्बन्ध-विच्छेद है। डा. शुक्ल ने इस साधारण ऐतिहासिक तथ्य को भली-भाँति ग्रहण नहीं किया।

सामन्तवाद से सम्बन्ध तोड़कर उस युग के साहित्यिक जनता की ओर मुड़े परन्तु जनता और उनके बीच में एक तीसरी शक्ति और थी—ब्रिटिश साम्राज्य-वाद। भारतेन्दु-युग के लेखकों ने महारानी विक्टोरिया की प्रशंसा की, साथ ही जनता के दुख-दर्द की कहानी भी कही। डा. शुक्ल के विचार से राजभक्तिपूर्ण कविताएँ कोरी चाटुकारिता नहीं हैं। "ब्रिटिश शासन की नयी सुविधाओं और विज्ञान के नूतन आविष्कारों से कवियों तथा जनता दोनों की मति आच्छादित थी। इसी से भारतेन्दु-युग की जनता और कवि, ब्रिटिश राज का गुणगान करते थकते नहीं थे।" यह केवल आंशिक सत्य है। स्वयं भारतेन्दु अच्छी तरह जानते थे और उन्होंने लिखा था कि विज्ञान के नये आविष्कारों से देश पूरा लाभ नहीं उठा पा रहा। देश में उद्योग-धन्धों का विकास नहीं हो पा रहा। इसीलिए जनता की मति ब्रिटिश राज की कारगुजारी से अच्छादित न हुई थी वरन् उसके वादों से हो गई थी। इसीलिए 'ब्रँडला स्वागत' जैसी कविता में देश की दुर्दशा और राजभक्ति दोनों साथ-साथ चलती हैं। वास्तव में ब्रिटिश राज के वादों का भरोसा कुछ दिन में टूट गया और तब कविगण खरी-खरी कहकर दिल के फफोले फोड़ने लगे। आधुनिक साहित्य की विवेचना में दो एक बातें उल्लेखनीय हैं। एक तो यह कि श्री 'अयोध्यासिंह उपाध्याय अपने प्रयोग में कभी असफल नहीं हुए।' और—'प्रकृति का सजीव चित्र न उपस्थित कर उन्होंने पेड़ों के नाम गिनाये हैं।' और—

"महादेवी वर्मा की रचनाओं में भी प्रवाह का अभाव है। यद्यपि संस्कृत की पदावली की ओर इनका अधिक झुकाव नहीं है और वे प्रभाव के लिए उर्दू के शब्दों को ग्रहण करती हैं तथापि इनकी भाषा में स्वाभाविक भाषा का प्रवाह और ओज नहीं है।" आखिर यह बात क्या हुई?

'बंगला की देखा देखी' हिन्दी में भी छायावाद चल पड़ा—इस निष्कर्ष की सिद्धि के लिए एक थीसिस की आवश्यकता न थी। दस-पाँच बंगला की पंक्तियाँ उद्धृत करके लेखक महोदय अपने मत की पुष्टि करते तो उनकी पुस्तक का अधिक महत्त्व होता।

प्रगतिशील कवियों की रचना को उन्होंने एकांगी कहा है परन्तु उन्हीं कवियों से प्रेम और प्रकृति सम्बन्धी कविताओं के उदाहरण भी दिये हैं।

कुल मिलाकर लेखक के चिन्तन का धरातल बहुत नीचा है और पुस्तक में एकत्र की हुई सामग्री से हिन्दी साहित्य का अध्ययन एक पग भी आगे नहीं बढ़ता।

३

तीसरी पुस्तक में १६०० से १६२५ तक के हिन्दी साहित्य का अध्ययन किया गया है। इस पुस्तक की विषय-कल्पना में ही एक मूल दोष है और वह यह कि द्विवेदी युग या छायावादी युग को अपने अध्ययन का विषय बनाकर इसने ऐसी सीमाएँ निर्धारित की हैं जो छायावादी काल का दो-तिहाई भाग काट देती हैं। १६२५ में छायावादी युग का आरम्भ मात्र होता है। उसका पूर्ण विकास आगे चलकर होता है, इसलिए प्रसाद, पन्त और निराला की कुछ रचनाओं को तो लिया गया है, कुछ को छोड़ दिया गया है। यही बात प्रेमचन्द, आचार्य शुक्ल, मैथिलीशरण जी गुप्त आदि के बारे में भी हुई है। इसलिए १६२५ की सीमा साहित्यिक विवेचना के लिए उचित नहीं थी।

इस पुस्तक का महत्व गद्य-शैली और गीतिरूपों के विश्लेषण में है। यद्यपि यह विश्लेषण काफी गहरा नहीं है, फिर भी आधुनिक हिन्दी साहित्य के इतिहासकार इस ओर से उदासीन से रहते हैं। मुक्त छन्द और गद्य-पद्य के नये प्रयोगों के प्रति कुछ शास्त्रीय अध्ययन का स्वाँग रचनेवालों में जो अवज्ञा और उनकी अनभिज्ञता होती है, उसका यहाँ अभाव है। लेखक ने सहानुभूति से छायावादी कवियों के प्रयोगों को समझने और उनके मर्म तक पैठने की कोशिश की है।

इस विश्लेषण में एक दोष है कि अत्यधिक उद्धरण देकर लेखक बहुधा उनकी प्रशंसा करके रह गया है। जैसे निरालाजी की सन्ध्या सुन्दरी की 'अनुपम सृष्टि' दिखाने के बाद लेखक ने इस कविता से प्रकृति चित्रण की शैलियों के प्रसंग को समाप्त किया है—"इसी प्रकार सुमित्रानन्दन पन्त का 'पल्लव' भी एक अनुपम सृष्टि है।" इस तरह के विशेषणों के प्रयोग से आलोचना अपने साधारण धरातल से भी नीचे आ गिरती है।

भूमिका में लिखा है—"आधुनिक काल यद्यपि शृंगारिक नहीं है तथापि इसमें शृंगार रस की कविताओं की भरमार है। सुमित्रानन्दन पन्त की 'ग्रन्थि' इस युग के उद्दाम यौवन का एक ज्वलन्त उदाहरण है।" परन्तु आगे चलकर प्रेम सम्बन्धी कविताओं की विस्तृत चर्चा करते हुए लिखा है—'सभी जगह प्रेम वासना-जनित आकर्षण से ऊपर उठा हुआ मिलता है।' तब क्या उद्दाम यौवन कोई आध्यात्मिक वस्तु है?

भूमिका में फिर लिखा है—'इस काल की शृंगार भावना विशुद्ध बुद्धिवादिनी है। वीर, शृंगार और भक्ति के अतिरिक्त करुणा और प्रकृति-चित्रण से पूर्ण कविताएँ भी इस काल में पर्याप्त मात्रा में मिलती हैं। किन्तु इन सभी कविताओं का आधार मानसिक है।' और भी—'आधुनिक साहित्य में वर्णित

वस्तुओं का महत्त्व बुद्धि पर प्रभाव डालने के लिए है।' परन्तु आगे चलकर इन विषयों के विस्तृत विवेचन में लेखक ने बिल्कुल उल्टी ही बातें कही हैं।

पृष्ठ ६५ पर लिखा है—'जिस प्रकार तुलसीदास और सूरदास इत्यादि भक्त कवि भक्ति को ही जीवन का तत्व मानते थे और बिना भक्ति के ज्ञान, मान और वैभव को तुच्छ समझते थे, उसी प्रकार आधुनिक प्रेमी कवि प्रेम को ही जीवन का सर्वस्व मानते हैं।' इसके बाद गोस्वामी तुलसीदास की चौपाइयाँ उद्धृत करके वह कहते हैं—'प्रसाद भी उन्हीं के स्वर में स्वर मिलाकर प्रेम के सम्बन्ध में कहते हैं।' इसके बाद चार पंक्तियों का उद्धरण है। यदि प्रसादजी गोस्वामी-जी के स्वर में स्वर मिला सकते हैं तो बुद्धिवादी कौन है ?

ऐसे ही प्रकृति-चित्रण के सम्बन्ध में लेखक का कहना है, अँगरेजी कवि वर्ड्स्वर्थ जिस प्रकार इन्द्रधनुष देखकर हर्षोद्रेक से पागल हो उठता था, हिन्दी के आधुनिक भावुक कवि भी प्रकृति का सौन्दर्य देखकर उन्मत्त हो उठते हैं! सुमित्रानन्दन पन्त ने लिखा है···। तब क्या हर्षोद्रेक का आधार मानसिक है ? क्या प्रकृति का सौन्दर्य देखकर उन्मत्त हो उठने वाले कवि किसी की बुद्धि को प्रभावित करना चाहते हैं ?

राष्ट्रीय कविताओं के प्रसंग में डा. श्रीकृष्णलाल ने लिखा है—'भारतवर्ष को जन्मभूमि मानना हमने पश्चिम से सीखा।' यह खोज और भी महत्वपूर्ण होती यदि वे कहते कि भारतवर्ष का नाम भी हमें अंग्रेजी से मिला है। छायावादी कविता का जन्म भी उन्होंने अंग्रेजी प्रभाव से माना है। यही प्रभाव बंगला कविता से होकर भी आया परन्तु स्वामी रामकृष्ण परमहंस और विवेकानन्द का जो प्रभाव निरालाजी तथा पन्तजी पर पड़ा है, उसे डाक्टर श्रीकृष्णलाल ने नहीं देखा। संस्कृत और मध्यकालीन कवियों के प्रभाव को भी उन्होंने नहीं आँका। हमारे आलोचक वस्तुस्थिति से अभी काफी दूर हैं, इसलिए उनकी समीक्षा एकांगी होती है।

फिर भी डाक्टर श्रीकृष्णलाल की पुस्तक से नये साहित्य की अच्छी जान-कारी होती है यद्यपि वह पूरी नहीं होती। उनका दोष यह है कि उन्हें अत्याधिक उद्धरणों से प्रेम है। उनका गुण उनकी विश्लेषण की क्षमता है जिसके विकास की यथेष्ट सम्भावना है। इसमें सन्देह नहीं, उनमें हम हिन्दी का एक सुन्दर आलोचक पा सकते हैं।

४

इतिहास और कथा साहित्य

'बृन्दावन लाल वर्मा : व्यक्तित्व और कृतित्व' पुस्तक वर्माजी के व्यक्तित्व और कृतित्व का परिचय है। शुरू के १६ पृष्ठों में वर्माजी के जीवन की रूपरेखा पुस्तक का सर्वश्रेष्ठ अंश है। ऐतिहासिक उपन्यासों के अलावा सामाजिक उपन्यासों, नाटकों और अन्य रचनाओं की भी यथेष्ट चर्चा है। प्रत्येक अध्याय में मूल पुस्तकों की कथावस्तु देने के बाद सामान्य विशेषताओं का उल्लेख है। पुस्तक के अधिकांश पृष्ठों में कथानकों का सारांश ही दिया गया है। कोई वर्माजी की रचनाएँ पढ़े बिना ही उनकी चर्चा करना चाहे तो उसे कथावस्तु-सम्बन्धी काफी सामग्री यहाँ सुलभ होगी।

ऐतिहासिक उपन्यासों की विशेषताओं में ऐतिहासिक तथ्यों की पूरी जानकारी, भौगोलिक ज्ञान, बुन्देलखण्ड के प्रति प्रेम, प्रकृति-वर्णन, साधारण पात्रों की शूरता का चित्रण, आदि तत्वों का उचित उल्लेख है। पुस्तक की कमजोरी यह है कि उपन्यासों और नाटकों पर लिखते हुए आलोचक ने चरित्र-चित्रण और कथाशिल्प की ओर कम ध्यान दिया है। वर्माजी के सभी उपन्यास एक कोटि के नहीं हैं। उनकी सफलता-असफलता के कारणों का विवेचन सन्तोषजनक नहीं हुआ। भाषा-शैली और शिल्प वाले अध्याय में भी शिल्प-चर्चा हल्के ढंग की है। नाटकों के शिल्प की ओर लेखक ने और भी कम ध्यान दिया है।

गढ़कुंडार के बारे में डा. कमलेश ने लिखा है कि "खंगारों का पतन उनकी दृष्टि में इसलिए जरूरी था कि वे विलासी शिथिल और क्रूर थे। साथ ही दिल्ली के मुसलमानों और उनके पिछलगुओं से साँठ-गाँठ करते थे। वर्माजी ने ऐसी जाति का पतन कराया है—छल से ही सही। कारण उनके ही शब्दों में यह कि बुन्देलखण्ड की वर्तमान हिन्दू जनता में जो प्राचीन हिन्दुत्व अभी थोड़ा बहुत शेष है उसकी रक्षा का बहुत कुछ श्रेय बुन्देलों को ही है।" इन वाक्यों से वर्माजी के दृष्टिकोण का आंशिक परिचय ही मिलता है।

गढ़कुंडार के परिचय में स्वयं वर्माजी ने खेतसिंह खंगार के बारे में लिखा है

कि "वह ११९२ के बाद स्वतन्त्र हो गया और खंगारों के हाथ में जुझौति (बुंदेलखण्ड) का अधिकांश भाग ८० वर्ष के लगभग रहा। इस बीच में मुसलमानों के कई हमले जुझौति पर हुए, परन्तु किसी भी दीर्घ समय तक के लिए कभी यह प्रदेश मुसलमानों की अधीनता में नहीं रहा।" इससे इतना तो सिद्ध ही है कि खंगारों ने बुन्देलखण्ड को सुरक्षित रखा। खंगारपक्ष का तर्क है कि बुन्देले ही मुसलमानों को लाये। वर्माजी ने इसे अस्वीकार करते हुए लिखा है "बेचारे खंगारों का नाम सन् १२८६ के पश्चात जुझौति के सम्बन्ध में बिलकुल नहीं आता। उनका पतन उसके बाद ऐसा घोर और इतना विकट हुआ कि आजकल उनकी गिनती बहुत निम्न श्रेणी में की जाती है। परन्तु इसमें जरा भी संदेह नहीं कि एक समय उनके गौरव का था, और उनके नाम की पताका जुझौति के अनेक गढ़ों पर वीरों और सामन्तों के ऊंचे सिरों पर फहराया करती थी। उनके पतन की जिम्मेदारी उनके निज के दोषों पर कम है। उसका दायित्व उस समय के समाज पर अधिक है।" इन वाक्यों से स्पष्ट हो जायेगा कि डा. कमलेश ने वर्माजी के दृष्टिकोण को सही-सही प्रस्तुत नहीं किया।

डा. कमलेश संभवतः खंगारों और बुन्देलों को समान रूप से राजपूत समझते हैं। उन्होंने लिखा है, "बुन्देले न तो खंगारों का भोजन करते हैं और न उनके साथ वे विवाह सम्बन्ध ही स्थापित करते हैं। इस देश के नाश का कारण राजपूतों के अपने को एक-दूसरे से बढ़कर समझने में रहा है।" खंगारों और बुन्देलों का संघर्ष राजपूतों का आपसी संघर्ष नहीं है। बुन्देलखण्ड के मूल स्वामी खंगार थे जिनसे बुन्देलों ने उनका राज्य छीना था। गढ़कुंडार के परिचय में वर्मा जी ने लिखा है, 'कुंडार के खंगार राजाओं की मातहती में अनेक क्षत्रिय सरदार और सामन्त थे।' इससे भी खंगारों और क्षत्रियों का अन्तर स्पष्ट है।

क्या वर्माजी के उपन्यासों में मुसलमानों के प्रति कटुता का आभास है? डा. कमलेश ने मान लिया है कि है और इसे मानने के बाद वर्माजी की सफाई में लिखा है, "जो इस देश में आकर और स्वर्गीय सुख भोगकर भी इसे अपना न समझें, प्रत्युत उसकी प्राचीन संस्कृति को जानबूझ कर नष्ट करना चाहें उनके प्रति घृणा के अतिरिक्त और क्या होगा? स्वयं शासक की स्थिति में अत्याचार करने वाले और अंग्रेजों के आने पर जागीरों और नौकरियों के लोभ में बिक जाने वालों को कभी क्षमा नहीं किया जा सकता।"! यह राष्ट्रीय विचारक और लेखक डा. कमलेश की वाणी है। १८५७ में अंग्रेजों के खिलाफ मुस्लिम जनसाधारण के अलावा अनेक मुस्लिम सामन्त भी लड़े थे, इस बात को कमलेश जी भूल गये हैं। वर्माजी ने अनेक उपन्यासों में हिन्दू-मुस्लिम सामन्तों के अत्याचारों से समस्त प्रजा को पीड़ित होते दिखाया है। उनके ऐतिहासिक उपन्यासों की सबसे बडी विशेषता यही है कि उन्होंने अन्य सभी भारतीय ऐतिहासिक

उपन्यासकारों से आगे बढ़कर हिन्दू सामन्तवाद की कमजोरियों पर भी हमारा ध्यान केन्द्रित किया है। 'समालोचक' के यथार्थवाद विशेषांक में प्रकाशित वर्माजी का यह मत ध्यान देने योग्य है, "सामन्त चाहे हिन्दू हों चाहे मुसलमान, हैं एक ही थैली के चट्टे-बट्टे। इनके वर्गों में भी भेद हैं। अरब, तुर्क, ईरानी, मुगल, पठान इत्यादि मुसलमान होते हुए भी अपनी-अपनी विशेषताएँ रखते हैं और इनके उपवर्ग भी हैं। कहलाते सब मुसलमान हैं। मैंने इन्हें मुसलमान समझ कर नहीं बल्कि जातीय वर्ग विशेष के लक्षणों से युक्त देख समझ कर इनके विषय में लिखा है।"

यहाँ भी डा. कमलेश और वर्माजी के दृष्टिकोण का अन्तर स्पष्ट दिखाई देता है।

पुस्तक लिखने में उन्होंने कुछ जल्दबाजी की है। कुछ धैर्य से लिखते और कथानकों का सारांश कुछ कम देते तो पुस्तक अधिक उपयोगी होती।

गद्यशिल्प

१

बालमुकुन्द गुप्त

बालमुकुन्द गुप्त भारतेन्दु के जीवन-काल में ही उर्दू के प्रसिद्ध लेखक बन चुके थे और उनके निधन के दो साल बाद वह हिन्दी के समर्थ लेखक बनकर साहित्य के मैदान में आए। भारतेन्दु-युग के साथ उनका बड़ा ही सजीव सम्बन्ध था। प्रताप नारायण मिश्र के साथ वह काला काँकर से निकलने वाले 'हिन्दोस्थान' में काम कर चुके थे। भारतेन्दु के समकालीन दूसरे लेखकों के साथ भी उनका नजदीकी परिचय था और कुछ के साथ उन्होंने काम भी किया। दुर्गाप्रसाद ने 'सार सुधा-निधि' नाम का पत्र निकाला था और सदानन्द मिश्र उसका सम्पादन करते थे। इसके लिए बालमुकुन्द गुप्त ने लिखा था—'बाबू हरिश्चन्द्र जी उससे बड़ा प्यार रखते थे।' दुर्गाप्रसाद जी ने 'उचितवक्ता' नाम का पत्र भी निकाला था जिसमें भारतेन्दु हरिश्चन्द्र भी लिखा करते थे। जब बालमुकुन्द हिन्दी 'बंगवासी' में काम करने आए, तब वह दुर्गाप्रसाद जी के ही यहाँ रहे। प्रताप नारायण मिश्र के शिष्य प्रभुदयाल भी वहीं काम करते थे जिनके लिए उन्होंने गुप्तजी को लिखा था—'हमारा प्रभुदयाल भी वहाँ है, उसका ध्यान रखना।'

बालमुकुन्द गुप्त भारतेदु युग के महारथियों में एक साधारण सिपाही की तरह शामिल हुए, लेकिन बहुत जल्द उन्होंने सेनापति का स्थान पा लिया। उस युग के तमाम लेखक उन्हें अपना नेता मानने लगे। वह भारतेन्दु के सच्चे उत्तराधिकारी साबित हुए। भारतेन्दु की तरह वह हिन्दी-उर्दू दोनों के लेखक थे। वह भारतेन्दु की तरह देश-भक्ति और जनतन्त्र के हिमायती थे, व्यंग्य और हास्य लिखने में कमाल करते थे, अपनी पीढ़ी को हिन्दी भाषा और जनता की सेवा करने के लिए जबर्दस्त प्रोत्साहन देते थे। भारतेन्दु की तरह वह बहुत ही सहृदय और एक सच्चे मित्र थे। भारतेन्दु की तरह वह अभिमानी के नगद दमाद थे।

बालमुकुन्द गुप्त ने हिन्दी भाषा और साहित्य की जातीय परंपरा को मजबूत किया। २१ अक्तूबर १९०६ ई. के दिन गुप्त जी ने अपनी डायरी में लिखा था—

'दयानारायण जी निगम नवाबराय, सहित मिले। स्टेशन के एक गोरे ने उनसे बड़ा खराब 'बरताव' किया। खराब क्या, बड़ी बेईमानी और बदनीयती की।' यह नवाबराय—भावी प्रेमचन्द—बालमुकुन्द गुप्त की परम्परा को आगे बढ़ाने वाले लेखक थे। बालमुकुन्द गुप्त हिन्दी, उर्दू दोनों के सफल गद्य लेखक थे। अंग्रेजी राज के लिए उनके दिल में बेहद नफरत थी, आसान हिन्दी के वह जबर्दस्त हिमायती थे, देश की गरीब जनता से उन्हें सच्चा प्रेम था, प्रेमचन्द ने बालमुकुन्द गुप्त की इन तमाम खूबियों को अपनाया और एक कथाकार की रचनात्मक प्रतिभा से उन्हें विकसित किया।

भारतेन्दु के जमाने में ही पूरी अमी की कटोरिया सी विक्टोरिया रानी के सुराज का रहस्य खुलने लगा था। अंग्रेजों ने जनता के असन्तोष को दबाने के लिए एक तरफ दमन का सहारा लिया दूसरी तरफ सुधारों का लालच देकर सुधारवादी नेताओं को फुसलाना शुरू किया। बालमुकुन्द गुप्त ने दमन का विरोध किया और साम्राज्यवादी सुधारों का पर्दा फाश किया।

बालमुकुन्द गुप्त ने अपने लेखों और कविताओं से हिन्दुस्तान के जन-जागरण में बहुत बड़ी मदद की। वह एक निडर और साहसी लेखक थे और उन पत्रों का मजाक उड़ाते थे जो ढुलमुल नीति पर चलकर सरकार और जनता दोनों को खुश रखना चाहते थे। "पालिसी के हिसाब से 'अवध अखबार' बेसूंड का हाथी है।" 'अवध अखबार' पर सर्व साधारण का प्रेम कभी नहीं हुआ, "अवधपंच जानता था कि देश के लिए कौन सी पालिसी दरकार है। वह सदा प्रजा का तरफदार रहा", "भारत-जीवन सदा एक दब्बू अखबार रहा। स्वाधीनता से लिखने का उसे कभी हौसला नहीं हुआ"—इन वाक्यों से जाहिर होता है कि बालमुकुन्द गुप्त किस तरह की पत्रकारिता पसन्द करते थे। वह हमेशा प्रजा के तरफदार रहे और स्वाधीनता से लिखते रहे।

कालांककार के 'हिन्दोस्थान' के देश-भक्त मालिक ने उन्हें इसलिए हटा दिया कि वह अंग्रेजों के खिलाफ बहुत कड़ा लिखते थे। बालमुकुन्द गुप्त ने राजाओं और पूंजीपतियों का मुँह नहीं देखा। अपने देश की स्वाधीनता और संस्कृति के लिए लड़ते हुए उन्हें आम जनता का ही भरोसा और सहारा था। हैदराबाद के दीवान महाराजा सर कृष्ण प्रसाद ने जब उन्हें बुलवाया तब उन्होंने कह दिया—"मेरे 'भारतमित्र पत्र को २) रु. वार्षिक देकर जो ग्राहक पढ़ता है, वही मेरे लिए महाराजा कृष्ण प्रसाद है। यदि महाराज को मुझे जानना है कि मैं क्या हूं, तो उनसे कहिए कि २) रु. वार्षिक भेजकर 'भारत-मित्र' के ग्राहक बनें और उसे पढ़ा करें। मुझे आने का अवकाश नहीं है।" (बालमुकुन्द स्मारक ग्रंथ, पृ. २७४)। इससे एक स्वाधीनता प्रेमी पत्रकार का स्वाभिमान प्रकट होता है। अंग्रेजों की चाटुकारिता करने के लिए वह देशी राजाओं को बुरी तरह फटकारते

थे। अंग्रेजों की प्रशंसा में गीत गाने के लिए ग्वालियर के राजा को उन्होंने इसी तरह फटकार बताई थी।

बालमुकुन्द गुप्त ने पत्रकारिता को एक कला बना दिया। उन्होंने हिन्दी गद्य की छिपी हुए शक्ति को प्रकट किया; गद्य इतना सुंदर और कलापूर्ण हो सकता है, इस पर उनकी रचनाएँ पढ़कर ही विश्वास होता है। उनकी कला, व्यंग्य, हास्य लतीफों, सरल मुहावरेदार जबान, युक्ति और तर्क से निखरी हुई है। वह हास्य और करुणा को मिला देने में अपना सानी नहीं रखते। एक तरफ वह अँगरेज गवर्नरों और वायसरायों पर व्यंग्य बाण बरसा कर पाठक को हँसाते हैं तो दूसरी ओर जनता की गरीबी और दीनता की तस्वीर खींचकर उसे दुखित भी कर देते हैं। उनकी कला का रहस्य उनका चरित्र था। वह जो भीतर थे वही बाहर। नकल और बनाव-सिंगार से उन्हें नफरत थी। वैसा ही उनका गद्य होता था सरल, लेकिन चोट करने वाला। कहावतों और लतीफों की तो शायद उनके पास खान थी। ऐसे मौके से जमाते थे कि जवाब देते न बन पड़े।

उनके शिव शम्भु के चिट्ठे व्यंग्यपूर्ण गद्य की अपूर्व मिसालें हैं। प्रेमचन्द और निराला के सिवाय ऐसा व्यंग्य कम लोग लिख पाए हैं। पहले ही खत में बुलबुलों का रूपक बाँधकर कर्जन के भारत-विरोधी कामों का उन्होंने खाका खींच दिया है। शिवशम्भु के नाम से वह जगह-जगह भारत की धरती, उसकी जनता, उसकी संस्कृति मे अपार प्रेम प्रकट करते हैं और कर्जन को याद दिलाते हैं कि उसका राज हमेशा न रहेगा। उसका स्वागत करने के लिए 'कोड़ियों राजा, रईस बम्बई दौड़े गए।' बालमुकुन्द गुप्त उनकी खिल्ली उड़ाते हैं। प्रतापी ब्रिटिश राज्य की तस्वीर खींचते हुए समुद्र को उसका मल्लाह और पहाड़ों की उपत्यकाओं को उसके कुर्सी-मोढ़े बताकर उन्होंने उसकी कमजोरियाँ दिखला दी हैं। ब्रिटिश राज के वैभव से वह भारत की अजेय जनता की तुलना करते हैं। वह याद करते हैं—"विक्रम, अशोक, अकबर के साथ यह भूमि नहीं गई। औरंगजेब, अलाउद्दीन इसे मुट्ठी में दबाकर नहीं रख सके। महमूद, तैमूर और नादिर इसे लूट के माल के साथ ऊँटों और हथियारों पर लादकर न ले जा सके।" इस तरह के वाक्यों में उनकी शैली उदात्त बन जाती है, वह आत्मविश्वास से पूर्ण एक देश-भक्त हृदय का अभिमान प्रकट करती है। राजा और प्रजा के बीच की खाई की तरफ उन्होंने बार-बार इशारा किया है। ब्रिटिश राज की यह विशेषता भी थी। जब वह 'भेड़ों और सूअरों की भाँति सड़े-गन्दे झोपड़ों में' लोटने वाली कलकत्ता महानगर की लाखों प्रजा का चित्रण करते हैं तो उनका आवेश और क्रोध देखते ही बनता है। बालमुकुन्द गुप्त ने बेघर और बेरोजगार जनता की मुसीबतों से अंग्रेज शासकों के वैभव की तुलना करके अंग्रेजी राज्य के जनवादी ढोंग का भंडाफोड़ कर दिया। शिव शम्भु के लिए उन्होंने लिखा था—'वह आपकी गूँगी प्रजा का वकील है।' वह

भारतीय जनता के वकील थे और उन्होंने वकालत किसी अंग्रेज जज के सामने नहीं की थी, बल्कि देश की जनता के सामने ही की थी। उसे अपने अधिकारों का ज्ञान कराने के लिए बंग-भंग का विरोध करके उन्होंने बंगाली और हिन्दुस्तानी जातियों के परस्पर प्रेम को दृढ़ किया और राष्ट्रीय आन्दोलन को बल दिया। कर्जन ही नहीं मिन्टो और मोर्ली के ढोंग को भी उन्होंने परख लिया और गधी को गधा कहने वाले देहाती की मिसाल देकर बंग-भंग को 'सेटल्ड फैक्ट' कहने वाले मोर्लो को आड़े हाथों लिया।

बालमुकुन्द गुप्त उन सजग लेखकों में से थे जिन्होंने अंग्रेजी जनतंत्र के रहस्य को समझ लिया था। इस जनतंत्र में दो पार्टियाँ होती थीं, लेकिन दोनों का काम था, भारत की जनता का शोषण करना। उन्होंने मोर्ली के भारत मंत्री होने पर बंगालियों में जो नई आशाएँ पैदा हुई थीं, उन्हें निराधार बताते हुए लिखा था—'नहिं कोई लिबरल नहीं कोई टोरी। जो परनाला सो ही मोरी।' गुप्त जी अपने अनुभव से इस नतीजे पर पहुँचे थे—'कोई पराधीन जाति अपनी चेष्टा बिना, खाली दूसरे की मदद से, कभी स्वाधीन नहीं हो सकती।' उनकी बात कितनी सच थी, यह हम आज के हिन्दुस्तान की हालत देखकर अच्छी तरह समझ सकते हैं।

हिन्दी-उर्दू के जिन पत्रकारों ने अंग्रेजी दमन का मुकाबला किया था, विचार करने की आजादी के लिए जेल भेजे गए थे, गुप्तजी उनका स्वागत करने वालों में सबसे आगे थे। सुरेन्द्रनाथ बनर्जी, लोकमान्य तिलक आदि की गिरफ्तारियों पर उन्होंने निडर होकर उनका समर्थन किया था। पत्र लिखने के बहाने अंग्रेजी राज की पोल खोलने और उसका विरोध करने का तरीका गुप्तजी का अपना था। उन्होंने कर्जन और मोर्ली के नाम ही पत्र नहीं लिखे, शाइस्तखाँ की तरफ से फुलर को भी पत्र लिखे जिनमें उन्होंने दिखलाया था कि अंग्रेजी हुकूमत में जनता की जो दुर्दशा हुई है, वह पहले कभी नहीं हुई थी। शाइस्ताखाँ के जमाने में ढाके में आठ रुपये मन चावल बिका था। अंग्रेजों ने सामन्ती उत्पीड़न बहाल रखते हुए उस पर अपने सौदागरी अत्याचार और लाद दिए। बालमुकुन्द की पैनी निगाह से अंग्रेजी अत्याचार की यह विशेषता छिपी न रही। उन्होंने आठ रुपये मन चावल की याद दिलाते हुए शाइस्तखाँ के नाम से लिखा—'अंगरेजी में ऐसा न हुआ, न है और न हो सकता है। जहाँ तुम्हारी हुकूमत जाती है, वहाँ खाने-पीने की चीजों में एकदम आग लग जाती है, क्योंकि तुम हम लोगों की तरह खाली हाकिम ही नहीं हो, साथ-साथ बक्काल भी हो। उस अपने बक्कालपन की हिमायत के लिए ही हमारे जमाने को बंगाल में खींचकर ले जाना चाहते हो। जो बादशाह भी है और बक्काल भी है उसकी हुकूमत में खाने-पीने की चीजें सस्ती कैसे हों ?"

शाइस्ताखाँ के खतों में बालमुकुन्द ने दिखलाया है कि अंग्रेजों ने हिन्दू-मुसलमानों के मेल की तमाम बातें कैसे खतम कीं और कैसे वे जनता पर पहले से

कहीं ज्यादा अत्याचार करने लगे। उन्होंने हिन्दुस्तान के इतिहास पर नई रोशनी डालते हुए शाइस्ताखाँ के जमाने में 'कमीने झगड़ालू लोग और बेईमान बक्काल' अंग्रेजों का जो विरोध हुआ था, उसके बारे में तथ्य पेश किए। 'वन्दे मातरम्' कहने पर अंग्रेजों ने जो पाबन्दी लगाई थी, शाइस्ताखाँ से उसका विरोध कराके बालमुकुन्द गुप्त ने संकेत किया कि अंग्रेजों का मुकाबला हिन्दू और मुसलमान दोनों को करना चाहिए।

बालमुकुन्द गुप्त पुरानी चाल के हिन्दू थे। सनातन धर्म, जाति-प्रथा, पुराने रीति-रिवाजों में विश्वास करते थे। वह कभी-कभी नई पीढ़ी के लेखकों द्वारा धर्म की आलोचना से नाराज भी हो जाते थे। जाति-प्रथा टूट रही थी, इस पर उन्हें अफसोस होता था। फारसी लिपि का विरोध करते हुए उन्होंने कभी-कभी ऐसी बातें कहीं जो साम्प्रदायिक थीं और उनकी शान के खिलाफ थीं। कुछ लोग बालमुकुन्द गुप्त की सबसे अच्छी देन इसी को मानते हैं। लेकिन वास्तव में हिन्दुओं-मुसलमानों को नजदीक लाने में, राष्ट्रीयता और जनतंत्र के भाव फैलाने में और जनता को लड़ाने वाली अंग्रेजी कूटनीति का भंडाफोड़ करने में जितना काम उन्होंने किया, उतना प्रेमचन्द के अलावा किसी ने नहीं किया। गुड़ियानी में जहाँ उनका जन्म हुआ था, मुसलमान ज्यादा तादाद में थे। वह मुसलमानों की जिन्दगी से अच्छी तरह परिचित थे, उनके साथ खेले-कूदे थे, शिक्षा पाई थी और 'उर्दू-फारसी के शिक्षा गुरुओं में गुप्तजी मुन्शी वजीर मुहम्मद के अतिरिक्त गुड़ियानी के मुन्शी बरकतअली का नाम भी कृतज्ञता के साथ याद किया करते थे। उर्दू की पद्य रचना में वह मिर्जा सितम जरीफ को अपना उस्ताद मानते थे।' (बालमुकुन्द-स्मारक ग्रन्थ, पृ. १८) 'शाद' नाम से वह उर्दू में कविता करते थे। झज्जर की रिफाहे आम सोसाइटी में वह अपनी उर्दू कविताएँ सुनाया करते थे। उनके हिन्दी गुरु प्रताप नारायण मिश्र स्वयं उर्दू में कविताओं का एक पूरा दीवान छोड़ गये थे। वह, 'जमाना' में बराबर लिखते रहे, उन दिनों में भी जब वह हिन्दी में चोटी के लेखक माने जाते थे। इस प्रसिद्ध पत्र से उनका सम्बन्ध करीब-करीब वैसा ही था जैसा प्रेमचन्द का। उन्होंने लिखा था—"शिवशम्भु को भारत मित्र के बाद अगर किसी से प्रेम है तो 'जमाना' से।···जमाना के लिए ही बेचारे शिवशम्भु ने बुढ़ापे में फिर उर्दू लिखना सीखा है।"

बालमुकुन्द को उर्दू से नफरत नहीं, उससे प्रेम था। वह चाहते थे कि उर्दू वाले हिन्दी लिखें और हिन्दी वाले उर्दू। उन्होंने कई जगह लिखा था कि अच्छी हिन्दी लिखने के लिए उर्दू सीखना जरूरी है। अगर वह उर्दू को अरब जेहादियों का कीर्ति स्तम्भ समझते तो ऐसा न लिखते। यह खुशी की बात है कि उनके निबन्धों का संग्रह करने वालों ने उनके हिन्दी लेखों के साथ उनके कई उर्दू लेख भी दिए हैं। बालमुकुन्द को हिन्दी-उर्दू की एकता पर दृढ़ विश्वास था। वह अरबी-फारसी से

लदी हुई उर्दू और संस्कृत के भार से दबी हुई हिन्दी के विरोधी थे। वह हिन्दी-उर्दू के दो साहित्य संसारों को मिलाने वाली एक विशाल धारा की तरह थे। वह दोनों के ही साहित्यकारों और पत्रकारों की संकीर्णता और साम्प्रदायिकता की आलोचना भी करते थे। जो मुसलमान हिन्दुओं को गालियाँ देते थे, उनके लिए उन्होंने लिखा—'उससे मुसलमानों का कुछ लाभ नहीं होता। हाँ, हानि खूब होती है।' और मुसलमानों को गालियाँ देने वाले हिन्दुओं के बारे में लिखा था—'अपनी समझ में वह ऐसा करके हिन्दुओं के साथ मित्रता करते होंगे, पर असल में वह हिन्दुओं ही के दुश्मन हैं।' (गुप्त-निबन्धावली, पृष्ठ २७९)।

गुप्तजी साधारण पत्रकार नहीं थे। वह जनता के हितों के प्रहरी थे। उनकी भाषा सरल और मुहावरेदार थी, क्योंकि वह अपनी बात फरिश्तों को नहीं, आम जनता को सुनाना चाहते थे। हिन्दी-उर्दू के भेद का एक बहुत बड़ा कारण वह लिपि का भेद मानते थे। इसलिए वह फारसी लिपि की जगह देवनागरी लिपि रायज करने के पक्षपाती थे। 'अनस्थिरता' शब्द को लेकर उनकी आचार्य महावीर प्रसाद द्विवेदी से टक्कर हुई। बालमुकुन्द गुप्त ने अद्भुत व्यंग्य और युक्तियों से द्विवेदी जी की धारणाओं का खण्डन किया। 'आत्माराम' के नाम से लिखे हुए वे निबन्ध विवाद कला के अनूठे उदाहरण हैं। गुप्तजी सब्र से काम लेते हुए व्यंग्य और विनोद से अपने विरोधी को निःशस्त्र कर देते हैं। यह टक्कर एक शब्द को ही लेकर न थी, यह दो शैलियों की टक्कर थी, एक तो भारतेन्दु, प्रताप नारायण, बालमुकुन्द गुप्त की शैली और दूसरी महावीर प्रसाद, रामचन्द्र शुक्ल, जयशंकर 'प्रसाद' की शैली। शैली के साथ दृष्टिकोण में भी अन्तर था। बालमुकुन्द गुप्त के लिए भाषा साध्य नहीं, साधन थी। वह सबसे पहले देश की स्वाधीनता और जनता के हितों के लिए लड़ने वाले साहित्यकार थे, पीछे और कुछ।

गुप्तजी ने भाषा को सुधारा ही नहीं, व्याकरण की गलतियाँ ही दुरस्त नहीं कीं, उसमें रवानी भी पैदा की। उनके हाथ में हिन्दी गद्य निखरकर इतना कलापूर्ण हो गया है कि उसे पढ़ने में कविता का-सा आनन्द आता है। वह शब्दों की ध्वनि, उनके वजन, उनकी व्यंजना-शक्ति के बहुत बड़े पारखी थे और किसी भी तरह के भाव प्रकट करने के लिए उन्हें शब्दों की राह न देखनी पड़ती थी। प्रेमचन्द की तरह भाषा पर उनका असाधारण अधिकार था। हिन्दी गद्य लिखने के लिए उनके निबन्धों को बार-बार पढ़ना और घोखना जरूरी है।

बालमुकुन्द गुप्त इतिहासकार भी थे और औरंगजेब के समय अंग्रेजों को जो लोहे के चने चबाने पड़े, यह उनकी खोज थी। उन्होंने हिन्दी-उर्दू अखबारों का इतिहास लिखकर, हिन्दी-उर्दू लेखकों के जीवनचरित लिखकर हिन्दी-भाषी प्रदेश की जनता का बहुत बड़ा उपकार किया। हम अपनी जाति का सांस्कृतिक इतिहास लिखना चाहें तो उनकी रचनाओं से बहुत बड़ी मदद मिल सकती है। वह कवि भी

थे, विशेषकर भारतेन्दु-युग की हास्यरस वाली शैली को उन्होंने खूब अपनाया था। वह गांवों की साहित्यिक परम्परा को खूब जानते थे, टेसू और जोगीड़ा लिखकर राजनीतिक शिक्षा देने में वह एक ही थे। वह किसानों के मनोभावों को अच्छी तरह समझते थे, इसीलिए वह कविता में सरल शब्दों का उपयोग करते हुए जनता को अपनी बात अच्छी तरह समझा देते थे।

बालमुकुन्द गुप्त के समय में भारत का स्वाधीनता आन्दोलन अभी संगठित हो रहा था। इसलिए उनके साहित्य में उन संघर्षों का चित्रण नहीं मिलता जिन्हें आगे चलकर प्रेमचन्द ने अपनी विषय-वस्तु बनाया। गुप्तजी अपने जमाने के ऊँचे देशभक्त और निर्भीक पत्रकार थे। धूर्तता, अन्याय और अत्याचार से उन्हें हार्दिक घृणा थी। आज की पीढ़ी उनसे सीख सकती है कि साहित्य में जनता की तरफदारी कैसे करनी चाहिए। उनके अमर व्यंग्य लेख सामयिकता में डूबे हुए हैं। वे बंग-भंग के विरुद्ध स्वदेशी और स्वराज्य के लिए भारतीय जनता के संघर्ष के अभिन्न अंग हैं। उनमें जो ताजगी है, व्यंग्य में जो मर्म पर चोट करने की शक्ति है, भाषा में जो ओज और प्रवाह है, उसका मुख्य कारण उनका प्रगाढ़ देश-प्रेम है। उन्होंने हिन्दी-उर्दू के साहित्य का गम्भीर अध्ययन किया था। आजाद, सरशार, भारतेन्दु और प्रतापनारायण मिश्र से उन्होंने गद्य लिखना सीखा था। अपनी रचना-शक्ति से उन्होंने जनता का देशाभिमान जगाया, अपनी प्रतिभा से उन्होंने हिन्दी-उर्दू साहित्य को भारत की भाषाओं में ऊँचा स्थान दिलाया। आज हिन्दी की मोटी-पतली मासिक-त्रैमासिक पत्रिकाओं में लचर या लक्कड़तोड़ हिन्दी देखकर गुप्तजी की याद आती है, उस विरासत की याद आती है जिसे वह वीर लेखक ४२ साल की उम्र में ही आज की पीढ़ी के लिए छोड़ गया था। हिन्दी के अनेक साहित्यकारों ने बड़ी उन्नति कर ली है, बड़े-बड़े सिद्धान्त गढ़ लिए हैं, लेकिन वह गुप्तजी की एक मोटी बात भूल गये हैं। साहित्यकार प्रजा का वकील होता है, हमेशा उसकी तरफदारी करता है। गुप्तजी की यह परम्परा अमर है।

२

ये कोठेवालियां

श्री अमृतलाल नागर लिखित 'ये कोठेवालियाँ' पढ़कर मन में तरह-तरह के विचार उठे। कोठेवालियों से पहले मैं उनके जीवन का चित्र आँकने वाले कलाकार के बारे में सोचने लगा।

कलाकार बम्बई की फिलमी दुनिया में पहुँचने से पहले लेखक-रूप में काफी ख्याति प्राप्त कर चुके थे। तस्लीम लखनबी के नाम से वह 'नवाबी मसनद' लिख चुके थे। 'चकल्लस' साप्ताहिक ने हिन्दी संसार में धूम मचा दी थी, और वृद्ध आचार्य द्विवेदी से सरस सर्टिफिकेट प्राप्त कर लिया था। नागरजी ने 'मरघट के कुत्ते' जैसी कहानी लिखी थी जिसमें सामन्ती समाज का सारा कोढ़ मानो एक साथ मरघट के अघोरी में फूट पड़ा था। यह कहानी 'माधुरी' में छप चुकी थी। उनकी और भी कहानियाँ हिन्दी की प्रतिष्ठित पत्रिकाओं में छपीं। उन्हें जयशंकर प्रसाद, सूर्यकान्त त्रिपाठी निराला और शरच्चन्द्र चटर्जी जैसे साहित्यकारों का सम्पर्क और प्रोत्साहन सुलभ हो चुका था।

इससे अच्छी परिस्थिति किसी लेखक के विकास के लिए और क्या होगी ? और यह सब परिस्थिति अंग्रेजी राज में सुलभ थी ! अंग्रेज लेखक कभी-कभी सोवियत-संघ में लेखकों की गुलामी से अंग्रेजी राज में लेखक की सुविधा और स्वाधीनता की चर्चा करते हैं। देखिए, नागरजी अपनी कला का विकास करने में स्वाधीन थे या नहीं।

रोजी की तलाश में नागरजी बम्बई गये—फिलम में काम करने। यह बात न थी कि कहानी लिखने से वह ऊब गये थे और अब सिनेरियोकला को चमकाना चाहते थे। बात यह थी कि कहानियाँ लिखने से रोजी की समस्या हल न होती थी। अंग्रेजी राज की कृपा से अधिकांश हिन्दी जनता निरक्षर बनी रही। नागरजी के करोड़ों सम्भाव्य पाठक उनकी कहानियों के पाठ-सुख से वंचित रहे। इसके अलावा पूंजीवादी प्रकाशन-व्यवस्था में—उनके पाठकों की संख्या सीमित रहते हुए भी—उनके श्रम का जो मूल्य उन्हें मिलना चाहिए था, वह उन्हें नहीं मिला।

इस कारण लेखन की स्वाधीनता का रस लेते हुए उन्होंने फिल्मी दुनिया का दरवाजा खटखटाया।

फिल्म-निर्माता और सेठजी में अनबन हुई। कम्पनी बन्द हो गई। मेहरबान सेठ वेतन दिलाते रहे—सबको नहीं, केवल नागरजी को : 'वेतन का कुछ भाग मैं अपने पास रखता, बाकी घर भेज देता था।' साथ में उनके दोस्त श्री महेश कौल थे जिन्होंने फिल्मी दुनिया में काफी प्रसिद्धि पाई। कभी-कभी उनके घर से कुछ मदद पहुँच जाती थी, फिर भी "ज्यों-ज्यों दिन गुजरने लगे हमें खाने के भी लाले पड़ने लगे। हमारे पास इतना ही बजट था कि सुबह एक कप चाय के साथ चार कच्ची स्लाइसें खा लेते थे और शाम को तीन आने में आधा प्लेट मराठी 'खाणावल' (भोजनालय) का सस्ता मोटा और पानी के घूँटों उतरने वाला चावल। शाम की चाय की तलब हमें अक्सर मारनी ही पड़ती थी। पान-सिगरेट की आदत भी मजबूरी के आगे बुझ गई। पैसे की आठ बीड़ियों में छः का तम्बाकू निकालकर बीड़ी वाले द्वारा दिये गए मुफ्त के चूने या अक्सर दीवार के चूने को खुरचकर हम सुरती-चूने की चुटकी से पान की तलब मिटाते थे।"

जिस घर में रहते थे, उसी में कोठेवालियों में से एक लूलू की माँ भी रहती थी। उसकी बात बाद में। सेठ जी चले गये देस। पन्द्रह तारीख को वेतन मिलता था; उसके बाद पन्द्रह दिन और बीत गये। फिर भी वेतन न मिला। "हमारी चार स्लाइसों और शाम के अक्षरशः मुट्ठी-भर मोटे, एक प्रकार के बदबूदार भात का राशन भी खतरे में पड़ गया था...शाम की आधी राइसप्लेट का भोजन भी हमारे लिए चौथे, पाँचवें दिन का पकवान हो गया था। सुबह की चार-चार स्लाइसें दो-दो के हिसाब से सुबह और शाम का भोजन बन गईं। लेकिन समस्या हमारे सामने यह थी कि शाम को दो स्लाइस खाकर पानी पीने से हमारी भूख थोड़ी ही देर बाद और बढ़ जाती थी। उसे रोकने का सरल उपाय यही था कि चाहे सिंगल कप (अर्थात् आधा कप) ही हो, मगर चाय का घूंट बहुत आवश्यक था। चाय के साथ दो स्लाइसें नाश्ता बनकर हमारी भूख को बहला देती थीं। मगर शाम की सिंगल कप चाय ने हमारे पैसे की आठ बीड़ियों में पान-सिगरेट की तलब बुझाने वाला नुस्खा बड़ी गड़बड़ में डाल दिया था।"

इसके बाद की बहुत-सी बातें उद्धृत करने योग्य हैं। उन्हें छोड़ देता हूँ, यह सोच कर कि पाठक उन्हें स्वयं पढ़ लेंगे (या पहले ही पढ़ चुके होंगे)। फिल्मी दुनिया में नागरजी ने ठोकरें खाईं, आगे बढ़े, सफलता मिली और फिर लखनऊ वापस आ गये। भारत स्वाधीन हुआ और—"सन १९५० ई० में राष्ट्रपति देश-रत्न राजेन्द्र प्रसाद जी ने यह इच्छा प्रकट की थी कि वेश्याओं से भेंट करके कोई व्यक्ति उनके सुख-दुख का हाल लिखे।"

नागरजी के पत्रकार मित्र ने "प्रेस ट्रस्ट आफ इण्डिया के संवाददाता को यह

सूचना दे दी कि नागर देशरत्न राजेन्द्र बाबू की इच्छापूर्ति के लिए यह काम करेगा।"

नागरजी ने काम सँभाला। लखनऊ में जो सामग्री बटोर सकते थे, बटोरी। लेकिन स्वाधीन भारत के लेखक की मजबूरियाँ देखिए। अब नागरजी 'बूंद और समुद्र' के यशस्वी लेखक बन चुके थे। मान-प्रतिष्ठा वह सैकड़ों से ज्यादा प्राप्त कर चुके थे। प्रकाशक उनका मुँह जोहते थे। नई-पुरानी पीढ़ियों के लेखक उनके भक्त या मित्र थे। स्वभाव ऐसा कि उनसे अमित्र भाव मुमकिन ही नहीं। साहित्य जगत् में अभूतपूर्व सफलता पाने वाले हिन्दी लेखक नागरजी ने 'ये कोठेवालियाँ' के पृ. १६६ पर लिखा है: 'साहित्यिक कार्यों की इच्छा और इस महँगाई के जमाने में गृहस्थी के खर्च की दौड़ मुझे एक साथ और हरदम दो सिरों पर दौड़ाती रहती है।' अर्थात् पूरी तैयारी से पुस्तक लिखने के लिए आवश्यक धन नहीं है। "मैंने अपनी स्थिति में समझौता कर लिया। जब तक उठी हुई समस्या का समुचित समाधान नहीं पा जाऊँगा, तब तक तो उसका पीछा अवश्य करूँगा। यथा-शक्ति धन भी व्यय करूँगा और उसके बाद पेट-पालन हिताय अपने ज्ञानार्जन प्रोग्राम में कटौती कर जाऊँगा।"

पेट पालने के लिए ज्ञानार्जन-प्रोग्राम में कटौती! फ्री वर्ल्ड में लेखक की स्वाधीनता के हामियो, सुना आपने? इस प्रोग्राम में कटौती का मतलब है लेखन में कटौती, कला के रूप-निखार में कटौती! पूंजीवादी व्यवस्था में लेखक इस तरह की 'स्वाधीनता' से टकराता हुआ अपनी कला की साधना करता है!

रूस में समाजवादी क्रान्ति होने के बाद लेनिन ने लिखा था कि वहाँ छोटे पैमाने के उत्पादन का प्रसार होने के कारण जगह-जगह नित्य नये सिरे से पूंजीवाद की उत्पत्ति होती है। यह सत्य नागरजी की पुस्तक में पूरी गहराई से उभर कर आया है—'लूलू की माँ की कहानी' के सिलसिले में। यह गढ़ी हुई कहानी नहीं, लेखक की आप बीती है।

जिन दिनों नागरजी अपने मित्र श्री महेश कौल के साथ बीड़ी से तम्बाकू निकालकर सुरती की तलब बुझाते थे, उनके फ्लैट के एक हिस्से में 'लूलू की माँ' आकर रहने लगी। रसोईघर से मिर्च-मसाले की गन्ध बिलकुल न आयी। छोटा बच्चा लूलू नागरजी के दरवाजे कभी-कभी मुँह में उँगली दबाये आकर खड़ा हो जाता था। फिर एक दिन पति-पत्नी की तीखी कहा-सुनी की भनक कानों में पड़ी। फिर पति देव गायब हो गये। भूखे लूलू को अधभूखे लेखक के मित्र ने रोटी का टुकड़ा दिखाया। "धीरे-धीरे करके साढ़े तीन स्लाइस बच्चा खा गया। हम समझ गये बच्चा भूखा था, तब माँ भी अवश्य भूखी होगी।" शाम को लौटने पर लूलू ने आकर फिर कहा, 'अंकल ब्रेड'। लूलू की माँ उसे घुड़क कर भीतर ले गयी। लेखक और उनके मित्र ने एक डबल रोटी और दो 'सिंगल कप' चाय लेकर पड़ोसिन का

द्वार खटखटाया। उसने कमजोर हाथों से रोटी ले ली, फिर प्याले भी ले गई। और इसके बाद लेखक को ज्वर आ गया।

पति कई दिन बाद लौटा। वेश्यागामियों का एक बंगाली दलाल भी आया। रसोई से मसालों की गन्ध आई। लूलू की माँ गृहस्थ वेश्या बन गई। किसी 'गाहक' के आने पर जब "लूलू निकाला जाता तो धीमे-धीमे हमारा दरवाजा खटखटाता। ···लूलू अपनी भाषा में हमसे बातें करता था···लूलू आता, हमारे कलेजे पर धक्का-सा लगता।"

पूंजीवाद का अर्थ है: एक ओर पूंजी का बटोर, दूसरी ओर भुखमरी का फैलाव। इस गतिशील प्रक्रिया से निरन्तर वेश्याएँ उत्पन्न होती हैं, जैसे किसी समय समुद्र-मंथन से अप्सराएँ निकली थीं। संस्कृति के अन्य रत्न भी इसी प्रक्रिया से निकलते हैं। बंगाली दलाल कहता है—'अरे हम तो उपकार किया। भूखा मरता था शाला। हम दाया किया, सोचा भद्र लोक है, अपना हिन्दू भाई है, कष्ट में है।'

यह हिन्दू संस्कृति का रत्न निकला।

लूलू की माँ ने लेखक के कमरे से दरी का लाल रंग बहते देखकर उसे खून समझा और दरवाजा पीट डाला। 'प्रचण्ड आँधी के झोंके की तरह' कमरे में प्रवेश किया।

यह ममता का एक प्रमाण था। बाहर बरसात, सागर अपनी मर्यादा तोड़कर बस्ती की सीमा में प्रवेश कर रहा था। आलंकारिक रूप में नहीं, बम्बई के समुद्र का पानी सचमुच बस्ती में फैल रहा था। "आज तो चाय तक के लाले पड़े हुए थे, क्योंकि बरसात इतनी तीखी थी कि नीचे पहुँचने की भी हिम्मत न होती थी। थोड़ी देर बाद ही हमने आश्चर्य से देखा कि पड़ोसिन चाय के दो प्याले लिए हुए हमारे दरवाजे पर खड़ी हुई हैं।"

यह ममता का दूसरा प्रमाण था। यह चाय लूलू की माँ ने अपनी देह बेचकर खरीदी थी, और अपने परोपकारी मित्र के आड़े समय उन्हें देने आयी थी।

ऐसी ममतामयी नारी को वेश्या बनना पड़ा। किसी चकले में जाकर नहीं, ऐन पण्डित अमृतलाल नागर और पं. महेश कौल के फ्लैट के एक हिस्से में। क्योंकि पूंजीवादी कारखाने में भुखमरी-मशीन की सहायता से वेश्या नामक वस्तु हर वक्त ढाली जाती है!

यदि लूलू की माँ और बद्रे मुनीर की कहानियों के स्तर पर यह सारी पुस्तक लिखी जाती तो वह हिन्दी ही नहीं, विश्वसाहित्य में अद्वितीय होती। ये दो कहानियाँ पढ़कर मुझे 'देवी' और 'चतुरी चमार' के लेखक निराला की याद आयी, 'क्या से क्या' के लेखक पढ़ीस और 'जीवन मार्ग' के लेखक मकारेंको की याद आई। करुण रस की बहुत-सी कविताएँ पढ़ी हैं, लेकिन लगा कि 'दान्ते' का नरक

बद्रे मुनीर की यातना के आगे कल्पना मात्र है।

"कमर से लेकर नाभि के ऊपर तक तो पकी फुंसियों और उनके घावों के छत्ते-के-छत्ते दिखलायी देते थे। बद्रे मुनीर अपने रोग से जो कष्ट पा रही थी वह तो था ही, उधार के तानों, गालियों और निकाल देने की धमकियों से उसे घनघोर कष्ट हो रहा था। बद्रे मुनीर को अपने कष्ट में जाने कैसे मेरा नाम याद आया!"

एक बार गोर्की जब लड़का था, 'मालिक ने उसे मारा था। पीठ में कँटीले बेंत के काँटे टूट गये थे।' पीठ देखकर डाक्टर ने पूछा भी—'मालिक पर मुकदमा चलाओगे?' गोर्की ने जवाब दिया—'नहीं, सिर्फ काँटे निकाल दीजिए।'

उसी तरह बद्रे मुनीर—"वह लगभग सत्तर रुपये की कर्जदार थी। वह कर्ज से मुक्ति चाहती थी, रोगमुक्त होने की उसे लालसा नहीं थी, क्योंकि वह अपने अन्तर्मन से मृत्यु का आभास पा चुकी थी।"

जब लेखक चलने लगा तो उसने कहा—'मैं कहती थी, खुदा नहीं है—खुदा है—खुदा है।'

दुख की कितनी गहराई से खुदा का नाम निकाला था यहाँ। और यह खुदा इंसान के अलावा और कोई न था।

बद्रे मुनीर मर गई, लेकिन दफनाये जाने के पहले लेखक ने इन्सान का वह रूप भी देख लिया जो केवल पूंजीवादी समाज में सम्भव है। 'आधा दाहिना गाल, नीचे का आधा होंठ, ऊपर का पूरा होंठ नाक के नकमोरों तक तीन दिन में ही सड़कर गायब हो चुका था। अन्दर के भूत-जैसे दाँत और भयानक मुखाकृति देख कर मुझे चक्कर आने लगा, पाँव लड़खड़ाने लगे।'

मानो यह बताने के लिए कि यह एक विशेष समाज-व्यवस्था का फल है—लेखक ने वहाँ पहुँचने पर सुना—'गाली-गलौज, मार-पीट और कोसने की आवाजें आ रही थीं। संचालिका का दढ़ियल यार इस घर में रहने वाली दालान में गिरी रोती हुई एक स्त्री पर लात-प्रहार कर रहा था, और बाकी सब तरफ सन्नाटा था।'

वेश्या-सम्बन्धी सौदागरी का यह एक रूप था। यह सब रोज होता है, देश में बहुत जगह होता है, लेकिन बहुत कम लेखक यह सब देखने-सुनने या देख-सुन कर उसे लिखने की हिम्मत करते हैं। श्री अमृतलाल नागर उन थोड़े-से साहसी लेखकों में हैं जो समाज का कोढ़ उधार कर हमारे सामने रखते हैं और उनकी चित्रण-कला पढ़ने वाले के मन को जोर से झकझोर कर कहती है—यह सब कब तक? क्या हमारी इन्सानियत एकदम मर गई है?

नागरजी का ऐसी पुस्तक लिखना ही इन्सानियत के जिन्दा रहने का एक बहुत बड़ा सबूत है। धीरे-धीरे किन्तु निश्चित रूप से जनता के हिरावल दस्ते आगे बढ़ रहे हैं। जनता की चेतना तेजी से बदल रही है। जनमत अब शक्तिशाली

होता जा रहा है। इसीलिए एक दुखिया ने नागरजी से कहा—"मैंने सोचा, हमारी भी तकलीफें पब्लिक तक पहुँचे और हमें कोई बतलाये कि हम क्या करें।"

कला के प्रेमी, समाजशास्त्र के विद्यार्थी, समाज-सुधारक कार्यकर्ता एक बार 'ये कोठेवालियाँ' पढ़ें। इतिहास-चर्चा से जी ऊबे तो भी धैर्य से पढ़ें। यह कहानियों की पुस्तक नहीं है, यद्यपि उसमें कहानियाँ भी हैं। उसमें बहुत से अनुभवों और अध्ययन का निचोड़ है। समझदार के लिए वह एक अंकुश है जो हृदय में चुभकर उसे आगे बढ़ने की प्रेरणा देगा।

३

गदर के फूल

अठारह सौ सत्तावन की राज्यक्रान्ति के शताब्दि-महोत्सव के अवसर पर कथाकार श्री अमृतलाल नागर अवध में अपने पुरखों की स्मृति के फूल बीनने निकले। लगभग तीन सौ पृष्ठों की यह पुस्तक उनकी उस तीर्थयात्रा का परिणाम है। पुस्तक की विशेषता यह है कि जितनी वह सन् सत्तावन के वीरों और वीराङ्गनाओं पर है, उतनी ही स्वयं श्री अमृतलाल नागर पर भी। हम उन्हें पुरातत्वज्ञ के रूप में जगह-जगह गुप्तकाल की ईंटें टटोलते देखते हैं। अरक्षित दशा में पुरातत्व की सामग्री बिखरी हुई देखकर उनका हृदय कचोट उठता है : "चारों ओर ईंटें ही ईंटें बिखरी हुई हैं—मुझे एक क्षण के लिए ऐसा लगा जैसे रणक्षेत्र में हजारों सैनिकों के शव पड़े हों।" हम नागरजी को कुशल भाषा-विज्ञानी अनुसन्धानकर्ता के रूप में देखते हैं जिन्होंने अवध के काफी हिस्से का भाषा-सर्वेक्षण कर डाला है और स्थानीय बोलियों के नमूनों का बहुमूल्य संग्रह प्रस्तुत कर दिया है। नागरजी दार्शनिक और विचारक के रूप में सामने आते हैं जो इतिहास-लेखन से सन्तुष्ट न होकर उससे दार्शनिक परिणाम भी निकालना चाहते हैं।

नागरजी सोचते हैं, वह पिछला समय कैसा था। लगता है, अजीब और भद्दा सा था। नई शिक्षा का प्रचार क्यों हुआ? लोगों में सदियों की सामाजिक घुटन से उबरने की इच्छा थी। पाठक को लगता है, अंग्रेजों ने इस नयी शिक्षा का प्रचार करके लोगों के उबरने की इच्छा को कार्य रूप में परिणत कर दिया। एक सदी पहले हमारे पुरखे अपने जमाने के बारे में क्या सोचते थे? नागरजी का विचार है, "हमारे लगभग एक सदी पहले के पुरखों को अपना जमाना पसन्द नहीं आ रहा होगा तभी तो वे बदलने के लिए अग्रसर हुए।" सन् सत्तावन में हम हारे। फिर क्या हुआ? 'सन् सत्तावन के बाद सारा देश एकदम से नया हो उठा।' और 'अंग्रेजी भाषा के सहारे उसने अपनी स्वतन्त्रता खोने से अधिक पायी।' यानी ईश्वर सब अच्छा ही अच्छा करता है। सन् सत्तावन में हारना ही हमारे लिए मंगलकारी हुआ। वर्ना इस महान् अंग्रेजी भाषा के सहारे हम अपनी स्वतन्त्रता खोने

से अधिक कैसे पाते ? इस अधिक पाने में श्री मजूमदार और श्री सेन जैसे अनमोल इतिहासकारों की गिनती भी होनी चाहिए।

और जिस जमाने में भारतीय वीर अंग्रेजों से लड़े थे, जब अंग्रेजी पढ़कर उन्होंने सर्व शक्तिमान सरकार के सामने दरखास्त लगाना न सीखा था, वह जमाना कैसा था ? "मैं निश्चित रूप से कह सकता हूँ कि वह पिछला जमाना, जिसकी प्रशंसा हमारे पुरखे हम से और हम अपने नौजवान बच्चों से करते हैं, कई दृष्टियों से निहायत गंदा और घुटन भरा था।" स्पष्ट है कि सन् सत्तावन से पहले का जमाना जितना घुटनभरा था, बाद का जमाना उतना ही घुटनमुक्त था वर्ना हम अपनी स्वाधीनता को खोने से अधिक पाते नहीं।

यहाँ हमें अंग्रेज लेखक क्रुक की बात याद आती है। उसने उत्तर-पश्चिमी प्रदेश (वर्तमान उत्तर प्रदेश) पर १८९७ में प्रकाशित अपनी पुस्तक में सन् सत्तावन के भारत से बाद के भारत की तुलना करते हुए लिखा था, 'उस समय यह देश आज की तुलना में हमारा मुकाबला करने में अधिक समर्थ था।' और भी, 'स्वयं जनता के मन में युद्ध की परम्परा जीवित थी; इसलिए आज की तुलना में वह कहीं अधिक दुर्जय (much more formdiable) थी।' यदि क्रुक की बात सही हो तो मानना होगा कि बाद की तुलना में सन् सत्तावन के लोग अधिक निर्भीक और अँग्रेजों से लड़ने-मरने के लिए ज्यादा तत्पर थे। यह जरूर है कि उन्होंने हिंसा का सहारा लिया। आज का जमाना देखिये, अहिंसा से भारत स्वाधीन हुआ और अहिंसा से एक नये राष्ट्र पाकिस्तान का जन्म हुआ। यह मानते हुए कि पुरानी गौरव-गाथाओं से हमें प्रेरणा मिलती है, नागरजी का विचार है, 'युद्ध में स्वपक्ष के गौरव से भर कर भी युद्ध के दृश्यों से घृणा होती है।' क्या ही अच्छा होता कि प्राचीन गौरव की धरोहर हमें मिल जाती और युद्ध के भयानक दृश्य कल्पना में न देखने पड़ते। भारत का इतिहास निर्मित करने में विधाता यहीं चूक गया।

श्री जी. पी. श्रीवास्तव और हास्यरस की चर्चा करते हुए नागरजी ने कुछ कमजोरियाँ इस युग की भी बतलाई हैं यद्यपि इनके लिए भी प्राचीन भारत ही अधिक दोषी है। लिखा है, "हमारे देश में चूंकि हजारों वर्ष की पुरानी संस्कृति, दर्शन, इतिहास की अटूट परम्परा चली आ रही है, इसलिए हमारे बच्चे पैदा होते ही बूढ़े हो जाते हैं।" काश, यह अटूट परम्परा न होती तो बच्चे पैदा न होने पर नौजवान तो हो जाते ! इस तरह के दार्शनिक चिन्तन ने पुस्तक का काफी हिस्सा घेरा है। वैसे इस तरह की चिन्तन-सामग्री नागरजी के 'बूंद और समुद्र' में भी यथेष्ट है। यदि इन दोनों पुस्तकों में से निकाल कर उसे वे एकत्र छपवा दें—'जैनेन्द्र के विचार' या ऐसी ही किसी पुस्तक के रूप में—तो हम जैसे आलसी पाठकों का बड़ा उपकार हो। कलाकार नागर द्वारा दी हुई कथावस्तु सुगठित रूप

में एक जगह मिल जाय और कथा के पात्रों के साथ नागरजी के अन्तर्द्वन्द्व का अध्ययन करने की आवश्यकता न पड़े।

'गदर के फूल' एक इतिहास-लेखक की रचना नहीं है। इतिहास-लेखक घर बैठे किताबें पढ़कर पुस्तक लिखते हैं, उन्हें जनता में फैले हुए सजीव इतिहास से क्या मतलब ? यह पुस्तक एक कथाकार की लिखी हुई है, एक कुशल चित्रकार की जो अपने वातावरण की हर चीज को बारीकी से देखता है, जो व्यंग्य और हास्य की सामग्री प्राचीन इतिहास और वर्तमान समाज दोनों में ढूँढ़ लेता है। बौद्धिक स्तर पर उसका चिन्तन जैसा भी हो, उसकी सहृदयता असन्दिग्ध है। अवध के गाँवों में जाकर बूढ़ों को तलाशना, उनकी बतलाई हुई बातें उन्हीं की बोली-बानी, उन्हीं की शैली में लिख लेना, साथ ही हर जगह के वातावरण का सजीव चित्रण करना—यह काम नागरजी के अलावा हिन्दी में कोई दूसरा आदमी न कर सकता था। कितने उत्साह से लोगों ने उनकी सहायता की। केवल परम पवित्र अयोध्या में महावीर जी के मन्दिर के सामने एक महन्त जी ने नागर जी की श्रद्धा की चिन्ता न करके टके-सा जवाब दे दिया था : "यहाँ साधू लोग रहता है, भजन करता है; इतिहास-फितिहास के प्रपंच में नहीं पड़ता।" इस अपवाद को छोड़ देने पर हर जगह साधारण जनता और शिक्षित वर्ग ने नागरजी का स्वागत किया और सहायता की। जनता का यह सहयोग ही इस बात का बहुत बड़ा प्रमाण है कि वह सन् सत्तावन की राज्यक्रान्ति को बड़े गर्व से याद करती है।

इस पुस्तक में हम शेख अब्दुल अली किदवाई की बातें सुनते हैं। उनकी बातों से लगता है कि जनता अपना इतिहास मौखिक ढंग से सुरक्षित रखती है। गदर देखने वालों में भागू नाई था। उसने सन् सत्तावन की घटनाओं पर आल्हा लिखा था; वह आल्हा शेख साहब ने सुना था और शेख साहब से नागरजी ने सुना। भागू नाई जनकवियों का प्रतिनिधि था। जिस उत्साह से वह आल्हा सुनाता था, वह सन् सत्तावन के वीरों के प्रति किसान-जनता का प्रेम प्रकट करता था। शेख साहब के शब्दों में "उस आल्हे को सुनाते-सुनाते भागू की यह कैफियत हो जाती थी कि बदन की एक-एक नस तन जाती थी, और बड़े जोश में आ जाता था, लेकिन राजा बलभद्र सिंह का नाम आते ही आँखों में आँसू आ जाते थे और आवाज कमजोर पड़ जाती थी।"

इस पुस्तक में साहबदीन का वर्णन है जिन्होंने नवाबगंज की लड़ाई देखी थी। नागरजी ने इनका कलात्मक चित्र खींचा है। उनकी बातचीत किसी भी उपन्यास के पात्र से कम रोचक नहीं। जनता अपने वीरों के बारे में कैसे किंवदन्तियाँ रच लेती है, इसकी मिसाल साहबदीन की वार्ता है। चहलारी के तरुण वीर बलभद्रसिंह अंग्रेजों से लड़े। मारे जाने पर भी उनका शव युद्ध करता रहा। "तब दुपहर भर बिना गरदन लहास लड़ी।" जब अंग्रेजों का वश न चला "तब एक औरत मंगाई

गै, जब उयि लहास छुयि लिहिस तब गिर पड़े।" और बेगम हजरत महल कैसे चरित्र की थीं, इस प्रश्न का बहुत ही नपातुला जवाब साहबदीन ने दिया, "जस अउरत का सील धरम होत है वइसी रहें।"

इस पुस्तक में बलभद्र सिंह के भतीजे ननकऊ सिंह का चित्रण है। "दाँत करीब-करीब सब बरकरार हैं। आँख कान चले गए, परन्तु आवाज अब भी कड़कदार है।" उन्होंने नागर जी को बतलाया, "जउने सन मा कक्का जूझे रहे नवाबगंज माँ, वह साल हम पैदा भयन।" उन्होंने 'जंगनामा' मँगवाया। हाथ से टटोल कर पहचाना कि वही पुस्तक है, फिर 'बड़े जोश में आकर कवित्त सुनाने लगे।' इस तरह श्री अमृतलाल नागर ने अपने परिश्रम के फलस्वरूप इतिहास के जीवित स्वर सुने।

पुस्तक में जनता की वीरता और वीर-पूजा की अनेक रोमांचकारी घटनाओं का वर्णन है। राजा देवीबख्श सिंह के टूटे सिंह द्वार के सामने आज भी मुसलमान ताजिये टिकाते हैं और उस पर 'इतना जल-पुष्प चढ़ाते हैं कि कीचड़ हो जाता है।' सन् सत्तावन से चली आती हुई हिन्दू-मुस्लिम एकता की परम्परा की यह एक मिसाल है। फैजाबाद में दो देशभक्तों को फाँसी दी गई थी। जनता उस पेड़ को पूजती रही; १९३५ में उस वृक्ष के राज्यद्रोह से अप्रसन्न होकर अंग्रेजों ने उसे कटवा डाला। मौलवी फजलहक खैराबादी ने विद्रोह में भाग लिया। उन्हें काले पानी की सजा हुई; वहाँ उन्होंने विद्रोह का इतिहास लिखा। अपने पोते के अनुसार "यह किताब उन्होंने जेल के अफसरान से चुनकर कहीं फटे पायजामों की चिन्दियों में, पत्तों पर, चमड़े पर, लिख-लिखकर जो कैदी हिन्दुस्तान की तरफ आते गये उनके हाथों मेरे वालिद के पास भेजते गये।" वीरतापूर्ण इतिहास के लिखने वाले भी वीर थे। इस तरह की घटनाओं के साथ पुस्तक में अंग्रेजों की बर्बरता और आतंक का भी उल्लेख है जिसे जनता आज तक भूली नहीं है।

जनता की अनुपम वीरता के वर्णन के साथ नागरजी ने बहुत से लोकगीत दिये हैं, कविताएँ दी हैं जिनमें जनता की भावना अच्छी तरह झलकती है। वह यदि वीरों की पूजा करती है तो देशद्रोहियों से उत्कट घृणा भी करती है। किसी गाँवों में अंग्रेजों ने अपने मददगार एक सिख को कुछ जमीन दी। गाँव वाले रास्ता बतलाते हुए अब भी कहते हैं, 'अइसी ते चले जाव, आगे गद्दारन केर घर परी।' इसी तरह नवाब नक्की का नाम गद्दार का पर्याय हो गया, 'वो शख्श तो नक्की निकल गया।' इस तरह की मिसालें बतलाती हैं कि अंग्रेजों के प्रति घृणा को एक व्यापक जन-आधार मिला था। नागरजी ने ठीक लिखा है, 'वाह री जनता! तेरे शब्दों और मुहावरों के पीछे कितना इतिहास भरा होता है!' नागरजी जब चिन्तन के मूड में नहीं होते, तब जनता में घुल मिल जाते हैं। यदि लोक-गीतों की तरह हम लोक-गद्य की कल्पना करें तो कह सकते हैं कि कलाकार नागर का गद्य

लोक-गद्य बन जाता है। उन्होंने अंग्रेज भक्तों—अंग्रेजी राज की 'स्वाधीनता' का लाभ उठाने वाले अग्रगण्य सज्जनों—के बारे में उचित आवेश से लिखा है, "सत्तावनी क्रान्ति के असफल होने के बाद अनेक 'स्वाभिमानी' क्षत्रिय, ब्राह्मण और उच्च वर्गीय मुसलमान ताल्लुकेदार अंग्रेजों के प्रति खैरख्वाही दिखलाते हुए उनके तलवे चाटते थे। अंग्रेजों के सर्टीफिकेट बटोरने की, नाक रगड़ने की बात देख, यह सोचकर हैरत होती है कि आखिर हमारे इन ताल्लुकदार पुरखों का क्षात्र धर्म और स्वाभिमान कहाँ चला गया था।"

स्वर्गीय आचार्य रामचन्द्र शुक्ल ने लिखा था कि लोक-हृदय में लीन होने की दशा का नाम ही रसदशा है। नागरजी जब इस रसदशा में होते हैं, तब भारतीय इतिहास पर उनकी टिप्पणियाँ—और वे इस दशा में संक्षिप्त ही होती हैं—बड़ी मार्मिक होती हैं। विद्रोह में नेतृत्व किसका था? अग्रदल की भूमिका किसकी थी? जनता को बटोरने और संगठित करने का काम किसने किया था? नागरजी का स्पष्ट उत्तर है, "सिपाहियों के जोश से अफीमची, विलासी और अपने मिथ्या दंभ में सगोतियों के सिर पर रण पूजने की कायरता रखने वाले, फूट में पड़े सामन्तों की भुजाओं में भी क्षात्र-रक्त हुमक पड़ा।" अर्थात् प्रमुख भूमिका सामन्तों की नहीं थी वरन् सिपाहियों की थी। देश की पराधीनता का कारण बतलाते हुए उन्होंने ठीक लिखा है, 'वीरता की कमी के कारण नहीं वरन् फूट के कारण भारत गारत हुआ।' सन् सत्तावन की राज्यक्रान्ति के सिलसिले में यह तथ्य ध्यान में रखना और भी आवश्यक है क्योंकि अंग्रेजों ने अपनी वीरता और अनुशासन के अतिरंजित चित्र खींचे हैं और भारतीय पक्ष को असंठिगत, अनुशासन हीन और कायर दिखलाया है। यदि स्काटलैंड, आयर्लैंड और वेल्स के सामन्त रोमनों या नार्मनों से मिल जाते और अंग्रेजों को अपनी स्वाधीनता के लिए युद्ध करना पड़ता तो जो कठिनाई उनके सामने आती, वही कठिनाई १८५७ में उत्तर भारत के लोगों के सामने थी। नेपाल, कश्मीर, अफगानिस्तान, राजस्थान, मध्य-भारत, हैदराबाद और बंगाल के राजा और जमींदार अंग्रेजों के साथ थे। भौगोलिक दृष्टि से अंग्रेजों ने विद्रोह-क्षेत्र को अपनी मित्र-पांति से घेर लिया था। इस क्षेत्र के अन्दर भी उनके सैकड़ों सामन्त-मित्र मौजूद थे। तोपों की कमी के अलावा सन् सत्तावन में भारतीय जनता की पराजय का यह मुख्य कारण था।

इस पुस्तक को पढ़कर लगता है कि लखनऊ के बाहर कितने 'बूंद और समुद्रों' की सामग्री बिखरी पड़ी है। नागरजी शहर ही नहीं गाँव के लोगों में घुल-मिल जाने की कला में बहुत दक्ष हैं। इस कला में हम सभी उनसे बहुत कुछ सीख सकते हैं। पुस्तक में उनके सैलानी रूप की छाप है। बरसते पानी में कहीं ढोल-मँजीरों के साथ वे लोक-गीत सुनते हैं, कहीं नेपालगंज के पेड़ों की तारीफ सुनकर अधीर हो उठते हैं, कहीं 'कच्ची याने दाल भात के नाम से हम ललचा भी

उठे।' और रसोई पवित्र करने के बदले खाट पर ही जम गये। सारी पुस्तक में अवध की बेगम कथा के मूल सूत्र की तरह विद्यमान हैं। उपन्यासकार वृन्दावनलाल जी वर्मा महारानी लक्ष्मीबाई को पूजते हैं तो बेगम हजरत महल को लेकर नागरजी का भावावेश दूसरे स्तर का है। जब बेगम के बारे में लिखते हैं तो इतिहास और रोमांस घुल-मिल जाते हैं। और डलमऊ में मौलवी अहमदुल्लाशाह का इतिहास टटोलते हुए लतीफन पतुरिया के यहाँ पहुँचे। 'उसकी अवस्था ८५-९० बरस की है।' कद्रदान नागरजी को पाकर ऊँचा सुनने वाली मुसम्मात लतीफन ने कहा, 'आप बड़ी दूरि से आये हैं, हम किस्सा नहीं सुना सके, पर एक ठईं लावनी जरूर सुने जाव।' और नागरजी के शब्दों में, 'बी लतीफन ने अपनी पिच्चासी की आयु को जवानी के दिनों की सान पर चढ़ा दिया।'

'गदर के फूल' जनता के जीवित इतिहास, चुटकलों, लतीफों, लोकगीतों, रोमांचकारी घटनाओं, अनोखे रेखाचित्रों का पिटारा है। श्री अमृतलाल नागर की कलम का यह कमाल हमें एक नहीं दो युगों की अनुपम झाँकी देता है।

४

रिपोर्ताज

फ्रान्सीसी भाषा के और बहुत से शब्दों में, जो अंग्रेजी ही नहीं, यूरुप की और दूसरी भाषाओं में भी प्रचलित हो गये हैं, यह एक शब्द रिपोर्ताज़ भी है। इसकी शक्ल और सूरत अंगरेजी के रिपोर्ट शब्द से मिलती जुलती है जो हिन्दी में आकर सीधा रपट हो गया है। रिपोर्ट ज्यादातर अखबारों के लिए लिखी जाती है, रपट ज्यादातर पुलिस या दूसरे सरकारी अफसरों के लिए। यह सभी लोग जानते हैं कि रपट में नमक-मिर्च इतना लगाया जाता है कि वस्तु-तत्व उसकी तेजी से निस्तत्व हो जाता है। अखबारी रिपोर्टों में वस्तुतत्व का बिल्कुल अभाव तो नहीं होता है, फिर भी काफी चरफरापन न हो, तो लोग अखबार पढ़ना छोड़ दें। रिपोर्ताज़ रिपोर्ट का ही साहित्यिक रूप है लेकिन उसका अन्तःकरण साहित्य की श्रेणी में आने से शुद्ध होता है।

किसी घटना या घटनाओं का ऐसा वर्णन करना कि वस्तुगत सत्य पाठक के हृदय को प्रभावित कर सके, रिपोर्ताज़ कहलायेगा। कल्पना के सहारे रिपोर्ताज नहीं लिखी जा सकती। इसे लिखने की कला इस महायुद्ध में विशेष रूप से विकसित हुई है। साहित्य का यह सबसे लचीला रूप है जिसकी सीमा एक पृष्ठ से लेकर कई सौ पृष्ठों की मोटी पुस्तक तक हो सकती है। वर्तमान पत्रकार-कला से इसका घनिष्ठ सम्बन्ध है। पत्रों में जैसे लम्बे उपन्यास एक साथ नहीं छप सकते, वैसे ही उनमें बहुत लम्बी रिपोर्ताज़ भी नहीं छप सकती। इसकी सीमाएँ कहानी और निबन्ध से मिलती जुलती हैं और इन दोनों से इसका भावात्मक सम्बन्ध है। रिपोर्ताज़ में जब तक एकाध छोटी कहानी न हो, वह काफी रोचक नहीं होता। परन्तु कहानी ज्यादातर एक ही घटना को लेकर चलती है और उसी को केन्द्र मानकर पात्रों का चरित्र अंकित किया जाता है। रिपोर्ताज़ में एक से अधिक घटनाएँ हो सकती हैं, लेखक का लक्ष्य इनके सम्मिलित प्रभाव की ओर रहता है। वह कहानीकार की तरह किसी 'समस्या' को लेकर नहीं चलता, न कहानी के अन्त में समस्या के विचित्र समाधान से पाठकों को आश्चर्य में डाल देना चाहता है।

वह लेख के आरम्भ से ही छोटी-छोटी बातों की ओर यों ध्यान आकर्षित करता है कि इन सबसे मिलकर एक वृहत् चित्र बन सके। चरित्र-चित्रण के लिए कहानीकार के पास ही कम जगह होती है, रिपोर्ताज़-लेखक के पास तो और भी कम। वह रेखा-चित्रकार की तरह ब्रुश के इशारे से चित्र को उभार कर आगे बढ़ चलता है। उसे इस बात की पूर्ण स्वतन्त्रता है कि वह अपने लेख को घटना-प्रधान बनाये या चरित्र-प्रधान, वह उसमें नाटकीयता का ज्यादा पुट दे या गीतात्मकता का। उसके लिए सबसे ज्यादा जरूरी बात यह है कि वह जिस बात पर कलम उठाये, उसे खुद अपनी आँखों और कानों से देख सुन चुका हो।

यदि हम अखबार लेकर पिछले कई महीने की घटनाओं पर एक भावपूर्ण निबन्ध लिख डालें, तो वह रिपोर्ताज़ न होगा, वह रिपोर्ट भले हो। आँखों से देखने पर भी यदि केवल वस्तुगत सत्य का शुष्क वर्णन हुआ तो भी उसे रिपोर्ताज़ न कह सकेंगे। जो पत्रकार सिर्फ रिपोर्ट लिखना जानते हैं, वे रिपोर्ताज लेखक नहीं हो सकते। जो लेखक घर बैठे कल्पना के सहारे साहित्य रचा करते हैं, उन्हें भी इस ओर सफलता पाने के लिए अपना पुराना क्रम छोड़ना होगा। रिपोर्ताज़-लेखक के लिए जरूरी है कि वह आधा पत्रकार हो और आधा कलाकार हो। वह अपने चारों ओर के गतिशील जीवन की वास्तविक घटनाओं का इतिहासकार है। इसलिए वह अपना काम घर में बैठे-बैठे नहीं कर सकता।

जिस देश में लेखकों को इतनी सुविधा होगी कि वे अपनी इच्छानुसार जहाँ-तहाँ भ्रमण कर सकें और जो कुछ लिखें, उससे उन्हें जीविका के लिए काफी पैसा भी मिल सके, वहीं इस तरह के साहित्य का विशेष रूप से विकास हो सकता है। सोवियत रूस में प्रकाशन का कार्य पूँजीवादियों के हाथ में नहीं है, इसलिए लेखकों को अपनी रचनाओं से जीविका के लिए काफी पैसा ही नहीं मिल जाता बल्कि समाज के दूसरे लोगों की अपेक्षा ज्यादा धन भी मिल जाता है। वे अपनी आवश्यकताओं के अनुसार जहाँ चाहें भ्रमण कर सकते हैं और अपने अनुभव के बल से सजीव साहित्य लिख सकते हैं। पिछले महायुद्ध में सोवियत लेखकों ने कलाकार के उत्तरदायित्व को कितना समझा और कितना निबाहा, यह उनके साहित्य से प्रकट है। लड़ाई का कोई ऐसा मोर्चा नहीं था जहाँ लेखक भी न पहुँचे हों। पत्रकारों को जाने दीजिए। जाने-माने लेखक साहित्य की प्रेरणा के लिए मोर्चे पर पहुँचते थे। साहित्य के जिस रूप का इन्होंने सबसे ज्यादा विकास किया वह था रिपोर्ताज। इलिया एरनबुर्ग ने लेखकों की कठिनाइयों का जिक्र करते हुए लिखा है कि सजीव साहित्य की रचना के लिए उन्हें मुसीबतों का जरूर सामना करना पड़ता है लेकिन उन्हें याद रखना चाहिए कि लाल फौज के सिपाहियों को मुसीबतों का ही नहीं मौत का सामना भी करना पड़ता है। इसमें सन्देह नहीं कि कई सोवियत लेखकों ने साहित्य को अपने प्राणों से भी ज्यादा महत्वपूर्ण समझा और दूसरे सिपाहियों

की तरह वे अपने मोर्चे पर डटे रहे। कई लेखकों की जानें भी गयीं परन्तु उन लोगों ने जो रिपोर्ताज़ लिखे हैं, उनमें महायुद्ध का सजीव साहित्य और इतिहास दोनों हैं।

लेनिनग्राद पर महीनों तक बम-वर्षा होती रही लेकिन वृद्ध लेखक तिखोनोव ने शहर छोड़ने का नाम नहीं लिया। सर्दी के दिनों में वह बर्फ से ढके हुए मैदान और लेनिनग्राद के वीर नर-नारियों के आत्म-रक्षा के प्रयत्न देखता था। उसने इन सबके अमर चित्र अंकित किये हैं। सबसे ज्यादा रिपोर्ताज़ लिखने का श्रेय इलिया एरनबुर्ग को है। महायुद्ध में वह सोवियत संघ का सबसे लोकप्रिय लेखक रहा है। उसके लेखों से मालूम होता था कि वह लाल फौज के साथ आगे बढ़ रहा है और उसके प्रभावपूर्ण शब्द सैनिकों की ही ललकार हैं। ऐसे तीव्र व्यंग्य का लेखक कम से कम पिछले दस वर्षों में दूसरा नहीं हुआ। दर्जनों भाषाओं में उसके लेख अनुवादित हुए हैं और सोवियत संघ में तो वे न जाने कितने पत्रों में छापे जाते थे और कितने रेडियो स्टेशनों से विस्तार किये जाते थे। अभी हाल में एरनबुर्ग अमरीका गया था; वहाँ के जीवन के जो शब्द-चित्र उसने दिये हैं, वे इतने मनोरंजक हैं कि उन्हें संसार के पचीसों दैनिक पत्रों ने छापा था। वह एक महान् उपन्यासकार भी है और अपने प्रसिद्ध उपन्यास 'पैरिस का पतन' के लिए उसे सोवियत-संघ का सबसे बड़ा पुरस्कार मिल चुका है। इस उपन्यास में रिपोर्ताज लेखक की छाप मौजूद है और उसकी संजीवता का यह भी कारण है कि एरनबुर्ग ने आँखों देखी घटनाओं का वर्णन किया है।

अन्य सोवियत उपन्यासकारों में भी ऐसा ही प्रभाव दिखाई देता है। यह कोई अचरज की बात नहीं है कि बहुत से लेखक ऐसे हैं जिन्हें उपन्यास और रिपोर्ताज लिखने में समान रूप से सफलता मिली है। वासिली ग्रोसमन, वान्दा वासीलेव्स्का, सिमोनोव, शोलोखोव आदि के उपन्यासों में पचीसों ऐसे टुकड़े हैं जिन्हें निकालकर अलग छाप दें तो वे रिपोर्ताज़ के बड़े अच्छे उदाहरण मालूम होंगे। इन्हीं में ऐसे लोग भी हैं जिन्होंने जलते हुए स्तालिनग्राद और वोल्गा पर उसकी लाल छाया के अमर चित्र अंकित किये हैं। ग्रोसमन और सिमानोव ने अपनी वर्णनात्मक शैली से रूस के पुराने लेखकों की परम्परा को सुरक्षित रखा है। इनके छोटे लेखों में भी वह 'एपिक टच' है जो गोर्की और तोल्सतोय में मिलता है। इनमें घटनाओं की नाटकीयता, साधारण पात्रों की असाधारण वीरता आदि के चित्रों से सोवियत जनता के दृढ़ निश्चय, उसके साहस और बलिदान का परिचय मिलता है। किन कठिनाइयों में यह लोग अपने साहित्य की सामग्री एकत्र करते थे, इसका परिचय यूजिनी क्रीगर के एक रिपोर्ताज़ का अंश उद्धृत करने से मिल जायगा। स्तालिनग्राद से चलते हुए उसने एक घटना का वर्णन किया है—

"स्तालिनग्राद के घेरे का प्रभाव मेरे मन में एक बूढ़े मल्लाह के कारण अमिट बन गया है। घटना रात को हुई थी। न अब किसी को उसकी सूरत याद है, न उसका नाम मालूम है। नाव के ऊपर एक बम फूट पड़ा। उस पर जितने लोग बैठे थे, वह सब नदी में लुढ़क पड़े। एक नौजवान लैफ्टिनेंट भारी लबादा पहने था। उसके बोझ से वह डूबने लगा। बूढ़े मल्लाह ने उसका कालर पकड़ लिया और तेजी से अपना लाइफ-बेल्ट उसके सामने बढ़ा दिया। 'लो इसका सहारा लो'—उसने कर्कश आवाज में कहा। लैफ्टिनेंट चुपके से बह जाने की कोशिश करने लगा। बूढ़ा मल्लाह चिल्लाया, 'अरे बेवकूफ, मेरी बाँह तो टूट गयी है। अब बूढ़ा हो गया हूँ, जो कुछ करना था कर चुका, अब तेरी बारी है। यह लाइफ-बेल्ट ले और शहर के लिए लड़।' वह लाइफ-बेल्ट छोड़कर एक हाथ से तैरता हुआ दूसरी तरफ को निकल गया और रात के अँधेरे में खो गया।"

इस उद्धरण से रिपोर्ताज़ लेखक का उत्तरदायित्व और उसकी कठिनाई का परिचय मिल जाता है। वीरों का वर्णन करने के लिए थोड़ी वीरता लेखक में भी होनी चाहिए, नहीं तो वह रीतिकालीन कवियों की वीरगाथा ही लिख सकेगा।

इस महायुद्ध के समय और उसके बाद भी हमारे देश में बड़ी-बड़ी लोमहर्षक घटनाएँ हुई हैं। बंगाल के लाखों स्त्री-पुरुषों ने जान से हाथ धोये। इस विभीषिका के अनुकूल हिन्दी में प्रभावपूर्ण रिपोर्ताज़ नहीं लिखे गये किन्तु जो लोग वहाँ गये थे, उन्होंने साहित्य को एक स्थायी निधि दी है। चटगाँव के बारे में उर्दू के प्रसिद्ध कवि अली सरदार जाफरी ने एक सुन्दर रिपोर्ताज़ लिखा था। अकाल और युद्ध से फायदा उठाकर ठेकेदारों ने मानवता के साथ कैसा वीभत्स खिलवाड़ किया था, इसका रोषपूर्ण चित्रण अली सरदार ने किया है। अकाल के समय प्रसिद्ध बंगाली चित्रकार चित्तप्रसाद चटगाँव गये थे। थोड़े से शब्दों में उन्होंने जनता की नारकीय यातनाओं का दृश्य उपस्थित कर दिया है। उसका एक अंश हम यहाँ उद्धृत करते हैं—"मैंने उस स्त्री से उसका नाम पूछा तो वह फूट-फूटकर रोने लगी। हिचकियों के बीच कभी-कभी कुछ शब्द भी उसके मुँह से निकल रहे थे, पर इतने धीमे कि उन्हें सुनना असम्भव था। उसके बदन पर कपड़े की एक धज्जी भी नहीं थी। पास खड़े एक आदमी ने बताया कि वह मौयश खाली गाँव के एक मुसलमान किसान की पत्नी है और अब पागल हो गयी है।

"कौक्स बाजार में आधे दर्जन से अधिक गुप्त रण्डी-खाने हैं। उनके ठेकेदारों के दलाल गिद्ध की तरह शहर की सड़कों पर निराश्रित स्त्रियों की तलाश में घूमते रहते हैं। किसान स्त्रियाँ जब मजूरी करके अपना पेट नहीं भर पातीं तो इनमें से किसी के फन्दे में पड़ जाती हैं और कुछ दिन बाद इस हालत में पहुँच कर रण्डी-खाने से निकलती हैं।

"पास बैठा बच्चा अनाथ है। बाप मछुआ था, पिछले अकाल में मर गया।

जब माँ उसका पेट न पाल सकी तो वह भी उसे बाजार में छोड़कर कहीं चली गयी।"

रिपोर्ताज लिखने के लिए जनता से सच्चा प्रेम होना चाहिए। वैसे तो साहित्य के सभी रूपों के लिए यह शर्त है लेकिन रिपोर्ताज के लिए वह और भी जरूरी है। जिन्होंने अकाल और महामारी की चिन्ता न करके जनता के बीच में आकर उसके दुख-दर्द की सही तसवीर खींचना साहित्य का ध्येय समझा है, वही अच्छे रिपोर्ताज लिख सके हैं।

अकाल और युद्ध के बाद सारी दुनिया के साथ हिन्दुस्तान भी बदला है। अब लोग सड़कों पर भूख से तड़पकर जान नहीं देते; वे सड़क पर आकर मजबूत मुट्ठियाँ बाँधकर साम्राज्यवाद को चुनौती देते हैं। बम्बई में जहाजी सैनिकों ने विद्रोह किया और सन् सत्तावन के बाद पहली बार तोपों का मुँह दूसरी तरफ घुमाया गया। आजाद हिन्द फौज के लिए विराट प्रदर्शन हुए और उनमें जनता ने गोलियों का सामना किया। कश्मीर के विद्रोह ने देशी राज्यों की जनता को आजादी का रास्ता दिखाया। इसमें सन्देह नहीं कि आज देश में क्रान्तिकारी परिवर्तन हो रहे हैं। दुनिया के लिए क्रान्ति अब कोई नयी चीज नहीं रह गयी। अन्य देशों में इसके जो लक्षण देखे गये थे, वे आज हमारे देश में भी हैं। हिन्दी के साहित्यकार इस विद्रोही जनता के साथ बढ़कर ही अपने साहित्य की गौरव पूर्ण परम्परा की रक्षा कर सकते हैं। जहाजी सैनिकों के विद्रोह पर उर्दू के प्रसिद्ध लेखक कृष्णचन्द्र ने गुण्डा नाम की सुन्दर कहानी लिखी थी। अनेक घटनाओं और वर्णन की प्रधानता होने से इसका रूप कहानी से अधिक रिपोर्ताज़ का है। आज तो इस तरह के वीरतापूर्ण कार्य हर शहर और देहात में देखने को मिलते हैं। 'कला-कला के लिए' की रट छोड़कर साहित्य को जीवन से सम्बन्धित करने का यही तरीका है कि लेखक आज के विद्रोह के इतिहासकार बनें।

५

गद्य काव्य

गद्य काव्य किसे कहते हैं, हिन्दी गद्य काव्य संस्कृत गद्य-साहित्य की परम्परा से कितना संबद्ध है, इसके प्रवर्त्तक कौन हैं, किस हद तक यह विधा मौलिक है और कहाँ तक बँगला से प्रभावित है—इन समस्याओं पर कमलेश जी ने बहुत छान-बीन करके 'हिन्दी गद्य काव्य' में अपने निष्कर्ष प्रस्तुत किये हैं। उन्होंने पुरानी पत्रिकाओं की खाक छानी है, व्यस्त (और कभी-कभी आलसी) साहित्यकारों से गद्य काव्य सम्बन्धी प्रश्नों के उत्तर प्राप्त किये हैं, गद्य काव्य के सैकड़ों नमूने इकट्ठे करके उनका विषयगत और शैलीगत विवेचन किया है। दो अध्यायों में गद्य काव्य में दर्शन और मनोविज्ञान के सिद्धान्तों का समावेश दिखाया है। अन्त में प्रमुख गद्य काव्य-लेखकों की जीवनी और रचनाओं का संक्षिप्त परिचय दिया है।

उनके प्रबन्ध का सबसे महत्वपूर्ण अंश वह है जहाँ उन्होंने हिन्दी गद्य काव्य की मौलिक परम्परा के पक्ष में तर्क दिए हैं और अपनी स्थापना को पाठक के लिए यथेष्ट ग्राह्य बना दिया है। गद्य काव्य-लेखकों की रचनाओं के अनुसन्धान के सिलसिले में पाठक को अनेक ऐसी बातें मिलेंगी, जिनसे गद्य काव्य से भिन्न शेष हिन्दी साहित्य के सम्बन्ध में उसकी जानकारी बढ़ेगी। गद्य काव्य हिन्दी की एक महत्वपूर्ण विधा है, उसका अध्ययन आवश्यक था, कमलेश जी ने वह कार्य किया, इसलिए उनका यह प्रयास वांछनीय है।

गद्य काव्य की लोकप्रियता इसी से प्रमाणित होती है कि उसे उपन्यासकारों, कवियों (गद्य काव्य से भिन्न पद्य काव्य के रचयिताओं), आलोचक-नाटककार-कवि रूपों में विश्रुत साहित्यकारों ने उसे अपनाया। किन्तु इस तरह के साहित्य-कार गद्य काव्य-रचना के लिए प्रसिद्ध नहीं हैं; उनके उपन्यासों, नाटकों, कविता आदि की तुलना में उनका गद्य काव्य असमर्थ और क्लान्त दिखाई देता है। जिन्होंने केवल गद्य काव्य लिखा है या गद्य काव्य के लिए ही ख्याति पायी है—लिखा जो भी हो—उन्हें भी इस विधा में प्राप्त सफलता के बल पर प्रथम या

द्वितीय श्रेणी का कृती नहीं कहा जा सकता। इससे दो निष्कर्ष निकलते हैं : १. गद्य काव्य साहित्य की उतनी महत्वपूर्ण विधा नहीं है, जितनी यहाँ प्रतिपादित की गई है; २. परिमाण की दृष्टि से हिन्दी गद्य काव्य प्रचुर होते हुए भी गुणात्मक दृष्टि से निर्बल और क्षीण है।

तीसरे अध्याय में 'गद्यकाव्यात्मक कृतियों का प्रवृत्तिगत विभाजन' किया गया है। यह विभाजन बहुत ही यांत्रिक ढंग का है। प्रेमात्मक; यह दो प्रकार का, आध्यात्मिक और लौकिक; और आध्यात्मिक दो प्रकार का, रहस्योन्मुख और भक्ति परक, राष्ट्रीय भावनासमन्वित, ऐतिहासिक, प्रकृति-सौन्दर्य मूलक। स्फुट में मनोवृत्ति-प्रधान, व्यक्ति-प्रधान, तथ्य-प्रधान, सूक्तिप्रधान। इनमें अनेक प्रवृत्तियाँ एक ही लेखक में, उसकी एक ही रचना में एक साथ पायी जाती है। इसलिए गद्यकाव्य के विकास को समझने में इस तरह के विभाजन से विशेष सहायता नहीं मिलती। फिर 'मनोवृत्ति-प्रधान' प्रवृत्ति क्या होती है? क्या मनोवृत्ति-हीन काव्य भी सम्भव है? इस मनोवृत्ति-प्रधान से व्यक्ति-प्रधान की भिन्नता किस बात में है? सूक्तिप्रधान एक शैलीगत प्रवृत्ति हो सकती है किन्तु यहाँ कमलेश जी विषयवस्तु का विवेचन कर रहे हैं।

'भाषा, अलंकार, रस और भाव व्यंजना-शैली के रूप'—यह चौथा अध्याय है। यहाँ विभाजन और भी गया बीता है। संस्कृत मिश्रित भाषा, अरबी-फारसी मिश्रित भाषा, चलती हुई मिश्रित भाषा और प्रवाह के अन्तर्गत धारा, तरंग, बिक्षेप, प्रलाप, सम्बोधन शैली, प्रार्थना-शैली, पद्यारम्भ शैली आदि। इस तरह का विभाजन हिन्दी के शोध ग्रन्थों में अक्सर देखा जाता है। इसका कारण शोध-निर्देशकों पर रीति-ग्रन्थों का प्रभाव है। प्रश्न यह नहीं है कि शैली एक प्रकार की हो या अनेक प्रकार की, क्लिष्ट हो, या सरल या दोनों का मिश्रण हो; महत्वपूर्ण प्रश्न यह है कि लेखक कहना क्या चाहता है, क्या वह अपनी बात प्रभावशाली ढंग से कह सका है। इस दृष्टि से कमलेश जी ने गद्य काव्य कला का विश्लेषण नहीं किया।

एक अध्याय गद्य काव्य और मनोविज्ञान पर है जिसमें फ्रायड और मैक्डूगल के सिद्धान्तों को 'अधिक सशक्त' बताया गया है। इनके आधार पर गद्य काव्य की विषयवस्तु का एक नया विभाजन किया गया है, प्रतीक्षा और स्वागत का साज सजाना, स्वप्न में मिलन, प्रत्यक्ष रति-क्रीड़ा का वर्णन आदि। इस तरह का विभाजन फ्रायड या मैक्डूगल की दुहाई दिये बिना भी किया जा सकता था। इसके बाद गद्य-काव्य और दर्शन पर एक अध्याय है। यहाँ हमें पता लगता है, 'हिन्दी गद्य-काव्यकारों का हृदय भारतीय दर्शन से रँगा हुआ है'। यह फ्रायड और भारतीय दर्शन का समन्वय अथवा शान्तिपूर्ण सह-अस्तित्व अद्भुत है।

कमलेशजी के विवेचन से यह स्पष्ट नहीं होता कि गद्य काव्य का क्रमिक

विकास किस प्रकार हुआ, इसकी विषयवस्तु, शैली आदि में किन कारणों से और कब परिवर्तन हुए, गद्यकाव्यकारों में किसे अधिक सफलता मिली है, किसे कम और क्यों। फिर भी उनके परिश्रम में सन्देह नहीं है और चतुर पाठक यहाँ एकत्र सामग्री के आधार पर निष्कर्ष भी निकाल सकते हैं।

कमलेशजी ने कहीं-कहीं बोझिलता और नावीन्य जैसे शब्दों का प्रयोग किया है जो चिन्त्य हैं। जहाँ-तहाँ कमलेशजी ने स्वयं अपनी शैली में गद्य काव्य का चमत्कार उत्पन्न कर दिया है—जो तरल, त्रिवेणी उसमें तरंगित है, उसमें स्नान करके शरीर शीतल और आत्मा आनन्दित होती है। अथवा हिन्दी गद्य काव्य की नवल वल्लरी ने नवयुग के अग्रदूत भारतेन्दु बाबू को वाणी की सरस रसा में अंकुरित और विश्व-कवि रवि ठाकुर की कल्पना के वासंती वायुमंडल में पुष्पित और पल्लवित होकर अपनी मादक सुरभि से इत्यादि।

६

अच्छे गद्य की पहचान

शमशेरबहादुर सिंह के 'दोआब' के निबन्ध बीस साल पहले लिखे गये थे। विभिन्न पत्रिकाओं में छपे, संकलित हुए और बीस साल में निबन्ध-संग्रह का दूसरा संस्करण न निकला। इससे आधुनिक हिन्दी साहित्य की रफ्तार का अन्दाज हो सकता है। ये निबन्ध हिन्दी-उर्दू साहित्यकारों पर लिखे गये हैं, छायावादी कवियों पर निबन्ध हैं, और उन कवियों पर भी जो छायावाद के बाद हिन्दी में आधुनिकता-बोध लेकर आये। हिन्दी के आधुनिक काव्य के विकास में स्वयं शमशेर बहादुर सिंह ने काफी हाथ बँटाया है। इसलिए भी इन निबन्धों से पाठकों को दिलचस्पी होनी चाहिए थी। इस कारण के अलावा शमशेर हिन्दी के उन थोड़े-से कवियों में हैं जो बहुत अच्छा गद्य लिखते हैं। उनकी पीढ़ी के कवियों ने बीस साल पहले जैसा गद्य लिखा था, उसे देखते हुए शमशेर के निबन्धों का गद्य बहुत ही पुष्ट, सुथरा और कलात्मक है। पिछले दिनों उन्होंने जैसा गद्य लिखा है—गजानन माधव मुक्तिबोध, केदारनाथ अग्रवाल आदि के काव्य और व्यक्तित्व का विवेचन करते हुए—वैसा सुन्दर गद्य आज का कोई कवि नहीं लिखता। उनके गद्य में निरन्तर एक विकास दिखाई देता है और उनके व्यक्तित्व की निरन्तरता—परिवर्तनशीलता के बावजूद—जैसे उनके गद्य में निहित है, वैसे उनके पद्य में नहीं। और शमशेर के लेखन में जो पद्य नहीं है, वही सबसे महत्वपूर्ण है, चाहे वह गद्य उनके निबन्धों में हो, चाहे उनकी कविताओं में।

गद्य का विरोधी भाव प्रकट करने वाला शब्द पद्य है, कविता नहीं—यह बात काफी प्रसिद्ध है। शमशेर की कविताओं के गद्य की चर्चा करना उनकी तौहीन करना नहीं है। अच्छी पद्यबद्ध कविताएँ लिखना काफी मुश्किल काम है, कविताओं में अच्छा गद्य लिखना बहुत मुश्किल काम है। आजकल गद्यबद्ध कविताएँ लिखने का चलन काफी हो गया है। लेकिन इनके रचनाकारों से बहुत पहले शमशेर ने कविता में गद्य का महत्व पहचाना था। जुलाई १९४१ के 'हंस' में मुक्त छन्द पर उनका एक लेख छपा था जिसमें उन्होंने इस मुक्त छन्द की भूमिका

के बारे में लिखा था, 'कवियों और गद्य-लेखकों का सामान्य अन्तर इसने मिटा-सा दिया है।' यह बात हिन्दी काव्य पर उस समय पूरी तरह लागू न होती थी, आज कितनी सच है, हर कोई देख सकता है।

शमशेर की कविताओं का महत्व कई आलोचकों ने पहचाना है, लेकिन उनके गद्य पर किसी ने ध्यान दिया हो, ऐसा मेरे देखने में नहीं आया। गद्य में विचारों का महत्व पहचानना आसान भी नहीं है। विचारक की मौलिकता, दूरदर्शिता, अन्तर्दृष्टि, तर्कयोजना, उसके चिन्तन का घनत्व वही पहचानता है जिसकी अपनी मेधा परिपक्व और विकसित हो। हिन्दी पद्य पर कितनी किताबें हैं। और हिन्दी गद्य पर ? उपन्यास, कहानी, आलोचना की विषयवस्तु पर नहीं, गद्य के कलात्मक प्रयोग पर ? नहीं के बराबर। लोग कविता का सम्बन्ध मुख्यतः भाव से जोड़ते हैं, भाव से जल्दी प्रभावित होते हैं, जहाँ विचार की गहराई हुई या काव्य-निर्माण में रचनाकार ने मेधा का चमत्कार दिखाया, वहाँ विवेक कुछ कहे-सुने बिना चुपचाप बगल से निकल जाता है। इसलिए शमशेर के गद्य पर लोगों ने ज्यादा ध्यान न दिया तो आश्चर्य नहीं।

शमशेर के लिए साहित्य का अध्ययन एक सजीव अनुभूति है और उस अनुभूति का प्रतिबिम्ब वह पाठक के मन में गद्य के द्वारा वैसे ही उतारना चाहते हैं जैसे अपनी किसी प्रेम या सौन्दर्य की अनुभूति का प्रतिबिम्ब— गद्य के ही द्वारा कविता में। सुभद्राकुमारी चौहान की कविताएँ मन पर कैसा प्रतिबिम्ब बनाती हैं ?

"गम्भीर, तो जैसे कोई शपथ ले रहा है, उद्दाम और मस्त, तो जैसे झमाझम बारिश हो रही है, सरल और सरस, तो जैसे हवाएँ मलहार गा रही हों।"

आप मानेंगे, यह एक कवि का गद्य है।

शमशेर में बहुत बड़ी क्षमता इस बात की है कि वह राजनीतिक उतार-चढ़ाव को सीधी-सादी लेकिन समर्थ शैली में मूर्तिमान कर सकते हैं। सन् बीस में हिन्दू-मुस्लिम एकता के दृश्य और बाद को हिन्दू-मुस्लिम वैमनस्य को याद करते हुए उन्होंने सुभद्राकुमारी चौहान वाले निबन्ध में लिखा है, "उस अपराजेयता की बँधी हुई मुट्ठी को साम्राज्यवाद की बेमिसाल कूटनीति ने किस तरह मसल-मसलकर धीरे-धीरे ढीला किया है—तब से आज तक का इतिहास यही है—उसको आज कुछ नेताओं की जख्मी उँगलियों की दुखती नसें और जोड़-बन्द ही जानते हैं—कलाई से पंजा जैसे अलग हो गया है, और उँगलियाँ आपस में नहीं मिलतीं।"

शमशेर बोलचाल के गद्य की लय पहचानते हैं। बोलचाल के गद्य की यह लय उनकी कविताओं के गद्य की भी लय है। उनकी वाक्य-रचना बदलती है, कभी सीधे-सादे वाक्य, कभी अनेक वाक्यांशों को गूँथकर रचे हुए लम्बे वाक्य, जवाहर-

लाल नेहरू की शैली में ठहर-ठहरकर बढ़ने वाले वाक्य, आगे के हिस्से पीछे और पीछे के हिस्से आगे— कभी तत्सम शब्द ज्यादा, कभी हिन्दी का उर्दू रूप— लेकिन चाहे जैसी वाक्य-रचना हो, चाहे जैसा शब्द-चयन हो, उनके गद्य की लय प्रायः एक-सी रहती है। इस गद्य को आप जल्दी नहीं पढ़ सकते, जल्दी पढ़ना उसकी हत्या करना होगा। उसमें तेज प्रवाह नहीं है, सन् '४८ में लिखे हुए गद्य में भी नहीं, जब हिन्दी के प्रगतिशील लेखकों का गद्य आमतौर से प्रवाहपूर्ण होता था। उसकी चाल धीमी है, धीमी चाल में भी थोड़ी-थोड़ी देर में रुकना, जरूरी होता है। कुछ उदाहरण :

"गाँव की प्रकृति एक सार्थक शक्ति है।
वह फलदा है और मानो कर्म से मुक्त है।
मोहमुक्त एकदम नहीं, पर चिन्तनरहित है।
वह गाँव का परिचित-अपरिचित स्वर्ग है।
ग्राम-निवासियों के आन्तरिक दुखों की एक क्षीण छाया कभी-कभी उस पर पड़ जाती है,
पर वह शीघ्र ही कहीं खो जाती है।"

ये वाक्य मैंने 'ग्राम्या' पर शमशेर के निबन्ध से लिए हैं। उनका क्रम यही है, केवल लय की विशेषता प्रकट करने के लिए उन्हें अलग-अलग कर दिया है। यहाँ वाक्य-रचना एवं स्वाभाविक शब्द-चयन में तत्सम रूपों की प्रधानता है, पर चाल का धीमापन स्पष्ट है।

दूसरा उदाहरण :

"आज के आर्ट में जो भी चीज पेश की जाती है,
उसमें खालिस कोई एक चीज़ पेश की जाती हो—
या करना मुमकिन भी हो—
यह नहीं है।
आज के दिन चारों तरफ के संघर्षमय जीवन ने
हर प्रकार से हमें इस तरह ढँक लिया है—
हमारा सबका जीवन आज इस तरह चल रहा है—
कि सिर्फ एक किसी चीज को लेकर हम कुछ समझ ही नहीं सकते,
उस चीज के बारे में, या किसी भी चीज के बारे में।
क्योंकि उस चीज पर जो रंग पड़ रहा है वातावरण का,
आसपास की घटनाओं का,
स्वयं हमारे और हमारे साथियों के विचारों का,
उस सबको हम उस चीज का
एक अंग समझने के आदी हो चले हैं।"

उदू-अंग्रेजी से प्रभावित यह दूसरी शैली है—कुछ-कुछ जवाहरलाल नेहरू के इलाहाबादी रंग में। पहले वाक्य के अन्त में हिन्दी के लिए अनोखा—'यह नहीं है,' और दूसरे वाक्य में—आगे की चीज पीछे—'उस चीज के बारे में, या किसी भी चीज के बारे में।' 'क्योंकि' से शुरू होने वाला तीसरा वाक्य : वातावरण का, घटनाओं का, विचारों का— एक से वजन के ये तीन टुकड़े वक्तृव्य-कला को सजाते हुए। आधुनिकता-बोध से इस तरह की वाक्य-रचना का गहरा सम्बन्ध है। पद वाक्य-रचना जैसी भी हो, चाल में वैसा ही धीमापन है जैसा पहले के उदाहरणों में।

गद्य की यह धीमी लय मन पर अवसाद की छाया छोड़ जाती है। कलाकार चाहे गद्य लिखे, चाहे पद्य, उसके मन की वास्तविक दशा उसके गद्य-पद्य की लय से ही प्रकट होती है, सचेत होकर व्यक्त किये गये भावों और विचारों से नहीं। गद्य की लय उपचेतन मन का दर्पण है और इन निबन्धों को लिखते समय शमशेर का अन्तर्मन विषादग्रस्त रहा है। उन्होंने सचेतन मन से जो भाव और विचार प्रकट किये हैं, उनमें और गद्य की अवसादग्रस्त गति में काफी अन्तर है। शमशेर का सचेत मन दूसरों से प्रभावित होता है, विचार ग्रहण करता है, उन्हें अन्तर्मन पर आरोपित भी करता है पर ये विचार अन्तर्मन की भावधारा में घुल-मिलकर अपना अलगाव नहीं खो पाते। शमशेर का अन्तर्मन बड़ा हठी है, किसी की बात नहीं मानता, शमशेर की भी नहीं। पर वह अचल, अडिग, अपरिवर्तनशील नहीं है। 'आलोचना' में केदारनाथ अग्रवाल पर उनका जो निबन्ध छपा था, उसमें उनके गद्य की लय काफी बदली हुई मालूम हुई और इससे शमशेर की बदलती हुई मनोदशा का परिचय मिलता है। उनका मन पहले से अधिक अकुंठित, अधिक विषादमुक्त और जीवन की ओर अधिक उन्मुख है।

'दोआब' के निबन्धों में शमशेर बहादुरसिंह ने कवियों के रोगी, अस्वस्थ मन की बार-बार चर्चा की है। उनके विषाद और निराशा की बार-बार आलोचना की है। इस आलोचना के द्वारा शमशेर स्वयं अपने मन की निराशा और विषाद से लड़ रहे थे। एजरा पाउण्ड और इलियट आदि जो अंग्रेजी में लिखने वाले कवि उन्होंने पढ़े थे, वे सब विषादग्रस्त थे, इलाहाबाद में रहते हुए पन्त, महादेवी वर्मा, बच्चन, नरेन्द्र की जो रचनाएँ पढ़ीं, उनमें भी विषाद की कमी न थी। स्वस्थ काव्य की खोज करते हुए शमशेर ने छायावादी कवियों का जो मूल्यांकन किया है, उसमें विषाद पर बहुत ज्यादा जोर है।

छायावादी कविता के विकास में 'पल्लव' की भूमिका बहुत महत्वपूर्ण है। इसमें जो भावनाएँ व्यक्त हुई थीं, वे शमशेर के अनुसार 'बेहद रंगीन और मोहक' थीं, रोमानी छायाओं में लिपटी हुई थीं। 'उच्छ्वास' में बिखराव है, उसमें सबसे बड़ी कसर यह है कि 'यह चीज तन्दुरुस्त नहीं थी, किसी कदर बीमार थी।'

'वियोगी होगा पहला कवि' आदि पंक्तियों का अर्थ यह है कि 'बीमार को अपनी बीमारी से मोह था।' परिवर्तन में 'तन्दुरुस्त, मगर बहुत नाकामयाब कोशिश' की गई है, कवि की लिरिक-भावना अपनी एकांग सरसता में बहुत भारी होकर 'पाठक से हार मनवाने के अलावा, उसे विशेष कुछ देती नहीं।'

'पल्लव' के इस मूल्यांकन से हिन्दी कविता का विकास समझने में बहुत मदद नहीं मिलती। पहले तो 'पल्लव' में मानवीय और प्राकृतिक सौन्दर्य के प्रति पन्त का दृष्टिकोण स्वीकृति का है अस्वीकृति का नहीं। शब्दों के सौन्दर्य से लेकर फूल-पत्तों के सौन्दर्य तक पन्त ने अनेक वर्णों-रूपों वाले मानवीय परिवेश को बड़े कौशल से चित्रित किया है। उन्हें हिन्दी आलोचकों ने सौन्दर्यवादी कवि के रूप में सहज ही स्वीकार किया और ठीक ही स्वीकार किया। दूसरे 'पल्लव' में जो विषाद है, वह रोगी मन का विषाद नहीं है, उल्लास और आनन्द चाहने वाले मन का विषाद है, जैसा शेली, कीट्स, वर्ड्सवर्थ आदि रोमांटिक कवियों में है। वह उन्नीसवीं सदी के उत्तरार्द्ध में 'डेकेंडेंट' कवियों के विषाद से भिन्न है, हिन्दी में छायावादोत्तर 'बच्चन' जैसे कवियों के विषाद से भिन्न है। तीसरे 'पल्लव' का ऐतिहासिक महत्व तभी जाना जा सकता है जब सन् '२०-'३० में प्रचलित, रीतिवादी, नीतिवादी, राष्ट्रीय काव्य-धाराओं को पाठक भुला न दे। 'पल्लव' ने हिन्दी पाठकों और बीसियों युवक कवियों के मन में नई सूक्ष्म संवेदनाएँ जगाईं, उनकी आँखों के सामने एक नया अनूठा काव्य-जगत् आलोकित कर दिया, पहले जिसकी उन्होंने कल्पना भी न की थी। हिन्दी के रीतिवादी आलोचकों ने ही 'पल्लव' का विरोध सबसे ज्यादा किया, इसलिए जिनमें रीतिवाद से भिन्न आधुनिकताबोध है, उन्हें उसे अधिक सहानुभूति से देखना चाहिए। निराला ने अवश्य 'पल्लव' की नुक्ताचीनी की लेकिन यह भी सही है कि 'पल्लव' के सौन्दर्य पर उनसे ज्याद मुग्ध दूसरा कवि नहीं था।

'पल्लव' के बाद 'गुंजन' में एक 'मधुर दार्शनिक वृत्ति' के दर्शन होते हैं, लेकिन मौलिकता की दृष्टि से विषयों में कवि को 'गरीब' कहा जाएगा। यों 'चाँदनी', 'नौका-विहार' इस युग की कविता के 'अछूते रत्न' हैं। 'ज्योत्स्ना' कवि की 'एकदम सफल और एकदम असफल चीज ठहरी है।' कला की दृष्टि से इसके गीत सुन्दर हैं 'मगर व्यंजना की मार्मिकता इनमें किंचित् खोई हुई है। प्रतीक छुई-मुई-से हैं।' इनके मुकाबले 'युगान्त' में पन्त अधिक विकसित कवि के रूप में सामने आते हैं। उनकी 'बापू' कविता 'प्रथमतः अपने विचारों के बल से ही श्रेष्ठ है।'

'रूपाभ' काल में पन्त ने सचेत मन से छायावाद की भूमि त्यागकर प्रगतिवाद की ओर कदम बढ़ाया। छायावाद की अनेक खामियाँ दिखाने के साथ पन्त ने उसकी बहुत-सी महत्वपूर्ण उपलब्धियों को नजरन्दाज भी किया—विशेष रूप से निराला-काव्य के सन्दर्भ में। विचार-क्षेत्र में उन्होंने विशेष मौलिकता का परिचय

नहीं दिया। मार्क्सवाद और गांधीवाद का समन्वय करने में उन्होंने विचारों को बहुत उलझाया भी। पर यह सब उनकी कविता के लिए घातक नहीं था। जो चीज घातक थी वह यह कि पन्त—बहुत-कुछ मैथिलीशरण गुप्त और सनेही की तरह—अपने विचारों को संवेदनाशून्य शैली में शब्दबद्ध करने को कविता समझने लगे थे। मैथिलीशरण गुप्त और सनेही की राजनीतिक कविताओं में उनके विचार भावरंजित हैं, इसलिए उतने प्रभावशून्य नहीं हैं, जितने पन्त की राजनीतिक कविताओं में। शेली ओर बायरन की राजनीतिक कविताओं से पन्त के 'युगान्त' की तुलना करें तो सफल और असफल राजनीतिक कविता का अन्तर स्पष्ट हो जाएगा।

'पल्लविनी' पर शमशेर का लेख—जिसमें उन्होंने पन्त-काव्य का उपर्युक्त विहंगावलोकन किया है—मार्च १९४१ के 'हंस' में प्रकाशित हुआ था। प्रगतिशील आन्दोलन को जन्म लिए अभी पाँच साल भी न हुए थे। आन्दोलन के सूत्रधार शीघ्रता से आन्दोलन को व्यापक और समर्थ बना लेना चाहते थे। यदि अपने रचना-कौशल से वे साहित्य को समृद्ध करने की बात सोचते तो उन्हें बरसों मेहनत करने के लिए तैयार होना पड़ता। छायावादी कवियों ने कितनी लंबी साधना की थी तब कहीं जाकर उन्हें मान्यता प्राप्त हुई थी। फिर नया प्रगतिशील क्रान्तिकारी साहित्य! पाँच साल में ही मैदान सर। आन्दोलन को व्यापक बनाने के लोभ में इसके सूत्रधार अवसरवाद के शिकार हुए। वे ऐसी रचनाओं को श्रेष्ठ बताने लगे जो पुरानी राष्ट्रीय और जनतांत्रिक विचारधारा के हिसाब से भी प्रगतिशील नहीं थीं, ऐसी कविताओं को उच्चकोटि का काव्य कहने लगे जिनमें भावोत्कर्ष और कलात्मक सौन्दर्य का नितान्त अभाव था। 'युगान्त' को 'पल्लव' और 'गुंजन' से श्रेष्ठ मानने का कारण यह अवसरवाद था। आधुनिकता-बोध के हामी समझते हैं कि वे हिन्दी कविता को 'परिमल', 'अनामिका', 'पल्लव', 'गुंजन' और 'कामायनी' से बहुत आगे खींच ले गये हैं। ऐसे लोग सन्'४१ के प्रगतिवादियों की अपेक्षा अवसरवाद के दलदल में और भी गहरे धँसे हुए हैं।

'ग्राम्या' में 'पल्लव' के कवि का वह सहज विकास है जहाँ छायावाद प्रगतिशील काव्य के नये रूप ग्रहण करता है। पन्त ने ग्रामवासियों के प्रति अपनी बौद्धिक सहानुभूति की बात की है, फिर भी यह सहानुभूति गनीमत थी—हार्दिक सहानुभूति 'ग्राम्या' से काफी पहले निराला के 'चतुरी चमार' में प्रकट हुई थी। छायावादी कवि मैथिलीशरण-वर्ग के कवियों की अपेक्षा भारतीय ग्राम-समाज को ज्यादा सहानुभूति से देखते थे। इस सहानुभूति का विकसित फल 'ग्राम्या' थी। शमशेर ने बहुत पते की बात कही है कि 'युगवाणी' में जो लिरिक-भावना खो गई थी वह 'ग्राम्या' में अधिक प्रौढ़ होकर लौट आई है। दरिद्रता और अन्धविश्वासों के वर्णन के साथ पन्त ने प्रकृति का चित्रण किया। शमशेर ने इस सबकी तारीफ

की। उनके व्यंग्य और कटूक्तियों की विशेष प्रशंसा की, 'ग्राम्या' में ऐसी बातें भी थीं जो पन्त को पीछे की ओर ठेल रही थीं। उस समय इन पर लोगों ने विशेष ध्यान न दिया था।

'रूपाभ' में पन्त के सहयोगी नरेन्द्र शर्मा ने छायावादोत्तर काव्य के विकास में विशेष योग दिया था। राजनीतिक कविताएँ लिखने में उन्हें सबसे ज्यादा सफलता मिली थी। केवल गिरिजाकुमार माथुर ने '४६-'४७ के दौरान कुछ बहुत ही सुन्दर राजनीतिक कविताएँ लिखी थीं जो नरेन्द्र की कविताओं से भी अधिक सुन्दर थीं। भाषा के सहज प्रवाह द्वारा जीवन की साधारण घटनाओं को काव्य का आलम्बन बनाकर छायावाद के बाद नये यथार्थवाद की भूमि पर नरेन्द्र आगे बढ़े थे। साथ ही उनकी रचनाओं में यौन-कुंठाओं से उत्पन्न विषाद की मात्रा भी काफी थी।

'दोआब' के निबन्धों में नरेन्द्र की राजनीतिक कविताओं की चर्चा नहीं है। थकन और निराशा पर काफी जोर है। 'पलाशवन' में "एक थका, टूटा, बिखरा व्यक्तित्व, सच्ची शान्ति के लिए तड़पता हुआ और अपने संस्कार-निर्देशित पूर्व आदर्शों में जीवन का आधार खोजता और उन्हें समझता-सा हुआ···।" यह वाक्य कितने आधुनिक कवियों पर चस्पाँ नहीं किया जा सकता? थका, टूटा, बिखरा व्यक्तित्व—बहुत-से कवियों का यह जीवन-दर्शन बन गया है। रोमांटिक कविता का विरोध करने वाले 'आधुनिक' कवि उसी रोमांटिक भावधारा को नया जामा पहना रहे हैं, वे यह नहीं जानते। रोमांटिक काव्य के उत्कर्षकाल में थकने-टूटने वाला भाव दबा हुआ था, उत्तरकाल में वही भाव प्रमुख हो जाता है। 'आधुनिक' कवि इस उत्तरकालीन-ह्रासोन्मुख रोमांटिक-भावधारा से जाने-अनजाने प्रेरणा ग्रहण करते हैं। शमशेर ने इस कुण्ठा-प्रेम की आलोचना करते हुए लिखा था, "सामाजिक सम्बन्धों का जो सौन्दर्य और आकर्षण जीवन के अवरुद्ध द्वार खोलकर व्यक्ति की सब शक्तियों को मुक्त और उल्लासपूर्ण नहीं करता, एक खुली हँसी की चमक-सी उसके अंग-अंग में नहीं भरता वह एक बहुत गलत और बीमार चीज है।"

शमशेर ने नरेन्द्र की प्रशंसा में लिखा है कि भाषा के अपनाव में और मुहावरे में और उसके संस्कार में, अभिव्यंजना की स्वस्थ स्वाभाविकता में, कवि का अपना 'आधुनिक' व्यक्तित्व है। इसमें इतनी बात और जोड़ना चाहूँगा कि व्यक्तित्व की आधुनिकता केवल भाषा में प्रकट नहीं हुई, वह नरेन्द्र की भावना और विचारधारा में भी व्यक्त हुई है।

छायावादोत्तरकाल में 'निशा निमंत्रण' के बाद बच्चन ने 'सतरंगिनी' में एक नई दिशा की ओर कदम उठाया। यह वही दिशा थी जिसकी ओर पन्त और नरेन्द्र बढ़ रहे थे। शमशेर ने 'सतरंगिनी' में बच्चन की 'पिछली रचनाओं के रंग और

झलकियाँ' देखीं, साथ ही उन्होंने कवि के उस 'नये व्यक्तित्व' का उल्लेख किया जो 'आँधी, पानी और तूफान के बाद एक नये धीरे-धीरे खुलते हुए आसमान के नीचे, जैसे इन्द्रधनुष की छाया में, उभर-उभर उठा है।' संघर्ष, आशा, विश्वास-- यह सब बच्चन की सतरंगिनी में।

'सतरंगिनी', 'पलाशवन', 'ग्राम्या'—इन तीन नामों से तत्कालीन हिन्दी काव्य के विकास की दिशा पहचानी जा सकती है। जेल से छूटने पर कांग्रेसी नेताओं ने अपना कम्युनिस्ट-विरोधी अभियान शुरू किया, साथ ही ब्रिटिश साम्राज्यवाद से शान्तिपूर्ण सत्ता-दान के लिए सुलह-समझौते की बातें शुरू कीं। 'सतरंगिनी' 'पलाशवान', 'ग्राम्या' आदि के कवियों ने अपनी दिशा बदली। 'स्वर्णकिरण' और 'स्वर्णधूलि' इस दिशा-परिवर्तन की चमकीली पताकाएँ थीं जिन्हें हिन्दी-संसार दूर-दूर से देख सकता था।

इस दिशा-परिवर्तन से कुछ पहले 'तारसप्तक' का प्रकाशन हुआ। इसके सात कवियों की एक सामान्य फासिस्ट-विरोधी राजनीतिक भूमि थी। वात्स्यायन ने दिल्ली के फासिस्ट-विरोधी सम्मेलन में सक्रिय भाग लिया था; प्रभाकर माचवे स्तालिनग्राद के वीरों की प्रशस्ति में कविता लिख चुके थे या लिखने वाले थे। गिरिजाकुमार माथुर साम्यवादियों के सहयात्री थे, शेष कवि साम्यवादी थे। ये कवि अंग्रेज़ी की रोमांटिक और हिन्दी की छायावादी कविता से एक हद तक प्रभावित थे, एक हद तक उससे अलग अपने लिए नई राहें बना रहे थे।

'दोआब' संग्रह में सबसे दिलचस्प लेख 'सात आधुनिक कवि' है। यह 'नया साहित्य' में छपा था और यह उल्लेखनीय है कि 'नया साहित्य' उस समय प्रगतिशील साहित्य का प्रतिनिधि पत्र था।

शमशेर ने सबसे पहले प्रयोगशीलता का प्रश्न लिया है—अज्ञेय की भूमिका के कारण। भूमिका के अनुसार सातों कवि इस विषय पर सहमत थे कि 'कविता प्रयोग का विषय है।' शमशेर ने लेख का आरम्भ यों किया—

"प्रयोग ही 'तारसप्तक' का नारा है।

इस दिशा में 'तारसप्तक' की क्या विशेषता है? एकदम स्पष्ट कहा जाए, 'तो कोई खास नहीं।"

पहला कारण यह कि 'तारसत्तक' के प्रयोग अन्य कवियों के संग्रहों में मिल जाएँगे। निराला में, पन्त में, नरेन्द्र शर्मा में जिनकी एक कविता 'बटनहोल' भी पाठकों के लिए अपरिचित न होगी। शमशेर ने प्रयोग का क्षेत्र ज्यादातर छन्द को माना है, 'बटनहोल' के उल्लेख से उन्होंने कविता की विषयवस्तु की ओर भी ध्यान दिलाया है। 'बटनहोल' में प्रयोग की नई बात क्या है, यह उन्होंने स्पष्ट नहीं किया।

"दूसरा कारण जो 'तारसप्तक' के प्रयोगों को न्यून करता है, यह कि वे बहुत

कम सफल हुए हैं, यहाँ सिवाय अज्ञेय और रामविलास के।"

यह वाक्य पचास फीसदी ठीक तो है ही।

गिरिजाकुमार माथुर के प्रयोगों की सफलता हिन्दी में एक सुन्दर चीज है, पर वास्तव में वह भी इतनी मौलिक नहीं जितनी लगती है ऊपर से देखने में। माचवे के बिम्बचित्र कवि की ओर से काफी दायित्वहीनता का परिचय देते हैं। 'गजानन मुक्तिबोध की अभिव्यक्ति उनके कला-प्रकारों के अनुरूप सूक्ष्म और पुष्ट नहीं।'

इस प्रकार प्रयोगशीलता की दृष्टि से 'तारसप्तक' का कोई मौलिक युगान्तरकारी महत्व नहीं है।

फिर 'कैसी भावभूमि हमें मिलती है इन कवियों में?'

मुक्तिबोध-कवि की मान्यताएँ नकारात्मक हो गई हैं।

अज्ञेय—अपने चारों ओर वर्जनाओं का संसार देखते हैं, उनका 'हम'—"जनता का 'हम' नहीं, व्यक्ति का अपने 'जाग्रत अतीत' से प्राप्त 'हम' है।"

गिरिजाकुमार—"उसकी भावुकता का खजाना तो पीछे अतीत में है, आज के हृदय में तो उदासी है, थकावट है, सूनापन है, खोई हुई-सी परछाइयाँ हैं।"

प्रभाकर माचवे—उनकी ज्ञान की झोली में संशय के दो कण हैं, वर्ना रूखे-से व्यंग्य, फीकी-सी कटुता, कलापक्ष की ओर से उदासीनता।

नेमिचन्द्र और भारतभूषण—जनता की शक्तियों के साथ आना चाहते हैं, 'और भावुकता में उस ओर बढ़ते भी हैं, मगर अपनी अन्दरूनी उलझनों को सुलझा नहीं सके हैं।'

'तारसप्तक' का यह मूल्यांकन उस समय की प्रगतिवादी आलोचना का अच्छा प्रतिनिधित्व करता है। स्वस्थ-अस्वस्थ, अतीत-वर्तमान, आशा-निराशा, व्यक्ति-समाज के जोड़े हर जगह दिखाई देते हैं, हर जोड़े में परस्पर निरपेक्ष, एकदम भिन्न दो इकाइयाँ हैं—विशेष रूप से व्यक्ति और समाज की इकाइयाँ। 'तारसप्तक' में कवियों ने अपने व्यक्तित्व के कौन-से नये पहलू उजागर किये, अपनी उलझनों को कितनी तटस्थता से काव्यरूप दिया—इन प्रश्नों की छानबीन करते हुए भी 'तारसप्तक' का मूल्यांकन सम्भव है।

'दोआब' के दो दिलचस्प लेख हाली, मैथिलीशरण गुप्त और इकबाल पर हैं। शमशेर हिन्दी के उन थोड़े से लेखकों में हैं जो उर्दू कवियों पर साधिकार लिखते हैं। इस संग्रह में उर्दू साहित्य पर और कई लेख भी हैं। हिन्दी-उर्दू साहित्य एक ही जाति का साहित्य है, इसलिए जातीय साहित्य के दोनों रूपों पर एक साथ लिखना बहुत सही तरीका है। शमशेर का रागात्मक सम्बन्ध उर्दू काव्य से अधिक है, हिन्दी काव्य से कम। कई जगह उनकी काव्यरुचि फिराक की याद दिलाती है।

'हमारी आधुनिक सभ्यता का वास्तविक नग्न दिग्दर्शन हमें अपने किन हिन्दी

छन्दों में मिला है ? यह भीषण राग, जिसको सुनकर हमारे कान बधिर हो जाएँ, वहाँ हमारी चेतना-शक्ति को जाग्रति से तेजपूर्ण करता है ?···

'बस, निराशा ही निराशा है, हृदय के मूक गान, सुख-दुःख के बुद्‌बुद। हमारी उर्दू में भी···लेकिन यहाँ कम-से-कम इकबाल का एक गम्भीर आधुनिक स्वर है जो वर्तमान सभ्यता के स्तर-स्तर को भेद जाता है।'

खैर, अपनी-अपनी रुचि। हिन्दी के सभी कवियों के मुकाबले शमशेर को इकबाल पसन्द हों, इस पर मुझे आपत्ति नहीं जब तक इकबाल की उर्दू कविता को वह उसी जाति के साहित्य का अंग समझें जिसने हिन्दी साहित्य रचा है। लेकिन हिन्दी-उर्दू के प्रगतिशील लेखकों में और बहुत-से कम्युनिस्ट नेताओं में यह विचारधारा बहुत गहराई से जड़ जमाये हुए है कि देश में हिन्दुओं की एक संस्कृति है, मुसलमानों की दूसरी। यह विचारधारा काफी खुले रूप में सन् '४७ के आसपास प्रकट की जाती थी। शमशेर के निबन्धों पर इस विचारधारा का असर जहाँ-तहाँ दिखाई देता है। हाली के 'मुसद्दस' और मैथिलीशरण गुप्त की 'भारत-भारती' में दो संस्कृतियों का परिचय दिया गया है—'मुसद्दस' में मुस्लिम संस्कृति का, 'भारत-भारती' में हिन्दू संस्कृति का। लेकिन 'हाली में किसी प्रकार की साम्प्रदायिक संकीर्णता की बू कहीं दूर तक भी हमें नहीं मिलती।' मैथिलीशरण गुप्त ने भी 'जातिगत कटुता अथवा संकुचित दृष्टिकोण' नहीं आने दिया, केवल बौद्ध धर्म के सिलसिले में कवि का भाव 'संकुचित-सा हो गया है'। मुख्य बात यह कि 'भारत-भारती' में भविष्यत् मानो अतीत का ही प्रतिदर्पण है, ज़माना आगे बढ़ गया है पर मैथिलीशरण गुप्त अपने समय की प्रगति से कुछ पीछे पड़ गए-से जान पड़ते हैं।

यहाँ मैथिलीशरण गुप्त की अतीत-भविष्य-सम्बन्धी कल्पनाओं के बारे में कुछ नहीं कहना। मुख्य प्रश्न यह है कि 'भारत-भारती' और 'मुसद्दस' को हिन्दू-मुस्लिम संस्कृतियों के ग्रन्थ कहना क्या उचित है ?

हिन्दू धर्म या इस्लाम का नाम लेने से या उनसे प्रभावित होने से किसी कवि की रचना जातीय संस्कृति से खारिज नहीं हो जाती। जितना हिन्दू-धर्म और इस्लाम 'भारत-भारती' और 'मुसद्दस' में है, उससे बहुत ज्यादा मात्रा में ईसाई धर्म दान्ते और मिल्टन के महाकाव्यों में है। फिर भी वे काव्य इतालवी और ब्रिटिश जातियों के महाकाव्य माने जाते हैं। किसी ने ईसाई और गैर-ईसाई संस्कृतियों के आधार पर यूरोप के साहित्य का विभाजन नहीं किया।

लेकिन इकबाल ने धर्म के आधार पर देश के विभाजन की माँग की। हाली मुसलमानों की उन्नति चाहते थे लेकिन मुसलमानों का अलग राज्य बनाने का प्रचार उन्होंने न किया था। इकबाल ने राष्ट्रीय एकता की ज़मीन छोड़कर साम्प्रदायिक संकीर्णता का रास्ता अपनाया था। इस परिवर्तन के बारे में शमशेर

ने क्या मत प्रकट किया है ?

"अस्तु, देश-प्रेम के लोकप्रिय तरानों का स्थान इकबाल की बाद की कविता में इस्लामी धर्म से अभिभावित एक व्यापक प्रकार के आदर्शवाद ने लिया जिसमें इस्लामी दुनिया का सांस्कृतिक और धार्मिक संगठन का भाव अत्यधिक महत्वपूर्ण हो गया है। वास्तव में स्वदेश-प्रेम से ऊपर उठकर इकबाल ने अपने धर्मानुयाइयों को जिस आदर्श की ओर प्रेरित किया है, उसे हम अनुदार कदापि नहीं कह सकते, यद्यपि कुछ पाठकों का इसके बारे में हमसे भिन्न मत है, क्योंकि इकबाल के 'मुस्लिम' की व्याख्या करने पर हम उसे संसार-समाज का एक आदर्श व्यक्ति पाते हैं।"

तब इकबाल ने पाकिस्तान का अलग राज्य बनाने की बात कैसे सोची ? इकबाल ने जो कविताएँ फासिस्टवाद के अभ्युदय के समय लिखीं, उन पर फासिस्ट विचारधारा का असर काफी है। भारत की परिस्थितियों में इस फासिस्ट विचारधारा ने घोर साम्प्रदायिक संकीर्णता का रूप लिया और यह संकीर्णता साम्राज्यवाद की जिस हद तक सहायक थी, यह देश के बँटवारे से साबित हो गया। उर्दू में बहुत-से राष्ट्रवादी और प्रगतिशील मुसलमान लेखकों ने इकबाल की साम्प्रदायिक संकीर्णता की कड़ी आलोचना की। शमशेर ने जिन कुछ पाठकों से मतभेद की बात कही है, वे ऐसे ही लोग हैं।

इकबाल के सम्बन्ध में शमशेर का मत मेरी इस स्थापना को पुष्ट करता है कि सन् '४८ से पहले अनेक प्रगतिवादियों में ऐसी विचारधारा प्रचलित थी जो सामान्य राष्ट्रीय और जनतान्त्रिक विचारधारा को देखते हुए भी अवैज्ञानिक और प्रतिक्रियावादी थी, मार्क्सवाद से तो वह कोसों दूर थी ही। उस विचारधारा का पूरी तरह मूलोच्छेद आज भी नहीं हुआ है।

आधुनिक कविता के विकास के लिए यह जरूरी है कि हम अपने देश के साहित्यिक-सांस्कृतिक विकास को सही-सही समझें। जो संस्कृत नहीं जानते, वे कम-से-कम तुलसीदास और सूरदास की रचनाएँ पढ़ें, उनकी काव्यकला और शब्द-भण्डार से लाभ उठाएँ। हिन्दी-उर्दू के रीतिवाद की भूमिका को सही ऐतिहासिक सन्दर्भ में देखें। शमशेर का मन एक ओर उर्दू के रीतिवाद से बँधा हुआ है, दूसरी ओर यूरोप-अमरीका की बहुत-सी ह्रासकालीन कविता से। हिन्दी-काव्य-परम्परा से उनका रागात्मक सम्बन्ध बहुत उथला है। वह जानते हैं कि उर्दू में रीतिवाद का जोर है, उर्दू में रीतिवाद के अलावा भी बहुत-कुछ है, फिर भी रीतिवाद उन्हें मोहता है। उर्दू का विकास वह एक रूपक के माध्यम से यों समझाते हैं। उर्दू मर्माहता विषाद नगरी दिल्ली की भोली बालिका है, जिसका स्वर कुछ बचपन से ही करुण रहा है, जब उसने लखनऊ का ऐश देखा तो पलकों में विलास जाग उठा, और कपोल सुहास से खिल उठे, "पर आज उसका यौवन-स्वर बहुत गम्भीर—

बहुत कोमल तथा मधुर—किन्तु गम्भीर हो गया है।"

इधर हिन्दी कवियों का क्या हाल है ? फिराक के स्वर में हिन्दी कवियों को फटकारते हुए उसी लेख ('उर्दू कविता') में शमशेर कहते हैं, "अब यह नहीं कि इंगलैण्ड के पिछली शताब्दी के कवियों की काल्पनिक उड़ान का दम भरते रहने में या रवीन्द्रनाथ की तत्सम संस्कृत शब्दावलियों को उन्हीं के प्रतिस्वर में झंकृत करते रहने में हम अपनी उत्कृष्टता समझते रहें···" अर्थात् हिन्दी की काव्य-सम्पदा अंग्रेजी-बंगला की उतरन है।

उर्दू के विकास पर जो बातें शमशेर ने कही हैं, वे पूरी तरह सही नहीं हैं, हिन्दी काव्य की जो झलक उन्होंने दी है, वह भी गलत है। पर इससे उनकी आन्तरिक वृत्तियों का पता चलता है।

हिन्दी में कवयित्रियों का अभाव है—यानी शमशेर ने जब 'उर्दू कवयित्रियाँ' लेख लिखा था, तब उन्हें ऐसा अभाव दिखाई देता था। इसका कारण हिन्दू और मुस्लिम संस्कृतियों का अन्तर है। सामान्य गृहस्थ जीवन व्यतीत करते हुए भी मुसलमान स्त्रियों के लिए आत्माभिव्यक्ति अथवा व्यक्तित्व-प्रकाशन जिस प्रकार सहज और स्वाभाविक रहा है—कला या किसी भी क्षेत्र में—उस प्रकार हिन्दू स्त्रियों के लिए वह सम्भव भी नहीं हो सकता।

गृहस्थ नारियों ने ही उर्दू कविता का विकास नहीं किया। उनसे भिन्न स्त्रियों का एक वर्ग और है।

"इसके अलावा और जिस वर्ग के लिए काव्य-रचना, विशेषकर गजल कहना, एक स्वाभाविक और सुगम बात रही है (और आवश्यक भी) वह है सुसंस्कृत तवायफों का भावुक वर्ग। अक्सर अच्छे-अच्छे शायर जाकर अपनी गजलें इनसे गवाते थे, इसके अतिरिक्त, संगीत और नृत्य-कला के साथ-साथ रसिक दरबारों की सोहबत उन्हें यों ही कवि बना देती थी। अस्तु, इस रूप के बाजार में, जहाँ यौवन की रंगरलियों में हृदय की दौलत लुटती हो, बहुतों का सुन्दर शृंगारी कवि न हो जाना ही आश्चर्य की बात होती।"

शमशेर ने बड़ी सहानुभूति से यह सब लिखा है। सहानुभूति का कोश इस तरफ इतना खाली हो गया कि हिन्दी कवियों के लिए उसका बहुत कम हिस्सा बच रहा।

आधुनिक कवि की चेतना चक्करदार रास्तों से होकर विकसित हो रही है। मानसिक उलझनें मुक्तिबोध या 'तारसप्तक' के कवियों में ही नहीं हैं, वे 'दूसरा सप्तक' के कवियों में भी हैं, इन सप्तकों के और बहुत-से कवियों और लेखकों में हैं। हम इनसे आँखें नहीं चुराते, इन्हें खुली तर्कभूमि पर खींच लाते हैं, उन पर बहस करते हैं जिससे सही रास्ता पहचानने में मदद मिले। ऊपर अलगाव की जिन बातों का उल्लेख किया गया है, वे रास्ते की रुकावट हैं, उन्हें हटाना जरूरी है।

पर शमशेर के निन्बधों में उनके अलावा और बहुत-कुछ है। पूंजीवादी शोषण के बारे में कुछ कहना आजकल साहित्यिक 'एटीकेट' के खिलाफ है, समाजवादी व्यवस्था में आस्था प्रकट करना आधुनिकता-बोध के अनुकूल नहीं माना जाता। फिर भी पूंजीवाद है, पूंजीवादी शोषण है, मनुष्य की विचारधारा का उससे गहरा सम्बन्ध है, और इस शोषण से निकलने का एक ही उपाय है, समाजवादी व्यवस्था कायम करना। इस व्यवस्था के हजार रूप हो सकते हैं, लेकिन अगर वे समाजवाद के ही रूप हैं तो उनमें एक चीज सामान्य होनी चाहिए—पूंजीवादी शोषण की समाप्ति, उत्पादन और वितरण के प्रमुख साधनों पर श्रमिक जनता का अधिकार।

सुभद्राकुमारी चौहान वाले निबन्ध में शमशेर ने लिखा है—"हर तरफ ऊपरी तबका नीचे वालों की गर्दन पर सवार है और अपने पूंजी के हित पर ढोकर, उसे पसलियों के बल चलाना चाहता है। हुकूमत, व्यापार, नौकरी और धन्धा—सब पर दाँव लगा हुआ है। बाहर वालों का भी और घर वालों का भी, बल्कि मिलकर।"

ये बातें मार्च '४८ में जितना सही थीं, उससे ज्यादा सही सन् '६८ में हैं। हिन्दी-उर्दू के अधिकांश प्रगतिशील लेखक सन् '४८ में स्थिति के इस विश्लेषण से सहमत थे। फिर तरह-तरह के बहाने करके वे पूंजीवादी व्यवस्था के शोषण पर पर्दा डालने लगे और समाजवाद के लक्ष्य से मुँह मोड़ने लगे। पिछले पन्द्रह साल के दौरान प्रगतिशील लेखकों के बिखराव का यह मुख्य कारण है।

सन् '२० की राष्ट्रीय एकता को याद करते हुए शमशेर ने उसी निबन्ध में लिखा है, "हफ्तों, बल्कि महीनों से---किस शौक के साथ त्योहारों का इन्तजार रहता था, हिन्दू-मुसलमान सबको। आखिर मेला तो मेला, जिसमें सब शरीक, और बरस-बरस के त्योहार, सभी की मुरादों के दिन। फिर क्यों न हिल-मिलकर अच्छी तरह सारे पर्व मनाये जाएँ, विजयादशमी, राखी, जन्माष्टमी की झाँकियाँ ···मोहर्रम के ताजिये। और फिर उन दिनों के कांग्रेस के जलसे, जिनमें पहली बार, सचमुच 'जागा देश हमारा'। समूचा भारत। देश का पहला सच्चा भरा-पूरा राष्ट्रीय उत्थान, जैसे अल्हड़ जवानी में पहला क़दम कोई रखे।"

इस एकता में बहुत-सी खामियाँ थीं। सबसे बड़ी खामी यह कि इस एकता का आधार किसानों और मजदूरों के संगठन न थे। खिलाफत के प्रश्न पर कांग्रेसी नेताओं ने अवसरवादी रुख अपनाया था। इसीलिए वह एकता प्रतिक्रियावाद के हमले बर्दाश्त न कर सकी। लेकिन अड़तालीस साल बाद समाजवादी राजनीतिज्ञों ने मुस्लिम-लीग और जनसंघ के साथ मिलकर मन्त्रिमण्डल बनाने का जो काम किया, उसमें अवसरवाद कम नहीं है। सन् बीस की तुलना में यह अवसरवाद कहीं ज्यादा घृणित और घातक है।

शमशेर ने जनता की एकता और उसकी अजेय शक्ति में दृढ़ विश्वास प्रकट करते हुए आगे लिखा है, "सारे जहान की ताकत इन्सान के इरादों में उस वक्त होती है—पृथ्वी का सारा अटल विश्वास उसकी आवाज में बोलता है। और अपने सच्चे जन्मसिद्ध अधिकारों के लिए जब ऐसी आवाजें एक होकर उठती हैं तब कौमों की किस्मत का फैसला कर देती हैं। अमल अनुभव की तीसरी आँख खोल देता है, जिसकी प्रखर रोशनी में अपनी कमजोरियाँ और वैरी-दुश्मन के मनसूबे सब जल जाते हैं। बशर्ते कि वह आँख खुली रहे—अमल के रास्ते की तरह, अबाध जन-शक्ति की तरह। बन्द न हो। क्योंकि अन्त में विजय तो उसी की है।"

और इस सबसे एक नतीजा कवि के लिए निकलता है, "इसलिए उन आवाजों के साथ मिलकर अगर कोई गायेगा, तो जनगान की बड़ी मजबूत धारा उसके स्वर में गूंजेगी।"

कविता केवल जनगान नहीं, उसमें जन-संघर्षों की गूंज के अलावा और बहुत-कुछ है। उसमें व्यक्तित्व की उलझनों के लिए जगह है, लेकिन सामाजिक दायित्व और जन-आन्दोलनों से कटकर कविता केवल व्यक्तिगत कुंठाओं के दायरे में घुमड़ती रहे, यह भी एक अस्वाभाविक क्रिया है। इस समय राष्ट्रीय पैमाने पर जनशक्ति में बिखराव है, जन-आन्दोलन असंगठित हैं। इसलिए कवियों की रचनाओं में भी इस बिखराव की झलक मिलती है। लेकिन मनुष्य का मन परिस्थितियों के प्रतिबिम्ब दिखाने वाला निष्क्रिय दर्पण नहीं है। वह गतिशील, विकासमान, रचना-सामर्थ्य से सम्पन्न है। वह परिस्थितियों से ऊपर उठकर बिखराव को दूर करने में सहायक हो सकता है। फिर परिस्थितियों में बिखराव-ही-बिखराव नहीं है, एकता और संगठन की शक्तियाँ भी हैं।

शमशेर बहादुरसिंह के इन निबन्धों का ऐतिहासिक महत्व है क्योंकि इनमें वे चक्करदार रास्ते दिखाई देते हैं जिनसे होकर बहुत-से कवि और लेखक आगे बढ़े हैं। इन निबन्धों को पढ़ना इसलिए जरूरी है कि शमशेर की पुरानी मान्यताओं में बहुत-कुछ मूल्यवान है जिसे आज के बहुत-से कवि भूल गये हैं और उनमें बहुत-सी खामियाँ हैं जिन्हें न पहचानकर कुछ लोग आज भी अलगाव की राहों पर चल रहे हैं।

शमशेर के इन निबन्धों का साहित्यिक महत्व बहुत दिन तक ताजा रहेगा। वे एक अत्यन्त संवेदनशील कवि के निबन्ध हैं जो रचनाओं पर मुग्ध होता है, गद्य में अपनी अनुभूति व्यक्त करता है, जो विवेकशील तार्किक-मात्र नहीं है। ये निबन्ध उन रचनाकारों पर लिखे गये हैं जो हिन्दी-उर्दू साहित्य की प्रगति पर अच्छा-बुरा असर डालते रहे हैं। निबन्धों की यह पुस्तक उन थोड़ी-सी किताबों में है जिनमें हिन्दी-उर्दू साहित्य की समस्याओं पर एक जगह विचार किया गया है।

इस पुस्तक का सर्वाधिक महत्व स्वयं शमशेर के रचना-विकास के सन्दर्भ में है। हिन्दी कविता के नये कलात्मक विकास में उनका योगदान बहस की चीज नहीं। उनके जो विचार, संस्कार, संवेदनाएँ आज हैं, उनमें पिछले बीस साल में मूलतः परिवर्तन नहीं हुआ। कवि शमशेर के विकास को समझने के लिए यहाँ दुर्लभ सामग्री है। यही नहीं, उनकी कविता के गद्य का मजा बहुत जगह इन निबन्धों के गद्य में भी है।

शमशेर ने कहा—'दोआब' का दूसरा संस्करण होने जा रहा है।

उसकी भूमिका लिखने में मैंने गौरव का अनुभव किया।

आशा है, 'दोआब' अपने दूसरे संस्करण में पाठकों को—निकट भविष्य में—अवश्य सुलभ होगा। और इधर शमशेर ने जो बहुत सुन्दर निबन्ध लिखे हैं, उनका संकलन भी शीघ्र प्रकाशित होगा।

□□